Le p. Caussin jesuite qui fut
pendant quelque temps Confesseur
du Roi Louis 13 Composa un
traité en deux livres sous le titre de
regno et domo dei qui a beaucoup
de rapport a cette politique mais
il n'est pas arrangé de la mesme
maniere.

La lettre ecrite au pape innocent XI en
1679 peut servir de preuve que les gens de
bon esprit ne regardoient pas Louis 14 Comme
un de ces rois ordinaires: Ludovicum
magnum Beatissime pater &c. Cela
on a donné un autre tour dans la version
françoise de cette lettre, l'on n'y dit point
Louis le grand.

ceux qui savent que des l'an 1678 il y avoit
des semences de division entre la Cour de Rom
et celle de france ne s'etonneront point
de voir que le saint pere dans sa response
a m. Bonnet ne parle de Louis 14 qu'une
seule fois sous la designation d'un illustre
pere. ils s'apercevront aussi que le S. p. donna un
coup de dent au gouvernement s'ils lisent
avec attention les lignes de la page 88 qui sont
marquées par des guimets, mais les dents d'un
bon saint pere ne pouvoient pas faire grand
mal.

voyez l'histoire du gouvernement ancien de la
france par mr de Boulainvilliers t. 1 pa. 253
ou se trouve le jugement peu avantageux qu'il
porte de cet ouvrage

voir l'article Bossuet dans les [illegible]
pour servir à l'histoire des hommes [illegible]
[illegible] 21 et 10

Double

POLITIQUE
TIRÉE
DES PROPRES PAROLES
DE
L'ECRITURE-SAINTE.

A MONSEIGNEUR

LE DAUPHIN.

OUVRAGE POSTHUME

De Messire JACQUES BENIGNE-BOSSUET, *Evêque de Meaux, Conseiller du Roy en ses Conseils, & Ordinaire en son Conseil d'Etat, Précepteur de Monseigneur* LE DAUPHIN, *Premier Aumonier de Madame la Dauphine, & de Madame la Duchesse de Bourgogne.*

PREMIERE PARTIE.

A PARIS,
Chez PIERRE COT, Imprimeur-Libraire ordinaire de l'Academie Royale des Inscriptions & Médailles, ruë du Foin, à la Minerve.

M. DCC. IX.

Avec Privilege de Sa Majesté.

A
MONSEIGNEUR
LE
DAUPHIN.

ONSEIGNEUR,

Quelque réputation, & quelque nom, qu'ayent acquis à feu M. l'Evêque de Meaux toutes ses vertus, & tous ses talens : le choix dont le ROY l'a honoré en se reposant sur lui de Vôtre éducation, & tout ce que cet Evêque a fait

pour répondre à un ſi grand honneur, ſera toûjours ce qui donnera le plus d'éclat à une ſi belle vie.

Y a-t-il rien en effet qui lui ſoit plus glorieux, qu'une marque auſſi aſſurée de l'eſtime & de la confiance du plus ſage, & du plus grand des Rois? rien qui doive rendre ſa memoire plus précieuſe à la France, & plus recommandable à la poſterité, que les ſoins qu'il a pris, pour cultiver ce beau naturel qu'on a vû briller en Vous dès Vos plus tendres années, & pour faire paroître de plus en plus ces nobles, & genereuſes inclinations, dont la nature Vous a doüé.

Je ne puis donc rien faire qui contribuë davantage à la gloire de cet Evêque, qu'en rappellant autant qu'il m'est possible dans l'esprit de tout le monde, l'idée d'une si heureuse éducation ; & le souvenir des travaux qu'il a entrepris, pour Vous mettre en état de remplir Vos glorieuses destinées. Je suis assuré par ce moyen de rendre son nom immortel, en l'unissant d'une maniere aussi particuliere & aussi intime, avec le glorieux nom d'un Prince, qui fait les delices de la France, nos plus cheres esperances, & avec le ROY *son Pere, le plus ferme soûtien d'une si belle Couronne : d'un Prince, que sa* douceur, son affabilité, sa moderation, sa generosité & sa bonté, autant que sa valeur, son intrepidité, & la grandeur de son courage, font redouter de nos ennemis, aimer des peuples, & respecter de tout l'Univers.

C'est dans cette vûë, MONSEIGNEUR, que me trouvant depositaire de ses Manuscrits, pressé de satisfaire aux desirs du public, & assuré de l'honneur de Vôtre protection, je commence l'impression de ses Ouvrages Posthumes, par celui qui a terminé si heureusement toutes les instructions que Vous en avez reçûës, & qui a le plus aidé à Vous former aux grandes choses.

Si jamais Ouvrage fut digne d'un Prince, fut digne de Vous, MONSEIGNEUR, *j'ose dire avec confiance, que c'est celui qui paroît aujourd'huy à Vos yeux. L'objet n'en sçauroit être plus grand : toute la Politique y est renfermée ; & tout ce qui doit servir de regle, & de modele, dans le gouvernement des choses humaines. La fin que l'Auteur s'y propose ne peut être plus haute, ny plus utile : c'est la vraye gloire des Princes, & leur veritable bonheur, inseparable de la felicité publique. Les personnes qu'il veut instruire ne sçauroient être plus respectables, ny plus élevées : c'est Vous,*

MONSEIGNEUR, & en Vôtre Personne tous les Rois de la Terre. Enfin l'autorité sur laquelle tout y est appuyé, ne peut être ny plus incontestable, ny plus sacrée : c'est celle des saintes Ecritures ; & celui qui y parle par tout, c'est le souverain Maître des Rois.

Quel plus noble dessein pouvoit arrêter Vos regards ? Pour l'executer faloit-il une main moins habile que la sienne, moins affectionnée au bien de l'Etat, moins zelée pour Vôtre propre gloire ? Mais dequoy n'étoit pas capable un aussi grand Genie, animé par le plus grand objet qui fut sur la Terre, à la vûë du FILS de LOUIS ?

C'est,

C'est, Monseigneur, cette Politique que j'ay l'honneur de Vous presenter. Politique toute fondée sur ce qu'il y a de plus inviolable dans la nature, de plus lumineux dans la raison, de plus autorisé dans la Loy divine : qui enseigne aux Princes tout ce qu'ils doivent à Dieu, tout ce qu'ils doivent à leurs peuples, tout ce qu'ils se doivent à eux-mêmes. Politique vrayment divine & immortelle, qui affermit les fondemens du Thrône des Rois, qui preside à leurs Conseils, & qui imprime dans le cœur des Sujets cet amour & ce respect, sans lequel leur Couronne perdroit tout son éclat.

La ſinguliere affection, & s'il m'eſt permis de me ſervir de ce terme, l'amitié tendre, que Vous avez toûjours euë pour ce Prelat ; honneur qui a fait ſa plus grande joye pendant le cours de ſa vie, & qui fait encore ſon plus grand éloge, ne me donne pas lieu de douter, que Vous ne regardiez toûjours avec les mêmes yeux cet Ouvrage, qui Vous fut autrefois ſi connu & ſi familier, qui Vous appartient par tant de titres ; qu'il Vous a luy-même conſacré, & qui merite mieux que jamais par le ſoin que l'Auteur a pris de le rendre achevé, de reparoître devant Vous, & d'être donné au public à l'ombre d'un Nom, aussi auguste, & aussi aimé que le Vôtre.

Permettez-moy, MONSEIGNEUR, de regarder comme une suite des graces que Vous avez répanduës sur M. l'Evêque de Meaux, celle de vouloir bien recevoir de la main du Neveu, le present que l'Oncle vous avoit destiné.

C'est pour moy le comble de l'honneur. Heureux d'avoir eu une occasion aussi favorable de donner un témoignage public de mon zele, de ma reconnoissance, & de mon dévoüement absolu au plus Genereux, & au Meilleur Prince qui fut jamais, & à qui je fais gloire de tout de-

voir. Je ſuis avec le plus profond reſpect,

MONSEIGNEUR,

Vôtre tres-humble, tres-obéïſſant, & tres-fidele Serviteur,
L'ABBÉ BOSSUET.

PREFACE.

PRÉFACE.

DANS le dessein qu'on a de faire paroître les *Ouvrages posthumes* de M. l'Evêque de Meaux, qui se trouvent en assez grand nombre, & tous sur des matieres tres-importantes : on a crû faire une chose agreable à tout le monde, de commencer par ceux qu'il a composez, pour servir à l'éducation de MONSEIGNEUR LE DAUPHIN.

I. Liaison de cet Ouvrage avec le Discours sur l'Histoire Universelle.

Le plus considerable de tous, c'est celuy qu'on donne aujourd'huy au public. Il fut composé en même temps que *le Discours sur l'Histoire Universelle.* Aussi ont-ils entre eux une liaison essentielle, & tendent tous deux au même but. L'Auteur ayant ramassé dans ces deux ouvrages, tout ce que les livres saints, tout ce que les histoires sacrée & prophane ont de plus propre à faire connoître au Prince la religion, & à luy donner les regles & les principes du gouvernement le plus sage, & le plus parfait.

II. *Occasion de ces deux Ouvrages.* MONSEIGNEUR LE DAUPHIN entroit alors dans la dix-septiéme année de son âge. Il étoit déja instruit dans tous les beaux arts. Il avoit déja parcouru avec grand soin toutes les histoires anciennes & modernes, & plus qu'aucune autre celle de son propre païs. Dans cette étude de l'histoire, qui a toûjours fait une de ses plus agreables, comme une de ses plus importantes occupations, à mesure que son esprit s'ouvroit, & qu'il étoit frappé de quelque évenement considerable, de quelque action éclatante, de quelque revolution extraordinaire, M. l'Evêque de Meaux avoit eu une attention singuliere à profiter de ces exemples, non seulement pour luy inspirer l'horreur du vice, & l'amour de la vertu; mais aussi pour luy apprendre la maniere de conduire les grandes affaires; de former des desseins, de les executer; & pour luy donner une connoissance particuliere des mœurs, & de la politique.

III. *Le Discours sur l'Histoire Universelle.*

Enfin, dans *le Discours sur l'Histoire Universelle*, il n'avoit rien oublié, de ce qui pouvoit le plus contribuer à perfectionner les connoissances du Prince par rapport à la religion, & au gouvernement. Là ce Prélat, aprés avoir fait passer, pour ainsi dire, tous les siecles devant ses yeux; avec la suite de la religion, & des empires:

aprés luy avoir fait obſerver le naturel, le genie de tous les peuples qui ont dominé, & tout enſemble celuy des princes, & des hommes extraordinaires, qui ont contribué en bien ou en mal au changement des états, & à la fortune publique : aprés même être entré dans les plus grands détails, & les plus propres à faire connoître à fond le caractere de chaque forme de gouvernement dans les nations principales & dominantes, tels qu'étoient les Egyptiens, les Aſſyriens, les Perſes, les Medes ; enfin, les Grecs & les Romains: leurs coûtumes, leurs maximes, leur police, leurs loix, leurs mœurs dans la paix, & dans la guerre : il penetre enfin, juſques dans le plus ſecret de leur politique, & de leurs conſeils ; & il dévelope aux yeux du Prince, les avantages, les defauts, le fort & le foible de chaque forme de gouvernement, les divers interests des nations, leur conduite differente dans les differens temps: en un mot, l'enchaînement des grandes affaires du monde, & les causes profondes & primitives de la décadence des uns, de l'accroissement des autres, & de tous les grands changemens, qui sont arrivez sur la terre.

IV. *Ce Traité de la Politique.*

Que restoit-il donc autre chose à faire pour achever d'éclairer l'esprit du Prince sur tous ses devoirs, que de les luy representer dans toute leur étenduë, dans tous leurs principes, & dans toutes leurs consequences, par rapport au gouvernement particulier d'une Monarchie, qu'il devoit un jour conduire : & que de former dans cette vûë l'idée d'une *Politique* vrayement digne du Fils d'un si puissant Roy, & de l'Heritier d'un ſi grand royaume.

C'étoit, à proprement parler, l'unique fruit qu'il falloit tirer de toutes les études du Prince. C'eſt à cette fin principale que devoient aboutir toutes les inſtructions qu'on avoit pû luy donner dans le cours de ſes études ; & c'étoit-là où devoient tendre tous les efforts de cet illuſtre Maître. Le repos & la tranquilité publique en dépendoient, auſſi bien que la gloire du Prince, l'honneur & la joye du Roy ſon Pere.

V. *L'Auteur puiſe dans l'Ecriture la Politique la plus digne d'un Prince.*

Mais dans quelle ſource cet Evêque a-t-il crû devoir puiſer les regles & les principes d'une politique ferme, conſtante, & invariable, par conſequent ſeule digne d'un Prince, & d'un Prince Chrêtien ? L'objet étoit trop grand, le ſujet trop grave & trop important, l'eſprit de MONSEIGNEUR LE DAUPHIN déja trop accoûtumé à des reflexions ſerieuſes,pour en chercher les regles, & en poſer les principes ailleurs que ſur des fondemens certains & inebranlables, qui fuſſent également reſpectez du Prince qui devoit gouverner, & des peuples qui devoient être ſoumis à ſon empire.

La ſeule Ecriture Sainte a cette fermeté que rien ne peut ébranler, & à qui nulle autorité ſur la terre ne peut être comparée.

C'eſt auſſi cette parole divine, c'eſt la doctrine qui y eſt enſeignée, ce ſont les grands exemples qui y ſont propoſez; les loix & la conduite d'un peuple, dont Dieu luy-même a été le legiſlateur, & le Roy; que nôtre Auteur donne à ſon Prince comme la regle & le modele d'un parfait gouvernement. C'eſt dans cette ſource vive & pure, qu'il puiſe la connoiſſance parfaite de cette ſageſſe, qui apprend à bien gouverner.

VI. *Le titre ſeul en donne l'idée la plus juſte.*

Tout le deſſein de l'Auteur éclate dés le titre de l'ouvrage: *Politique tirée des propres paroles de l'Ecriture Sainte.* Elle eſt *tirée de l'Ecriture*, par conſequent il ne s'y trouve rien de profane, rien même de douteux ou d'incertain. Tout y eſt vray, clair & lumineux; car c'eſt la verité même, & la lumiere même. Elle eſt *tirée des propres paroles de l'Ecriture*: ce ne ſont point ſes conjectures, ſes inductions, ſes raiſonnemens que l'Auteur prétend donner pour maximes à ſon Prince. C'eſt le propre texte de l'Ecriture, ce ſont les propres expreſſions du Saint Eſprit, qu'il met devant les yeux du Prince comme ſa regle.

Quelle impreſſion ? Quel

ſaint reſpect n'inſpire pas au Prince, & à tout lecteur, d'appercevoir dés le titre du livre, que ce n'eſt point l'homme qui y parle, ni qui enſeigne le Prince ; mais à vray dire, que c'eſt Dieu même ? C'eſt ce qui caracteriſe cet ouvrage, & le deſſein de l'Auteur ; c'eſt ce qui le rend different de tous ceux qu'on a pû faire juſqu'à preſent ſur la même matiere : mais en même temps c'eſt ce qui excite une juſte curioſité dans le lecteur, de voir comment l'Auteur aura pû trouver les maximes & les regles de la plus belle politique qui fut jamais, dictée par le Saint Eſprit : ce qui cauſe enſuite l'étonnement & l'admiration, quand on voit l'execution ſuivre exactement le projet ; & donne une idée de l'Ecriture que le monde n'a pas, & qui la met ſur cette matiere même, au deſſus de tous les autres livres.

VII. *Deſſein general de l'Ouvrage, & ſa diviſion ; avecque-ques éclairciſſemens.*

Voicy en abregé le deſſein general de cet ouvrage, & ſa diviſion, avec quelques éclairciſſemens qui ne ſeront peut-être pas inutiles.

I. LIV. Pour expliquer à fond les principes & les regles du gouvernement & de la politique par les paroles de l'Ecriture, l'Auteur avant toutes choſes, établit par ces divines paroles, les principes de la ſocieté humaine, & civile, qui contiennent auſſi ceux du gouvernement. C'eſt le ſujet du I. Livre.

II. LIVRE Delà il vient, & c'eſt la matiere du II. Livre, à la royauté, ou à la puiſſance royale, qu'il démontre être la plus naturelle, la plus ancienne, & la plus avantageuſe à un bon gouvernement, comme auſſi la plus conforme à la volonté de Dieu.

Il ſe contente de marquer les principes les plus generaux des autres formes, ou eſpeces de gouvernement, ſans s'y arrêter davantage, parce qu'elles ne ſont pas de ce deſſein, & qu'il ſe propoſe icy de former un Prince deſtiné au gouvernement d'un état monarchique.

On doit auſſi obſerver, que le deſſein de cet ouvrage n'eſt pas de traiter des temperamens que pluſieurs royaumes ou empires peuvent avoir apporté à la monarchie, ou à la puiſſance royale; comme on le peut voir dans les états établis en Europe, en Aſie, & par tout ailleurs. On ſuppoſe que toutes ces conſtitutions d'états, même monarchiques, ont leurs raiſons, auſquelles chaque peuple doit ſe ſoûmettre, & obéïr aux coûtumes & aux loix de ſon païs.

Il s'agit icy ſeulement d'établir l'empire monarchique, conſideré même en ſoy, & en le reglant ſelon les idées generales que nous donne l'Ecriture, & par leſquelles le peuple de Dieu a en effet eſté gouverné.

L'Auteur ne veut pas dire par là que cette forme de gouvernement du peuple de Dieu ſoit abſolument neceſſaire & commandée, comme il ſemble que quelques auteurs ayent voulu l'inſinuer. Dieu a laiſſé à la liberté des legiſlateurs & des peuples, de donner aux empires les regles qu'ils trouveroient à propos. On doit ſeulement préſuppoſer que le gouvernement qu'on trouve ordonné de Dieu dans le peuple d'Iſraël, ne peut manquer d'être legitime : & M. de Meaux veut tâcher de donner aux princes, par l'autorité de l'Ecriture, les moyens de bien uſer de la puiſſance, quelque abſoluë & indépendante qu'elle ſoit, ou puiſſe eſtre en elle même.

Selon ces idées, il propoſe d'abord les qualitez eſſentielles à la royauté conſiderée en cette ſorte; & il les réduit à quatre principales, qui avec quelques conſequences qu'il en tire, ſeront le ſujet du III. IV. & V. Livre. III. IV. & V. LIVRE

Ces quatres qualitez de l'autorité royale, ſont qu'elle eſt ſacrée, qu'elle eſt paternelle, qu'elle eſt abſoluë, & enfin qu'elle eſt ſoûmiſe à la raiſon: & dans ces quatre grands caracteres de la royauté, le Prince verra les plus generaux comme les plus importans des devoirs que Dieu luy impoſe.

Le VI. Livre expliquera par la doctrine precedente, les devoirs les plus generaux & les VI. LIVRE.

plus essentiels des sujets.

Mais on reviendra bientôt aux devoirs des princes, qui sont l'objet de cet ouvage : & on montrera ce que Dieu en a reglé en particulier par sa parole.

VII. VIII. IX & X Liv. Pour y proceder avec ordre, l'Auteur regardera les devoirs particuliers du Prince par trois rapports. Premierement, par rapport aux principes interieurs & constitutifs des états, qui sont la religion, & la justice. Secondement, par rapport aux secours essentiels de la royauté, qui sont les armes : les richesses, ou les finances : & les conseils. Troisiémement, par rapport aux inconveniens qui l'accompagnent, comme le reste des choses humaines, & aux remedes qu'on y peut apporter. Et cette division donnera lieu au VII. VIII. IX. X. & dernier Livre.

On ne peut trop repeter que l'Auteur veut éviter dans cet ouvrage, toutes les matieres contentieuses sur la nature du gouvernement, & les devoirs de la sujettion sous l'autorité legitime. Il a crû les avoir suffisamment traitées ailleurs ; & sur tout en défendant l'Histoire des Variations, dans le cinquiéme Avertissement contre le Ministre Jurieu, & dans le premier Discours contre le Ministre Basnage.

VIII. L'Auteur évite les matieres contentieuses sur la nature du gouvernement & le devoir de la sujettion.

Du reste il s'en tient icy sur cette matiere, en suivant l'exemple de JESUS-CHRIST même, à ce qu'il y a de plus certain, & de plus au dessus de toute dispute. JESUS-CHRIST (& c'est ce qu'on a souvent oüi repeter à feu M. de Meaux, quand il parloit de ses difficultez, par rapport à cet ouvrage de la Po-

IX. Il suit en cela l'exemple de Jesus-Christ même, des Apôtres, & des premiers Chrétiens.

litique) JESUS-CHRIST dans son Evangile n'a voulu entrer en aucune sorte dans la constitution, ou dans la forme qu'avoit en son temps le gouvernement de l'empire Romain, sous lequel il a trouvé le peuple de Dieu, & où il a voulu naître luy-même. Il a supposé par toutes ces paroles, que ce gouvernement, tel qu'il le trouvoit, étoit legitime en soy, & dés là étably de Dieu, à sa maniere.

C'étoit (pour suivre le raisonnement de ce grand Evêque) ce que Nôtre-Seigneur a expressément expliqué en deux endroits. L'un où consulté sur le tribut que l'on devoit à Cesar, en regardant les formes publiquement établies comme legitimes, il prononça cette décision qu'on ne
Matth. peut assez admirer, où il obli-
XXII. ge de rendre *à Cesar ce qui est*
21. *à*

à Cesar, & à Dieu ce qui est à Dieu. Le second endroit est celuy, où étant accusé luy-même devant Pilate, gouverneur de la Judée pour les Romains & pour l'Empereur, il reconnoît que la puissance que ce magistrat Romain exerçoit sur luy-même, *luy estoit donnée d'en-haut*, & par consequent qu'elle étoit legitime. Si les Cesars s'étoient emparez legitimement de la souveraine puissance: si pour l'exercer ils avoient bien & dûëment uni la puissance tribunitienne avec celle d'empereur, ou de capitaine general, & les autres dont on avoit formé celle des Cesars; si le Senat, & le peuple Romain avoient été suffisamment libres, pour accumuler tous ces droits sur une même tête; & si les Cesars les pouvoient transmettre à leurs enfans, & même par

Joan. XIX. II.

adoption, c'eſt dequoy le Fils de Dieu n'a point parlé. Dieu veut que le monde ſoit gouverné, parce qu'il veut qu'il vive dans l'ordre, & en paix: & c'eſt tout ce qu'il falloit ſçavoir. C'eſt pourquoy JESUS-CHRIST n'en a pas dit davantage. Ses Apôtres ont marché par la même route. Saint Paul a étably aprés ſon Maître:
Rom. XIII. I. *Que les puiſſances ſous leſquelles on vivoit étoient ordonnées de Dieu.* Tout le reſte des devoirs publics alloit de ſoy-même ſur cette regle. Les premiers chrétiens ont vêcu ſur ces principes. Le ſurplus eſt inutile au deſſein de l'Auteur. Il n'eſt pas icy queſtion de diſputer, mais de preſcrire par l'Ecriture des regles inviolables pour bien uſer du gouvernement, qu'on trouve étably, & en vigueur.

X. *L'Auteur* Au reſte, quoy que cette

Politique ſoit toute tirée de l'Ecriture, on ne doit pas être ſurpris dans pluſieurs endroits tres-rares, mais tres-importans, où on trouve une occaſion naturelle & comme neceſſaire d'inſtruire les Rois de France de leurs obligations particulieres ; ſi l'Auteur ajoûte aux exemples & à l'autorité de l'Ecriture, quelques traits tirez de l'hiſtoire de l'Egliſe, & de celle de France, ou même les propres paroles du ſacre de ſes rois, pour engager, s'il ſe peut, plus fortement MONSEIGNEUR à ſuivre l'exemple, non ſeulement des David, des Salomon, des Joſaphat, dans le ſoin qu'ils ont pris de ce qui regardoit le culte de Dieu, & le miniſtere ſacré ; mais encore c ux des rois ſes predeceſſeurs, de Charlemagne & de ſaint Louis,

en quelques endroits ajoûte aux autoritez de l'Ecriture des traits tirez de l'Hiſtoire de l'Egliſe, & de celle de France.

par rapport aux ſoins qu'ils ont eu des choſes de la religion, & à la protection qu'ils ont accordée au Saint Siege, à l'Egliſe, & à ſes paſteurs.

XI. De l'ordre que l'Auteur a obſervé dans les livres, les articles & les propoſitions.

Pour ce qui regarde la diviſion de chaque livre, & l'arrengement en détail de chaque matiere, la ſeule inſpection de la table des livres, des articles, & des propoſitions qu'on a mis à la tête de l'ouvrage, en donne une idée plus que ſuffiſante.

En general, l'ordre qui eſt obſervé eſt geometrique. Chaque livre eſt partagé en pluſieurs articles, & chaque article en pluſieurs propoſitions, qui ſuivent toutes naturellement les unes des autres, & ont enſemble une liaiſon eſſentielle. La propoſition, qui eſt en titre, renferme le précis de ce qui eſt prouvé plus au long dans le corps de la proposition, & en donne l'idée juste & précise. Ainsi elles sont les unes plus étenduës, les autres plus courtes, selon l'étenduë & le nombre des passages, ou des exemples qui servent de preuve: l'Auteur ne passant point d'une matiere à une autre dans une même proposition, & ne s'écartant jamais du point de vûë de chaque verité qu'il propose d'abord. Souvent même le titre est joint avec ce qui en fait la preuve; & l'un & l'autre ne fait qu'une même suite de discours.

De maniere qu'il n'y a rien dans cet ouvrage qui ne soit suivy & lié à un tel point, que les seuls titres des livres, des articles, & des propositions, pris séparément, & tels qu'ils sont dans la table, se trouvent faire comme un discours suivy, & former entre eux un même corps. Ainsi, quoyque la matiere que l'Auteur embrasse soit d'une grande étenduë, qu'il entre dans tous les plus grands détails, que rien n'y soit oublié pour son dessein, que toute l'Ecriture, pour ainsi dire, y passe sous les yeux du Prince ; tout cependant s'y développe par principe & par degré, insensiblement & naturellement l'un aprés l'autre ; tout y est en sa place, & dans un ordre si clair & si démonstratif, que l'esprit humain ne trouve rien à desirer, pour se former l'idée d'un gouvernement stable & heureux, & le modele d'un prince parfait.

XII. Du stile de l'Ouvrage, du choix, & de la traduction des passages de l'Ecriture.

Le stile en est par tout égal, vif, serré, & naturel : les reflexions courtes, nobles, & capables d'élever l'esprit du Prince, & de faire sur luy les impressions les plus fortes,

& les plus profondes. Chaque texte, chaque exèmple de l'Ecriture prouve directement ce à quoy il sert de preuve : & les differens passages, aussi-bien que les differens exemples qui sont employez pour le même sujet, & dans la même vûë, sont enchassés ensemble avec un si grand art, qu'ils semblent être faits pour servir de preuve l'un à l'autre: enfin, le choix en est si exquis, qu'on croit pouvoir asseurer qu'il n'y en a aucun dans les livres sacrés, qui soient plus propres au dessein de l'Auteur, que celuy qu'il y a placé.

M. de Meaux n'a pas crû devoir s'assujettir à suivre dans la traduction françoise de l'Ecriture, celles qui ont déja été publiées. Il a traduit luy-même avec soin tous les passages dont il s'est servi. Il a suivi en tout la Vulgate; il ne s'en est écarté que tres-rarement, & seulement dans quelques endroits qu'il a crû devoir éclaircir en les traduisant sur le grec, ou sur l'hebreu. Pour peu qu'on y fasse d'attention, & qu'on se donne la peine de comparer les differentes traductions qu'on a de l'Ecriture, on appercevra aisément dans celle-cy, une brieveté, une netteté, une fidelité, & pour ainsi dire, une ingenuité qui luy est particuliere. Et quoy qu'on soit bien éloigné de vouloir la donner pour regle en ce genre, on ne croit pas s'avancer trop que de dire, qu'en bien des choses elle peut servir de modele aux plus habiles traducteurs, & leur donner des idées qui ne leur seront pas tout-à-fait inutiles, pour arriver à ce qui peut être en ce genre de plus parfait; & à ce qui peut répondre le mieux à la brieveté, à la vivacité, à la la ſimplicité, & tout enſemble à l'élevation, & à la majeſté du ſtile des ſaintes Ecritures.

XIII. Ce que l'Auteur a ajoûté à cet Ouvrage, depuis l'éducation de Monſeigneur.

Aprés tout ce qui vient d'être dit, ſi l'on eſt étonné qu'un pareil ouvrage, qui avoit ſervi à l'éducation de MONSEIGNEUR, n'ait pas été rendu public il y a long-temps par l'Auteur même, cette ſurpriſe ceſſera quand on ſçaura qu'il n'a été achevé, & mis en l'état auquel M. de Meaux vouloit qu'il parût, que peu de temps avant ſa mort.

XIV. Les ſix premiers livres, ſont comme la I. partie.

Il n'y avoit eu pendant tres long-temps de fini, que les ſix premiers livres, & les quatre derniers n'étoient qu'ébauchez, & à proprement parler, que projettez.

A la verité ces premiers livres, qu'on peut appeller la premiere partie de l'ouvrage, renferment ce qu'il y a de plus eſſentiel à l'inſtruction d'un

Prince, & au but que l'Auteur s'étoit proposé. Car, non seulement (comme nous l'avons déja remarqué) il y explique les principes primitifs de la societé humaine & civile, les raisons & les causes fondamentales qui ont formé les nations, uni les peuples sous un même gouvernement, sous une même autorité, sous les mêmes loix, ce qui fait la force des états & en asseure le repos : non seulement il découvre aux yeux du Prince, la premiere origine de l'autorité royale, & hereditaire, ses avantages sur les autres formes de gouvernement : mais encore il explique à fond la nature, les caracteres, & les qualitez essentielles à l'autorité royale : & il établit enfin les devoirs des sujets envers le Prince. Ce qui renferme tout ce qui étoit de plus utile, de plus necessaire sur cette matiere, & ce qui suffisoit pour former un Prince accompli.

C'est aussi en cet état que cette *Politique* a été donnée à MONSEIGNEUR, qu'elle est restée pendant plusieurs années, qu'elle a même été mise entre les mains des trois Princes ses fils, & servi à leur instruction : qu'elle a été connuë des plus illustres & des plus sçavans hommes, à qui l'Auteur en a donné la lecture, & peut-être même laissé prendre des copies. Enfin, c'est dans cet état, quoy qu'imparfait, qu'elle a fait l'admiration des genies du premier ordre, des héros mêmes de ce siecle, du grand & fameux Prince de Condé, que je nommeray icy seul, & par honneur.

XV. Les quatre derniers livres, qu'on peut regarder

Les difficiles & importantes affaires de l'Eglise, dont cet Evêque fut chargé aussi-tôt que finit l'éducation de MON-

comme la II. partie. SEIGNEUR : les differens ouvrages qu'il a été obligé d'entreprendre pour la défense de la religion catholique contre les protestans, les devoirs indispensables d'un diocese, auquel il se donnoit tout entier : enfin, les travaux immenses & continuels, qui ont succedé les uns aux autres, & ausquels d'années en années, les besoins pressans de l'Eglise l'ont engagé jusqu'au moment de sa mort, luy ont à peine permis de profiter de quelques intervalles de relâche, pour mettre cet ouvrage dans l'état auquel nous le voyons aujourd'huy.

Il a même fallu, pour l'y engager plus fortement, (& cette circonstance est trop glorieuse à feu M. l'Evêque de Meaux, pour n'en pas faire honneur à sa memoire) il a fallu qu'il y ait été invité de la part de Monseigneur le Duc de

Bourgogne, ſur qui les ſix premiers livres avoient fait un ſi grand effet, que les perſonnes ſages & illuſtres, à qui l'éducation de ce Prince étoit confiée, ont crû devoir exciter l'Auteur à ne pas laiſſer imparfait un ouvrage ſi neceſſaire aux Princes, ſi digne d'un Evêque, & où luy ſeul pouvoit mettre la main.

Et comme la lecture & la meditation des livres ſacrez faiſoient ſes plus cheres délices, ſa continuelle occupation, & le plus agréable délaſſement de ſon eſprit, pendant même ſes plus grands travaux ; il revenoit toûjours, & avec la même facilité, & avec la même joye ſur cette *Politique*, qu'il a toûjours regardée avec quelque ſorte de complaiſance, comme ſon ouvrage favory ; parce qu'il luy ſembloit le plus propre, non ſeulement à inſtruire les peuples & les rois, mais encore à leur faire aimer, & reſpecter de plus en plus les ſaintes Ecritures.

L'Auteur a donc enfin remply ſon projet, & achevé ſon ouvrage par les quatre derniers livres, qu'il a ajoûté aux ſix autres. C'eſt dans ces derniers livres, que pour imprimer encore plus fortement dans l'eſprit du Prince, ſes obligations, & ſes devoirs, & rendre ces impreſſions plus ineffaçables; il reprend par ordre les matieres qu'il n'avoit traité qu'en general, ou en paſſant, qu'il approfondit celles qui n'avoient pû être entierement éclaircies, qu'il touche encore plus fortement, plus en détail, par de nouvelles autoritez, & par de nouveaux exemples, les devoirs particuliers des Princes, ſelon les differens regards, ſuivant leſquels ils peuvent concourir au bien, & à la conservation de l'état, qui est la fin du gouvernement, & de la politique.

XVI. *Premiere raison de regretter que M. de Meaux n'ait pû faire imprimer cette Politique de son vivant.*

Il auroit été fort à souhaiter pour l'entiere perfection de cet ouvrage, qu'il eût été donné au public du vivant de l'Auteur. Car encore qu'il soit certain qu'il l'a revû exactement la derniere année de sa vie, dans le dessein de le rendre public; on sçait assez, qu'aprés avoir composé ses ouvrages avec le plus grand soin, les avoir même revûs & corrigez plus d'une fois; il se reservoit toûjours, à l'exemple des plus excellens maîtres dans les plus beaux arts, au moment de l'impression, d'y ajoûter les derniers traits, & les plus vives couleurs; & d'y mettre la derniere main. Il ramassoit alors toutes les forces de son genie, pour ne rien laisser sortir de ſes mains, qui ne fût achevé. C'eſt de quoy ont été temoins tous ceux qui ont approché M. de Meaux de plus prés, depuis plus de vingt années qu'il a publié ſes principaux écrits.

XVII. Autre raiſon. L'Auteur avoit deſſein d'ajoûter à la fin une recapitulation de tout l'ouvrage.

Il y a encore une nouvelle raiſon de regretter que l'Auteur n'ait pû faire imprimer lui-même ſon ouvrage. C'eſt qu'il eſt certain qu'aprés l'avoir fini de la maniere que nous l'avons, ſon deſſein étoit d'ajoûter encore à la fin une récapitulation de tout le livre, comme il avoit accoûtumé de faire dans preſque tous ceux qu'il a donnez au public, & comme il l'a fait d'une maniere ſinguliere, dans le *Diſcours ſur l'Hiſtoire Univerſelle*, en s'addreſſant à MONSEIGNEUR LE DAUPHIN, & en tournant tout à ſon inſtruction. Car on trouve à la fin de l'original de cette *Politique*, ces mots écrits de ſa main en titre : *Abregé & concluſion de ce Diſcours.* Ce qu'il n'a pû executer, prévenu par une mort précedée de longues infirmitez, pendant leſquelles il a ſouvent dit à la perſonne, qu'il a laiſſée dépoſitaire de ſes manuſcrits, & qui luy propoſoit de rendre cet ouvrage parfait ſuivant ſes vûës, en faiſant cet abregé, & cette concluſion; que toute la force de ſon eſprit y étoit neceſſaire, qu'il n'attendoit qu'un rayon de ſanté pour l'achever; & que comme il en avoit ſeul la parfaite comprehenſion, luy ſeul pouvoit y travailler.

C'eſt la ſeule choſe qui manque à cet ouvrage, achevé d'ailleurs. Mais aprés ce qu'on vient de dire, qui ſeroit le temeraire, & le préſomptueux qui oſât ſeulement le tenter?

XVIII. Fameux

Ce qu'on s'eſt crû permis,

passage de S. Augustin, dans le V. livre de la Cité de Dieu, mis à la place.

c'est de mettre en la place, & comme pour conclusion, un trait d'un des plus grands Docteurs de l'Eglise, de saint Augustin, parlant aux empereurs chrétiens, qui semble être fait exprés pour servir de conclusion à cet ouvrage; & qu'on n'a même pas lieu de douter que l'Auteur n'ait voulu employer en cet endroit, puisqu'au même lieu de l'original qu'on vient de marquer; on voit écrit de la même main ces autres mots en abregé: *Saint Augustin de la Cité de Dieu,* d'où on a tiré ce passage.

XIX.
C'est la seule liberté qu'on a prise.

C'est dequoy on a crû devoir rendre raison au lecteur, & l'asseurer en même-temps que c'est la seule liberté qu'on a prise, & que l'ouvrage, tel qu'il est imprimé, tel il est sorti des mains de l'Auteur: il n'y avoit que luy seul qui fût en état de retoucher son propre travail, d'y diminuer, d'y ajoûter ce qu'il auroit jugé à propos, suivant les differentes vûës qu'il pouvoit avoir.

Que si on ne peut à present y suppléer, on en tirera au moins cet avantage, que le lecteur en sera plus disposé à faire grace aux endroits de l'ouvrage, s'il y en a, qui pourroient peut-être paroître plus negligez; & supposera avec justice, qu'un aussi grand maître en tout genre que l'étoit l'Auteur, auroit corrigé avant l'impression jusqu'au moindre défaut.

XX. *Exacte citation, & verification des passages de l'Ecriture.*

Ainsi, le seul travail qu'on a été obligé de faire pour l'utilité, & pour la commodité des lecteurs, a été une exacte recherche, & une scrupuleuse verification des passages qui y sont employez, & qui sont citez avec la derniere fidelité. Surquoy on peut assurer, qu'on n'a rien oublié pour rendre cet ouvrage tel qu'il doit être.

On a aussi jugé à propos, pour ne point arrêter dans la lecture, d'ôter toutes les citations du corps du livre; & on les a toutes mises à la marge.

Voilà ce qui a paru le plus necessaire d'expliquer pour l'instruction du lecteur.

XXI. Lettre de l'Auteur au Pape Innocent XI. sur l'éducation de Monseigneur le Dauphin. Bref de S. S. en réponse.

Mais on ne croit pas pouvoir finir cette Préface, ni plus au gré du public, ni plus à l'honneur de l'Auteur, ni plus utilement pour la parfaite intelligence de cet ouvrage, aussi-bien que de tous les autres, qui ont esté faits pour l'éducation de MONSEIGNEUR, qu'en mettant à la tête de cette *Politique*, la lettre qu'écrivit M. de Meaux en l'année 1679. vers la fin des études de MONSEIGNEUR LE DAUPHIN, au Pape Innocent XI. sur cette royale éducation, & le Bref qu'il en reçût en réponse.

Ce Pape venoit d'approuver authentiquement par un Bref, auſſi honorable pour l'Auteur, que propre à confondre l'opiniâtreté, & les calomnies des proteſtans, le fameux livre de *l'Expoſition de la doctrine catholique*. En luy faiſant remettre ce Bref, en date du 4. Janvier 1679. entre les mains, il ordonna à ſon Nonce de témoigner à cet Evêque, le deſir extrême qu'il avoit d'être informé de la méthode dont il s'étoit ſervi pour l'éducation de MONSEIGNEUR LE DAUPHIN, & de l'aſſeurer en même temps: qu'il feroit une choſe qui luy ſeroit tres-agreable, de vouloir bien luy en rendre luy-même un compte fidele.

M. l'Evêque de Meaux obéït avec joye à des ordres qui luy faiſoient tant d'honneur; & il envoya au Pape une fidele relation de la methode qu'il avoit ſuivie dans l'éducation de ce Prince, par une lettre latine qu'il luy addreſſa, intitulée : *De Inſtitutione Ludovici Delphini, Ludovici XIV. Filii, ad Innocentium XI. Pontificem Maximum.* De l'Inſtruction de MONSEIGNEUR LE DAUPHIN, au Pape Innocent XI.

Cette Lettre a toûjours été eſtimée un chef-d'œuvre de latinité & d'éloquence ; & regardée comme le modele de l'éducation la plus digne d'un prince.

Auſſi ne peut-on voir plus clairement la grande idée que le ſaint Pere en conçût, & l'impreſſion que cette lettre fit ſur ſon eſprit, que par le Bref en réponſe dont il honora l'Auteur dés le 19. Avril de la même année. Réponſe vrayement digne des premiers ſiecles du chriſtianiſme, & du chef de l'Eglise universelle : & qui sera un monument éternel à la posterité, de la haute opinion qu'il avoit de la France, & de son ROY ; de la tendresse vrayement paternelle dont il étoit rempli pour le PRINCE SON FILS, aussi-bien que de l'affection, & de l'estime dont il étoit penêtré pour l'Auteur.

DE INSTITUTIONE

DE INSTITUTIONE LUDOVICI DELPHINI, LUDOVICI XIV. FILII. AD INNOCENTIUM XI. PONTIFICEM MAXIMUM.

La Traduction Françoise est cy-après.

LUDOVICUM MAGNUM, BEATISSIME PATER, sæpè dicentem audivimus, sibi quidem DELPHINUM, unicum pignus, tantæ familiæ regnique munimentum, meritò esse carissimum: ceterum eâ lege suavissimo filio vitam imprecari, ut dignus majoribus tantóque imperio viveret; atque omninò eum nullum esse malle quàm desidem.

Quare, jam inde ab initio id in animo habuit, ut Princeps Augustissimus, non

ā

socordiæ aut otio, non muliebribus blanditiis, non ludo aut nugis puerilibus, sed labori ac virtuti insuesceret; atque à teneris, ut aiunt, unguiculis, primùm timorem Dei quo vita humana nititur, quoque ipsis regibus sua majestas & autoritas constat: tum egregias omnes disciplinas artésque, quæ tantum decerent Principem, accuratè perdisceret; maximè quidem eas, quæ regendo ac firmando imperio essent; verum & eas quæ quomodocumque animum perpolire, ornare vitam, homines litteratos conciliare Principi possent: ut ipse Delphinus, & morum exemplar ac flos juventutis, & præclarus ingeniorum fautor, & tanto demùm parente dignus haberetur.

I. *Lex à Rege posita, & studiorum ratio constituta.*

EAM itaque legem studiis Principis fixit, ut nulla dies vacua efflueret: aliud enim cessare omninò; aliud oblectare ac relaxare animum: ac puerilem ætatem ludis jocísque excitandam, non tamen penitùs permittendam, sed ad graviora studia quotidie revocandam, ne intermissa languescerent: negotiotissimam principum vitam nullo die vacare ab ingentibus curis; pueritiam quoque ità exercendam, ut è singulis diebus aliquot horæ decerperentur rebus seriis addicendæ : sic, ipsis jam studiis ad gravitatem inflexum, atque assuefactum animum, negotiis tradi : id quoque pertinere ad eam lenitatem, quæ formandis ingeniis adhibenda esset ; lenem enim esse vim consuetudinis, neque importuno monitore opus, ubi ultrò ipsa monitoris officio fungeretur.

His rationibus adductus Rex prudentissimus, certas quotidie horas litterarum studiis assignavit : has quidem interdum aspersis jocis ad hilariorem habitum componendas, ne tristis & horrida doctrinæ facies puerum deterreret. Neque falsus animi fuit : sic nempe factum est, ut ipsâ consuetudine admonitus, lætus & alacer, ac ludibundo similis, Puer Regius solita repeteret studia, aliud ludi genus si promptum animum adhiberet.

Sed caput institutionis fuit, *Ducem Montauserium* præfecisse, virum militari gloriâ nec non litterariâ clarum, pietatis verò laude clarissimum : unum omnium & naturâ & studio ad id factum, ut tanti heroïs filium viriliter educaret. Is igitur Principem nunquam ab oculis manibusque dimittere ; assiduè fingere, à licentioribus quoque dictis puras aures tueri, pravisque ingeniis præstare inaccessas ; ad omnem virtutem, maximè ad

Dei cultum, monitis accendere, exemplo præire, invictâ constantiâ opus urgere, iisdemque vestigiis semper insistere : nihil denique prætermittere, quo Regius Juvenis quàm valentissimo & corpore & animo esset. Quem nos virum ubique conjunctissimum habuisse gloriamur : atque optimis quibusque artibus præcellentem, in re quoque litterariâ & adjutorem nacti, & auctorem secuti sumus.

II. *Religio.* Quotidiana studia, matutinis æquè ac pomeridianis horis, ab rerum divinarum doctrinâ semper incepta : quæ ad eam pertinerent, Princeps detecto capite summâ cum reverentiâ audiebat.

Cùm Catechismi doctrinam quam memoria teneret exponeremus, iterùm atque iterùm monebamus præter communes christianæ vitæ leges, multa esse quæ singulis pro variâ rerum personarumque ratione incumberent : hinc sua principibus propria & præcipua munera, quæ prætermittere sine gravi noxâ non possent. Horum summa capita tum delibavimus, alia graviora & reconditiora maturiori ætati consideranda, docebamus.

Sanè repetendo effecimus, ut hæc tria vocabula aptissimè inter se connexa hærerent memoriæ, Pietas, Bonitas,

Juſtitia : his vitam chriſtianam, his regii imperii officia contineri. Hæc vero ita colligebamus, ut qui pius in Deum eſſet, idem erga homines ad Dei imaginem conditos, Deique filios, eſſet optimus; tum qui bene omnibus vellet, eum & ſua cuique tribuere, & à bonis arcere ſceleratorum injurias, & propter publicam pacem malefacta coercere, perverſoſque homines ac turbulentos in ordinem cogere. Principem ergo pium atque ideò bonum, omnibus benefacere, per ſe ſe nemini gravem, niſi ſcelere & contumaciâ provocatum.

Ad ea capita, quæ deinde copiosè tradidimus, præcepta retulimus : ab eo fonte manare, eo redire omnia : ideò Principem optimis diſciplinis imbuendum, ut hæc promptè & facilè præſtare poſſit.

Sacram hiſtoriam quæ Utroque Teſtamento continetur, jam inde ab initio, & memoriter tenebat & ſæpè memorabat : in eâ maximè, quæ in pios principes Deus ultrò contulerit; quàm tremenda judicia de impiis, & contumacibus tulerit.

Paulò jam adultior legit Evangelium, Actuſque Apoſtolorum, atque Eccleſiæ naſcentis exordia. His Jeſum Chriſtum amare docebatur : puerum amplexari : cum ipſo adoleſcere, parentibus obedientem, Deo hominibuſque gratum, novaque in dies ſapientiæ argumenta proferentem. Hinc audire prædicantem : admirari ſigna ſtupenda facientem : colere beneficum : hærere morienti, ut & reſurgentem, & ad cœlos aſcendentem ſequi daretur. Tum Eccleſiam amore pariter & honore complecti : humilem, patientem, jam inde à primordio curis exercitam, probatam ſuppliciis ubique victricem. In eâ intueri, ex Chriſti placitis regentes Apoſtolos, ac verbo pariter & exemplo præeuntes : in omnibus auctorem ac præſidentem Petrum : plebem dicto audientem, nec poſt Apoſtolica decreta quidquam inquirentem. Cetera denique, quæ & fundare fidem, & ſpem erigere, & caritatem inflammare queant : Mariam quoque colere, & impensè venerari, piam apud Chriſtum hominum advocatam ; quæ tamen doceat non niſi Chriſto obedientibus beneficia divina contingere : ſæpè multumque cogitare, quanta caſtitatis & humilitatis præmia tulerit, ſuaviſſimo pignore è cœlis dato, Dei mater effecta, æternoque parenti ſanctè ſociata. Hic chriſtianæ religionis pura

& casta mysteria ; virginem Christum, neque alteri quam virgini dandum : colendam ergo in primis castitatem Mariæ cultoribus, ipsâ castitate ad summam dignitatem & fœcunditatem evectæ.

In legendo Evangelio si fortè evagaretur animus, aut debita reverentia tantisper excideret, librum amovere, sanctè illum nec nisi summâ veneratione lectitandum : id Princeps gravissimi supplicii loco ducere : hinc paulatim assuescere, ut attentè & sanctè pauca perlegeret, multa cogitaret. Nos planè & simpliciter explicare sententias, quæ hæreticos convincerent, quæ ipsi improbè à vero detorsissent, suo loco notare : interim admonere, multa esse quæ ætatem, multa quæ humanum captum exsuperent : his superbiam frangi, his exerceri fidem : nec fas in re tantâ suo ingenio indulgere, sed omnia accipienda ex majorum sensu, Ecclesiæque decretis : novatoribus certam imminere perniciem : nec nisi fucatam, falsamque pietatem, quæ ab eâ regulâ deflexisset.

Lectis relectisque Evangeliis, Veteris Testamenti, ac Regum præsertim historiam aggressi sumus. In regibus Deum severissimæ ultionis edere monimenta : quo enim excelsiore fastigio essent, summæ rerum Deo jubente præpositi, eo arctiore subjectione teneri, atque omnibus documento esse, quam fragiles, imo nullæ humanæ vires essent, nisi divino præsidio niterentur.

Ex Apostolicis Epistolis, certa capita selegimus, quæ mores Christianos informarent. Quin ex Prophetis quòque quædam delibavimus; quâ auctoritate, quâ majestate, superbos Reges compellaret Deus: quam ipso spiritu immensos difflaret exercitus, imperia everteret, victos victoresque pari æquaret excidio. Quæ Christum prædicerent vaticinia Prophetarum, ubi in Evangeliis occurrebant, ea in ipso fonte quæsita demonstrabamus. Hæc admirari Princeps: nos admonere, quàm nova cum antiquis aptè cohærerent, neque unquam vanas pollicitationes Dei aut minas futuras, firmaque omninò esse, quæ venturo seculo assignarit, verax ubique Deus; futurorum, ex ante actis, approbatâ fide. His sæpè inspersimus vitas Patrum, splendidiora Martyrum acta, Religiosam historiam, quæ & erudirent pariter & oblectarent. Atque hæc de Religione.

III. Grammatica studia enarrare quid attinet? Id quidem maximè curavimus, ut
Gramma-

latini pariter patrijque sermonis proprietatem primùm, tum etiam elegantiam nosset. Hujus disciplinæ tædia temperavimus demonstratâ utilitate, rerumque ac verborum, quoad ferebat ætas, cognitione conjunctâ.

tica : Auctores Latini : Geographia.

His perfectum est, ut vel puer, optimos latinitatis auctores promptè intelligeret, arcanos etiam sensus rimaretur, vixque hæreret unquam ubi animum intendisset : ex iis, præsertim ex Poëtis, jucundissima quæque & utilissima memoriæ commendata persæpè recitaret, atque occasione datâ, rebus ipsis quæ inciderent, aptè accommodaret.

In his verò auctoribus perlegendis nunquam ab instituto nostro discessimus, quo pietatem simul morumque doctrinam, ac civilem prudentiam traderemus. Gentilis Theologiæ religionisque fabulas, & infanda mysteria, documento esse; quàm altâ caligine per se se homines mersi degerent : politissimas quasque gentes, ac civilis sapientiæ consultissimas, Ægyptios, Græcos, Romanos, easdem in summâ rerum divinarum ignoratione versatas, absurdissima portenta coluisse; neque ex his unquam nisi Christo duce emersisse : hinc veram Religionem, divinæ gratiæ totam esse tribuendam.

Neque eò seciùs gentiles purè sanctèque, quo ad res sineret, sua sacra habuisse ratos, his maximè stare rem publicam: multa quoque morum, multa justitiæ exempla præbuisse, quibus premi Christianos, si nec à Deo docti virtutem retinuissent. Hæc quidem plerumque, non præcipientium specie, sed familiariter monebamus, quæ semel animo hausta, sæpè ipse Delphinus spontè memorabat: meminimusque, laudato Alexandro, qui adversùs Persas communem Græciæ causam tanto animo suscepisset, ultrò advertisse, quàm longè esset gloriosius Principi Christiano, communem Christianitatis hostem, ipsius jam cervicibus imminentem, propulsare ac debellare.

Æquum autem diximus, auctorum opera non minutatim incisa, hoc est non unum aut alterum, Æneïdos puta aut Cæsaris librum à reliquis avulsum & abruptum, sed integrum opus continenter, & quasi uno spiritu legere: ut Princeps paulatim assuesceret, non singula quæque, sed ipsam rerum seriem atque operis summam intueri: cum nec singulis sua lux aut pulchritudo constet nisi universi operis, velut ædificii, rationem atque ideam animo informaris.

In Poëtis, Virgilio maximè ac Terentio est delectatus : in historicis, Salustio ac Cæsare. Hunc verò egregium & scribendi & agendi magistrum vehementer admirari ; belli administrandi ducem adhibere ; nos cum summo Imperatore iter agere, castra designare, aciem instruere, inire atque expedire consilia, laudare, coercere militem, opere exercere, spe erigere, promptum & alacrem habere, fortem & abstinentem exercitum agere ; hunc disciplinâ, socios fide ac tutelâ in officio retinere ; locis atque hostibus universam belli accommodare rationem, cunctari interdùm, urgere sæpiùs, ipsâque celeritate non consilia hostibus, non fugam relinquere ; victis parcere, comprimere rebellantes, debellatas gentes æquitate ac prudentiâ componere : his lenire simul & confirmare victoriam.

Quid memorem, ut in Terentio suaviter atque utiliter luserit : quantaque se hîc rerum humanarum exempla præbuerint, intuenti fallaces voluptatum ac muliercularum illecebras, adolescentulorum impotentes & cœcos impetus ; lubricam ætatem servorum ministeriis atque adulatione perdevia præcipitatam, tum ſuis exagitatam erroribus, atque amoribus cruciatam, nec niſi miraculo expeditam, vix tandem conquieſcentem ubi ad officium redierit. Hîc morum, hîc ætatum, hîc cupiditatum naturam à ſummo artifice expreſſam; ad hæc perſonarum formam ac lineamenta, veroſque ſermones, denique venuſtum illud ac decens, quo artis opera commendetur. Neque interim jucundiſſimo Poëtæ, ſi quæ licentiùs ſcripſerit, parcimus: ſed è noſtris plurimos intemperantius quoque luſiſſe, mirati, horum laſciviam exitioſam moribus, ſeveris imperiis coercemus.

In immenſum creverit opus, ſi exponere aggredimur quæ in quoque auctore notata, præſertim in Cicerone, quem jocantem, philoſophantem, perorantem audivimus.

Geographiam interea ludendo, & quaſi peregrinando tranſgreſſimus: nunc ſecundo delapſi flumine, nunc oras maritimas legentes, mox in altum pelagus invecti aut mediteranea penetrantes, urbes ac portus, non tamen feſtinatis itineribus neque incurioſi hoſpites peragramus; ſed omnia luſtramus, mores inquirimus, maximè in Galliâ; diverſiſſimos populos, bellicoſiſſimam gen-

tem

tem, sæpê & mobilem, populosissimas urbes; tantam imperii molem summâ arte regendam & continendam.

IV. Historia, maxime Francica: eaque à Principe latino & vernaculo sermone conscripta.

Porro Historiam, humanæ vitæ magistram, ac civilis prudentiæ ducem, summâ diligentiâ tradidimus: sed præcipuam in eo operam collocavimus, ut Francicam maximè, hoc est suam teneret. Nec libros tamen operosè evolvendos puero dedimus: (quanquam & nonnulla ex vernaculis auctoribus, Comineo præsertim ac Bellæo, legenda decerpsimus:) sed nos ipsi, ex fontibus ac probatissimis quibusque scriptoribus ea selegimus, quæ ad rerum seriem animo complectendam maximè pertinerent. Ea nos Principi vivâ voce narrare, quantum ipse memoriâ facile retineret; mox eadem recitanda reposcere: is posteà gallico sermone pauca conscribere, mox in latinum vertere; id thematis loco esse; nos utraque pari diligentiâ emendare: ultimo hebdomadis die, quæ per totam scripta essent, uno tenore relegere: in libros dividere, libros ipsos iterum iterumque revolvere.

Hinc assiduitate scribendi factum est, ut historia nostra Principis manu styloque gallicè simul & latinè confecta, ad postrema jam regna devenerit: & latina quidem, ex quo ea lingua satis Principi nota, omisimus: reliquam historiam gallicè eodem studio persequimur. Sic autem egimus, ut cum Principis judicio, nostra quoque historia cresceret; ac tempora quidem antiqua strictiùs, nostris proxima explicatiùs traderemus: non tamen minuta quæque & curiosa sectati, sed mores gentis bonos pravosque, majorum instituta, legesque præcipuas: rerum conversiones, earumque causas: arcana consiliorum, inopinatos eventus, quibus animus assuefaciendus esset, atque ad omnia componendus: Regum errata ac secutas calamitates: ipsorum jam indè à Clodoveo per tanta spatia temporum inconcussam fidem, atque in tuendâ catholicâ Religione constantiam: huic conjunctam sedis Apostolicæ observantiam singularem, eâ enim maximè gloriatos: hinc Regnum ipsum à tot sæculis firmum constitisse: postquam subortæ hæreses, ubique turbidos insanosque motus, imminutam Regum majestatem, ac florentissimum imperium tantum non accisum, nec pristinas vires nisi perculsâ demùm fractâque hæresi recepisse.

Ut autem Principi, ex ipsâ historiâ, rerum agendarum constaret ratio; in iis exponendis, periculorum statu constituto, velut initâ deliberatione, solemus omnia momenta perpendere, ab eoque exquirere quid deindè decerneret, tùm eventus exsequimur, peccata notamus: rectè facta laudamus: atque experientiâ duce, certam consiliorum capiendorum expediendorumque rationem stabilimus.

V. Sanctus Ludovicus exemplar Principis.

Ceterum, cùm ex universâ Regum nostrorum historiâ, vitæ, morumque exempla sumamus; tùm SANCTUM LUDOVICUM unum proponimus, absolutissimi Regis exemplar. Eum non modò sanctitatis gloriâ, quod nemo nescit, sed laude etiam militari, fortitudine, constantiâ, æquitate, magnificentiâ, civili prudentiâ præstitisse, retectis gestorum consiliorumque fontibus, demonstramus. Hinc gloriam Franciçæ Domûs, atque id Augustissimæ Familiæ summo decori extitisse: quòd, quo auctore prognata sit, eo, exemplo morum, regiarumque artium magistro, ac certissimo apud Deum deprecatore uteretur.

VI. Regis exemplum.

Secundùm eum, res LUDOVICI MAGNI, vivamque eam quam oculis intuemur historiam: rempublicam optimis legibus constitutam: ærarii rationes ordinatas: revelata fraudium latibula:

militarem disciplinam pari prudentiâ, atque autoritate firmatam: annonæ comparandæ, obsidendarum urbium, regendorum exercituum, novas artes: invictos ducum ac militum animos; nec tantùm impetum, sed robur atque constantiam, gentique infixum, sub tanto Rege omnia pervincenda: Regem ipsum magni instar exercitûs: hinc consiliorum vim, & cohærentiam, atque occulta molimina, non nisi stupendis rerum eventibus eruptura: elusos hostes ac territos: socios summâ fide constantiâque defensos: partâ jam tutâque victoriâ, æquis conditionibus datam pacem: denique, incredibile studium tuendæ atque amplificandæ Religionis, & Parentis Maximi ad optima quæque capessenda conatus, Obsequentissimo Filio commendamus.

VII. Philosophia quo consilio tradita. Tractatus, ad cognitionem Dei, & sui.

Philosophica ità distribuimus, ut quæ fixa essent, vitæque humanæ utilia, seriò certisque rationibus firmata traderemus, quæ opinionibus dissentionibusque jactata, historicè referremus: æquum ac benevolum utrique parti Principem præstituri, ac formaturi regendis rebus, natum, non ad litigandum, sed ad judicandum.

Cùm autem intelligeremus, eo philosophiam maximè contineri ; ut animum primùm ad sese revocatum, hinc quasi firmato gradu, ad Deum erigeret; ab eo initio exorsi sumus. Eam enim veram esse philosophiam, maximeque parabilem, quâ scilicet homo ipse, non lectione librorum, ac philosophorum placitis operosè collectis, aut experimentis longè conquisitis, sed ipsâ sui experientiâ nixus, ad auctorem suum se deindè converteret. Hujus pulcherrimæ utilissimæque philosophiæ jam indè à primis annis semina jecimus; omnique industriâ enisi sumus, uti puer quàm maximè animum à corpore secerneret, hoc est eam partem quæ imperaret, ab eâ quæ serviret : tùm, sub mentis corpori imperantis imagine, Deum orbi universo, ipsique adeò menti, imperantem agnosceret. Adultiore verò ætate, cùm tempus admoneret jam viâ ac ratione tradendam esse philosophiam, memores Dominici præcepti : *Attendite vobis*, Davidicæque sententiæ : *Mirabilis facta est scientia tua ex me* ; Tractatum instituimus *De Cognitione Dei & sui* : quo structuram corporis, animique naturam, ex his maximè quæ in se quisque experitur, exponimus : idque omninò agimus, ut cùm homo sibi sit præsentis-

Luc. XXI. 34. *Ps.* CXXXVIII. 6.

ſimus, tùm ſibi in omnibus præſentiſſimum contempletur Deum, ſine quo illi nec motus, nec ſpiritus, nec vita, nec ratio conſtet; juxta illam ſententiam maximè philoſophicam Apoſtoli Athenis, hoc eſt in ipsâ philoſophiæ arce
Act. XVII. 27. 28. diſputantis: *Non longè eſt ab uno quoque noſtrûm; in ipſo enim vivimus, & movemur, & ſumus;* Et iterùm;
Ibid. 25. *Cùm ipſe det omnibus vitam, & inſpirationem & omnia.* Quæ cùm Apoſtolus ut philoſophiæ nota aſſumat ad ulteriora animos provecturus, nos illum à naturâ humanis ingeneratum mentibus divinitatis ſenſum, ex ipsâ noſtri cognitione eliciendum, excitandumque ſuſcepimus: certiſque argumentis effecimus, ut qui ſe belluis nihil præſtare vellent, mortalium omnium vaniſſimi pariter ac turpiſſimi, nec non nequiſſimi judicarentur.

VIII. Logica: Rhetorica: Ethica.

Quid plura, hinc Dialecticam, Moralemque philoſophiam adornavimus, excolendis animi, quas in nobis experiebamur, ſublimioribus partibus, intelligendi nimirùm ac volendi facultate. Ac Dialecticam quidem, ex Platone & Ariſtotele, non ad umbratilem verborum pugnam, ſed ad judicium ratione formandum: eam maximè partem oratione complexi, quæ topica argumenta rebus gerendis apta componeret, eaque per ſeſe invalida, alia aliis nectendo firmaret. Quo demùm ex fonte Rhetoricam exſurgere juſſimus, quæ nudis argumentis, quaſi oſſibus nervisque, à Dialectica compactis, & carnem & ſpiritum & motum inderet: eamque adeò non ſtridulam & canoram, non timidam & evanidam, ſed ſanam vigentemque fecimus; neque fuco depinximus, ſed verum colorem nitoremque dedimus, ex ipsâ veritate effloreſcentem. Eò ſane ſelecta Ariſtotelis, Ciceronis, Quintiliani, aliorumque præcepta contulimus; ſed exemplis magis quàm præceptis egimus: ſolebamuſque orationes quæ maximè afficerent, percellerentque animum, ſublatis figuris, ornamentiſque verborum, quaſi detractâ cute, ad illam, quam modo diximus, oſſium nervorumque compagem, hoc eſt ad ſimplicia nudaque argumenta redigere; ut quid Logica præſtaret, quid Rhetorica adderet, quaſi oculis cerneretur.

Moralem verò doctrinam non alio ex fonte quàm ex ſcripturâ, Chriſtianæque religionis decretis, repetendam oſtendimus: neque committendum, ut qui pleno flumine irrigari possit, turbidos rivulos consectetur. Neque eò seciùs Aristotelis moralia persecuti sumus, quibus adjunximus Socratica illa mira & pro tempore sublimia dogmata, quæ & fidem ab incredulis, & ab obduratis ruborem exprimerent. Interim docebamus, quid in horum decretis Christiana Philosophia reprehenderit, quid addiderit; probata verò, quâ auctoritate firmarit, quâ doctrinâ illustravit, ut philosophicam gravitatem tantæ sapientiæ comparatam, meram esse infantiam confiteri oporteret.

IX. *Principia juris civilis.* v. delibare

Neque abs re duximus, ex Romanis legibus aliquid deliberare: quid jus ipsum & quotuplex, quæ conditio personarum, quæ rerum divisiones, quæ ratio contractuum, quæ testamentorum hæreditatumque; magistratuum quoque potestatem, judiciorumque auctoritatem: alia ejusmodi quibus vitæ civilis principia continentur.

X. *Alia Philosophiæ partes.*

Metaphysicam sanè quæ in antèdictis maximè versatur, commemorare non vacat. Physica bene multa in explicando corpore humano tradidimus: cætera ex nostro instituto historicè potius quàm dogmaticè, Aristotelis placitis minimè prætermissis. Experimenta verò rerum naturalium sic exhibere fecimus, ut in his Princeps ludo suavissimo atque utilissimo, humanæ mentis industriam, præclaraque artium inventa, quibus naturam & retegerent, & ornarent, interdùm adjuvarent; ipsam denique naturæ artem, imò summi opificis & patentissimam, & occultissimam providentiam miraretur.

XI. Mathematicæ disciplinæ.

Mathematicas disciplinas argumentandi magistras, ab optimo doctore accepit; nec tantùm, ut fit, munire & oppugnare urbes, metari castra; ipse industriâ manu munimenta describere, aciem instruere, circumducere; sed etiam machinarum construendarum artem, liquidorum, solidorumque librationes, varia mundi systemata, atque Euclidis elementa, primos certè libros, tam prompto animo hausit, ut spectantibus miraculo esset. Hæc quidem omnia, suo ordine locoque sensim instillata: ac præcipua cura fuit, uti adtemperatè omnia præberentur, quo faciliùs incoquerentur, & coalescerent.

XII. Tria postrema, colligendis studiorum fructibus.

Nunc propè jam confecto cursu, tria in primis præstanda suscepimus.

Historiam universam, antiquam, novamque: illam ab origine mundi ad Carolum Magnum, atque eversum anti-

Primum opus. Religionis continua series, variaque imperiorum vices, ex Historia Universali.

quum Romanum Imperium; hanc, ab condito novo per Francos Imperio, ordinatam: jamque antè perlectam ità revolvimus, ut & perpetuam religionis seriem, & imperiorum vices, earumque causas ex alto repetitas, liquidò demonstremus. Et quidem religionem, Utriusque Testamenti consertis inter se coaptatisque mysteriis semper immotam, ipso ævo crevisse, ac nova antiquis superstructa vim roburque addidisse: quo pondere victas prostratasque hæreses, ipsam veritatem ejusque propugnatricem ac magistram Ecclesiam, Petrâ scilicet nixam, firmo gradu constitisse: imperia verò ipso ævo fatiscentia, ac velut mutuis confecta cædibus, alterum in alterum corruisse. Illius ergo firmitudinis, harum ruinarum causas aperimus. Ægyptiorum, atque Assyriorum, Persarum, posteà Græcorum, Romanorum, sequentis deinde ævi, nec longo tamen sermone, instituta persequimur: quid una quæque gens, & fatale aliis, sibique ipsi pestiferum aluerit, quæque secuturis documenta præbuerit. Sic rerum humanarum, universæque historiæ duplicem fructum capimus: primùm, ut religioni, ipsâ perennitate, sua autoritas ac sanctitas constet: tùm, ut imperiis spontè lapsuris, ex priscis exemplis fulcimenta quæramus : sic sanè, ut cogitemus ipsis fulcimentis innatam, rebus humanis hærere mortalitatem, spemque ad cœlestia transferendam.

XIII. Secundum opus, Instituta Politica, ex Scripturâ deprompta.

Alterum opus nostrum, instituta politica, civilemque prudentiam, ipsosque juris fontes, ex Sacræ Scripturæ decretis & exemplis reserat : neque tantùm, quâ pietate colendus Regibus, ac placandus Deus ; quâ sollicitudine ac reverentiâ tutanda Ecclesiæ fides, servanda jura, pastores designandi, verùm etiam undè ipsa civilitas, quibusque initiis cœtus humani coaluerint, quâ arte tractandi animi, ineunda consilia, bella administranda, componenda pax, sanciendæ leges, vindicanda autoritas, constituenda respublica. Planumque omninò fit, scripturas divinas aliis omnibus libris qui vitam civilem instituunt, quantùm autoritate, tantùm prudentiâ, ac rerum gerendarum ratione præstare.

XIV. Tertium opus. Regni Gallicani, ceterorumque Regnorum, ac totius Europæ status.

Tertium opus nostrum, Regni Gallicani pecularia instituta complectitur : quæ cum aliis imperiis composita & collata, universæ reipublicæ christianæ, totiusque adeò Europæ designant statum.

His demùm perfectis, quo ad tempus & industria nostra tulerit, reposcenti

Regi amantissimum Filium, ejus jussu ductuque, bonis omnibus artibus exornatum, atque perpolitum reddere parati sumus: meliore magistro, ipso scilicet Rege, ipsoque rerum usu, ad majora studia promovendum.

Nos quidem hæc, BEATISSIME PATER, pro nostri officii ratione, summâ fide ac diligentiâ fecimus, plantavimus, rigavimus, det incrementum Deus? Sanè, ex quo Ille Te, cujus vices geris, impulit, ut tot inter, unus nostris laboribus paternum animum adhiberes; TUÆ quoque SANCTITATIS nomine ad optima quæque Principem adhortamur: idque perspeximus, maximo ad virtutem incitamento fuisse. Beatos verò nos, qui tantâ in re tantum Pontificem, Leonem alterum, alterum Gregorium, imò Petrum, adjutorem habeamus.

BEATISSIME PATER,

VESTRÆ SANCTITATIS

In Palatio San-Germano. VIII. Martis, 1679.

Devotissimus & obedientissimus filius.

sic signatum † J. BENIGNUS, Episcopus Condomensis.

Et hæc erat inscriptio. Sanctissimo Domino, Domino nostro Innocentio Papæ XI.

INNOCENTIUS

INNOCENTIUS P. P. XI.

VEnerabilis Frater, Salutem, & Apoſtolicam benedictionem. Rationem, ac methodum, quâ præclaram Delphini indolem optimis artibus, ab ineunte ætate, imbuendam ſuſcepit Fraternitas Tua, & feliciter adoleſcentem in præſens imbuit; eleganter copioſèque deſcriptam in tuis litteris, dignam judicavimus, cui perlegendæ tempus aliquod graviſſimis Chriſtianæ Reipublicæ curis ſubtraheremus. Et quidem jacta à te quaſi in fertili ſolo, ſemina virtutum in ejus Principi animo, quem maximi, & clariſſimi imperii hæredem olim futurum jam ſuſpicit, & ſubincliti Parentis diſciplinâ defenſorem, propagatoremque fidei expectat Eccleſia univerſa; uberem publicæ felicitatis, ac lætitiæ meſſem pollicentur. Inter plurima autem liberalis doctrinæ, & veræ ſapientiæ monita, quibus Regiam Delphini mentem informas; illa in primis laudanda, ac ſæpiùs inculcanda videntur, quæ regni rectè adminiſtrandi regulas, & utilitatem populorum, cum regis ipſius rationibus, ac laude conjunctam reſpiciunt : quem induſtriæ, ac pietati tuæ ſcopum propoſitum à te fuiſſe non dubitamus. Intelliget profectò ſuo tempore, & magno ſanè cum fructu Reipublicæ, gratâque hauſtæ à te diſciplinæ recordatione Delphinus, non tam pulchrum, & præclarum eſſe Regiâ edi ſorte, quàm uti ſapienter : nihil Regiâ dignitate, ac magnitudine digniùs ; quàm traditam à Deo ampliſſimam poteſtatem non ad explendas cupiditates ſuas, & ad inanis gloriæ ambitum, ſed in præſidium, ac patrocinium generis humani unicè conferre : nihil cogitare, nullum opus aggredi quod vel ab æquitatis, & juſtitiæ ſemitâ deflectat, vel ad divini honoris incrementum non dirigatur ; animo identidem reputando, bona omnia quibus in præſenti vitâ fruimur, à Deo profecta in Deum ipſum refundi debere, ad cujus nutum oriuntur, & occidunt invictiſſima, ac florentiſſima quæque Imperia. Porrò ad Apoſtolicam Sedem colendam, & omnibus filialis obſervantiæ officiis proſequendam, magno illi incitamento ſemper fore confidimus, tum Religioſiſſimorum Galliæ Regum majorum ſuorum exempla, undè perennes in iſtud Regnum fluxere cœleſtis beneficentiæ thesauri : tum mutuam, ac planè maternam ejusdem Sedis in ipso amplectendo charitatem. Nos interim Dei benignitati debitas habemus gratias, quod tantæ spei Adolescenti par Educator, Institutorque contigerit : & accuratas fundimus preces, ut Anima bona, quam Delphinus sortitus est, multò etiam institutione, curâque tuâ melior fiat ; & pariter erudiantur omnes, qui judicant terram. Tibique, Venerabilis Frater, Apostolicam benedictionem, indicem amoris ergà te nostri, animique præclarè de tuâ virtute existimantis, peramanter impertimur. Datum Romæ apud S. Petrum sub annulo Piscatoris. Die XIX. Aprilis. M. DC. LXXIX. Pontificatus nostri anni tertii.

Sic signatum, MARIUS SPINULA.

Et hac erat inscriptio, Venerabili Fratri Episcopo Condomensi.

DE L'INSTRUCTION DE MONSEIGNEUR LE DAUPHIN, AU PAPE INNOCENT XI.

NOUS avons souvent oüy dire au Roy, TRES-SAINT PERE, *que* Monseigneur le Dauphin *étant le seul enfant qu'il eust, le seul appuy d'une si auguste famille, & la seule esperance d'un si grand royaume, luy devoit être bien cher : mais qu'avec toute sa tendresse il ne luy souhaitoit la vie, que pour faire des actions dignes de ses ancêtres, & de la place qu'il devoit remplir; & qu'enfin il aimeroit mieux ne l'avoir* pas, que de le voir faineant & sans vertu.

C'est pourquoy dès que Dieu luy eust donné ce Prince, pour ne le pas abandonner à la molesse, où tombe comme necessairement un enfant qui n'entend parler que de jeux, & qu'on laisse trop longtemps languir parmy les caresses des femmes, & les amusemens du premier âge; il résolut de le former de bonneheure au travail, & à la vertu. Il voulut que dès sa plus tendre jeunesse, & pour ainsi dire dès le berceau, il apprist premierement la crainte de Dieu, qui est l'appuy de la vie humaine, & qui assure aux Rois mêmes leur puissance & leur majesté : & ensuite toutes les sciences convenables à un si grand Prince, c'est à dire celles qui peuvent servir au gouvernement, & à maintenir un royaume; & même celles qui peuvent de quelque maniere que ce soit perfectionner l'esprit, donner de la politesse, attirer à un Prince l'estime des hommes sçavans: en sorte que Monseigneur le Dauphin pust servir d'exemple pour les mœurs, de modele à la jeunesse, de protecteur aux gens d'esprit: & en un mot, se montrer digne fils d'un si grand Roy.

I. La Regle

La loy qu'il imposa aux études de ce

sur les études, donnée par le Roy.

Prince, fut de ne luy laisser passer aucun jour sans étudier. Il jugea qu'il y a bien de la difference entre demeurer tout le jour sans travailler, & prendre quelque divertissement pour relacher l'esprit. Il faut qu'un enfant jouë, & qu'il se réjoüisse, cela l'excite : mais il ne faut pas l'abandonner de sorte au jeu & au plaisir, qu'on ne le rappelle chaque jour à des choses plus serieuses, dont l'étude seroit languissante, si elle étoit trop interrompuë. Comme toute la vie des Princes est occupée, & qu'aucun de leurs jours n'est exempt de grand soins, il est bon de les exercer dès l'enfance à ce qu'il y a de plus serieux, & de les y faire appliquer chaque jour pendant quelques heures : afin que leur esprit soit déja rompu au travail, & tout accoutumé aux choses graves, lorsqu'on les met dans les affaires. Cela même fait une partie de cette douceur, qui sert tant à former les jeunes esprits : car la force de la coutume est douce, & l'on n'a plus besoin d'être averti de son devoir, depuis qu'elle commence à nous en avertir d'elle-même.

Ces raisons porterent le Roy à destiner chaque jour certaines heures à l'étude, qu'il crut pourtant devoir être entremeslées de choses divertissantes : afin de tenir l'esprit de ce Prince dans une agréable disposition, & de ne luy point faire paroître l'étude sous un visage hideux & triste qui le rebutast. En quoy certes il ne s'est pas trompé : car en suivant cette methode, il est arrivé que le Prince averti par la seule coutume, retournoit gayement & comme en se joüant à ses exercices ordinaires, qui ne luy étoient en effet qu'un nouveau divertissement, pour peu qu'il y voulust appliquer son esprit.

Mais le principal de cette institution fut sans doute d'avoir donné pour gouverneur à ce jeune Prince M. le Duc de Montausier, *illustre dans la guerre & dans les lettres, mais plus illustre encore par sa pieté ; & tel, en un mot, qu'il sembloit né pour élever le fils d'un Heros. Depuis ce temps, le Prince a toujours été sous ses yeux, & comme dans ses mains : il n'a cessé de travailler à le former, toujours veillant à l'entour de luy, pour éloigner ceux qui eussent pû corrompre son innocence, ou par de mauvais exemples, ou même par des discours licentieux. Il l'exhortoit sans relache à toutes les vertus, principalement à la pieté : il luy en donnoit en luy-même un parfait modele, pressant & poursuivant* son ouvrage avec une attention, & une constance invincible; & en un mot il n'oublioit rien de ce qui pouvoit servir à donner au Prince toute la force de corps & d'esprit dont il a besoin. Nous tenons à gloire d'avoir toujours été parfaitement d'accord avec un homme si excellent en toute chose, que même en ce qui regarde les lettres, il nous a non seulement aidez à executer nos desseins, mais il nous en a inspiré que nous avons suivis avec succez.

II.
La Religion.

L'étude de chaque jour commençoit soir & matin par les choses saintes: & le Prince demeuroit découvert pendant que duroit cette leçon, les écoutoit avec beaucoup de respect.

Lorsque nous expliquions le Catechisme qu'il sçavoit par cœur, nous l'avertissions souvent qu'outre les obligations communes de la vie chrestienne, il y en avoit de particulieres pour chaque profession, & que les Princes, comme les autres, avoient de certains devoirs propres, ausquels ils ne pouvoient manquer sans commettre de grandes fautes. Nous nous contentions alors de luy en montrer les plus essentiels selon sa portée, & nous reservions à un âge plus meur, ce qui nous sembloit ou trop profond, ou trop difficile pour un enfant.

Mais dès lors à force de repeter nous fismes que ces trois mots, Pieté, Bonté, Justice, demeurerent dans sa memoire avec toute la liaison qui est entre-eux. Et pour luy faire voir que toute la vie chrestienne, & tous les devoirs des Rois étoient contenus dans ces trois mots : nous disions, que celuy qui étoit pieux envers Dieu, étoit bon aussi envers les hommes que Dieu a créez à son image, & qu'il regarde comme ses enfans : ensuite nous remarquions, que qui vouloit du bien à tout le monde, rendoit à chacun ce qui luy appartenoit, empêchoit les méchans d'opprimer les gens de bien, punissoit les mauvaises actions, reprimoit les violences, pour entretenir la tranquillité publique. D'où nous tirions cette consequence qu'un bon Prince étoit pieux, bienfaisant envers tous par son inclination, & jamais fâcheux à personne, s'il n'y étoit contraint par le crime & par la rebellion. C'est à ces principes que nous avons rapporté tous les preceptes, que nous luy avons donné depuis plus amplement : il a veu que tout venoit de cette source, que tout aboutissoit là ; & que ses études n'avoient point d'autre objet, que de le rendre ca-

pable de s'acquiter aisément de tous ces devoirs.

Il sçavoit dès lors toutes les histoires de l'Ancien & du nouveau Testament : il les récitoit souvent : nous luy faisions remarquer les graces que Dieu avoit faites aux Princes pieux , & combien ses jugemens avoient été terribles contre les impies , ou contre ceux qui avoient été rebelles à ses ordres.

Etant un peu plus avancé en âge , il a leu l'Evangile , les Actes des Apotres , & les commancemens de l'Eglise. Il y apprenoit à aimer J. C. ; à l'embrasser dans son enfance ; à croître pour ainsi dire avec luy , en obeïssant à ses parens , en se rendant agreable à Dieu & aux hommes , & en donnant chaque jour de nouveaux témoignages de sagesse. Aprés il écoutoit ses prédications , il étoit ravy de ses miracles , il admiroit la bonté , qui le portoit à faire du bien à tout le monde ; il ne le quittoit pas mourant , afin d'obtenir la grace de le suivre ressuscitant , & montant aux cieux. Dans les Actes , il apprenoit à aimer & à honorer l'Eglise , humble , patiente , que le monde n'a jamais laissé en repos , éprouvée par les supplices , toujours victorieuse. Il voyoit les Apo-

tres la gouvernant selon les ordres de Jesus-Christ ; & la formant par leurs exemples plus encore que par leur parole ; S. Pierre y exerçant l'autorité principale, & y tenant par tout la premiere place : les Chrétiens soûmis aux decrets des Apostres, sans se mettre en peine de rien, dès qu'ils étoient rendus. Enfin nous luy faisions remarquer tout ce qui peut établir la foy, exciter l'esperance, & enflâmer la charité. La lecture de l'Evangile nous servoit aussi à luy inspirer une devotion particuliere pour la Sainte Vierge, qu'il voyoit s'interesser pour les hommes, les recommander à son fils comme leur avocate; & leur montrer en même-temps, que ce n'est qu'en obeïssant à Jesus-Christ, qu'on en peut obtenir des graces. Nous l'exhortions à penser souvent à la merveilleuse recompense qu'elle eut de sa chasteté & de son humilité, par le gage precieux qu'elle reçût du Ciel, quand elle devint Mere de Dieu, & qu'il se fit une si sainte alliance entre-elle & le Pere Eternel. Nous luy faisions observer en cet endroit, combien les Mystéres de la Religion étoient purs, que Jesus-Christ devoit être Vierge, qu'il ne pouvoit être donné qu'à une Vierge de devenir sa Mere: & qu'il s'ensuivoit de-là que la chasteté devoit être le fondement de la devotion envers Marie; puisqu'elle devoit à cette vertu toute sa grandeur, & même toute sa fecondité.

Que si en lisant l'Evangile il paroissoit songer à autre chose, ou n'avoir pas toute l'attention & le respect que merite cette lecture, nous luy ôtions aussi-tôt le livre, pour luy marquer qu'il ne le falloit lire qu'avec reverence. Le Prince qui regardoit comme un châtiment d'être privé de cette lecture, apprenoit à lire saintement le peu qu'il lisoit, & à y penser beaucoup. Nous luy expliquions clairement & simplement les passages. Nous luy marquions les endroits qui servent à convaincre les heretiques, & ceux qu'ils ont malicieusement détournés de leur veritable sens. Nous l'avertissions souvent qu'il y avoit bien des choses en ce livre qui passoient son âge, & beaucoup qui passoient l'esprit humain: qu'elles y étoient pour abattre l'orgueïl des hommes & pour exercer leur foy: qu'il n'étoit pas permis en chose si haute de croire à son sens; mais qu'il falloit tout expliquer selon la tradition ancienne, & les decrets de l'Eglise: que tous les novateurs se perdoient infailliblement; & que tous ceux qui s'écartoient de cette regle, n'avoient n'avoient qu'une pieté fausse, & pleine de fard.

Après avoir lû plusieurs fois l'Evangile, nous avons lû les histoires du Vieux Testament, & principalement celle des Rois : où nous remarquions, que c'est sur les Rois que Dieu exerce ses plus terribles vengeances ; que plus le faiste des honneurs, où Dieu même les éleve en leur donnant la souveraine puissance est haut, plus leur sujettion devient grande à leur égard ; & qu'il se plaît à les faire servir d'exemple, du peu que peuvent les hommes, quand le secours d'en haut leur manque.

Quant aux Epîtres des Apostres, nous en avons choisi les endroits qui servent à former les mœurs chrétiennes. Nous luy avons aussi fait voir dans les Prophetes, avec quelle autorité, & quelle majesté, Dieu parle aux Rois superbes : comment d'un soufle il dissipe les armées, renverse les empires, & reduit les vainqueurs au sort des vaincus, en les faisant perir comme eux. Lorsque nous trouvions dans l'Evangile les propheties qui regardent Jesus-Christ, nous prenions soin de montrer au Prince dans les Prophetes mêmes, les lieux d'où elles étoient tirées. Il admiroit ce rapport de l'Ancien & du nouveau Testament : l'accomplissement de ces Propheties nous servoit de preuve certaine pour établir ce qui regarde le siecle à venir. Nous montrions que Dieu toujours véritable, qui avoit accomply à nos yeux tant de grandes choses prédites de si loin, n'accompliroit pas moins fidelement tout ce qu'il nous faisoit encore attendre: de sorte qu'il n'y avoit rien de plus aßûré, que les biens qu'il nous promettoit, & les maux dont il nous menaçoit aprés cette vie. A cette lecture nous avons souvent mêlé les vies des Saints, les Actes les plus illustres des Martyrs & l'Histoire Religieuse ; afin de divertir le Prince en l'instruisant. Voilà ce qui regarde la Religion.

III. La Grammaire : les Auteurs Latins : & la Geographie

Nous ne nous arrêterons pas à parler de l'étude de la Grammaire. Notre principal soin a été de luy faire connoître premierement la proprieté, & ensuite l'élegance de la langue Latine, & de la Françoise. Pour adoucir l'ennuy de cette étude, nous luy en faisions voir l'utilité ; & autant que son âge le permettoit, nous joignions à l'étude des mots la connoissance des choses.

Par ce moyen il est arrivé, que tout jeune il entendoit fort aisément les meilleurs Auteurs latins : il en cherchoit même les ſens les plus cachez, & à peine y heſitoit-il, dès qu'il y vouloit un peu penſer. Il apprenoit par cœur les plus agreables, & les plus utiles endroits de ces Auteurs, & ſur tout les Poëtes : il les recitoit ſouvent, & dans les occaſions il les appliquoit à propos aux ſujets qui ſe preſentoient.

En liſant ces Auteurs nous ne nous ſommes jamais écartez de notre principal deſſein, qui étoit de faire ſervir toutes ſes études à luy acquerir tout-enſemble, la pieté, la connoiſſance des mœurs, & celle de la politique. Nous luy faiſions connoître par les myſtéres abominables des Gentils, & par les fables de leur Theologie, les profondes tenebres où les hommes demeuroient plongez, en ſuivant leurs propres lumieres. Il voyoit que les nations les plus polies & les plus habiles en tout ce qui regarde la vie civile, comme les Egyptiens, les Grecs, & les Romains, étoient dans une ſi profonde ignorance des choſes divines, qu'ils adoroient les plus monſtrueuſes creatures de la nature : & qu'elles ne ſe ſont retirées de cette abîme, que depuis que Jeſus-Chriſt a commencé de les conduire. D'où il luy étoit aisé de conclure, que la veritable Religion étoit un don de la grace. Nous luy faisions aussi remarquer que les Gentils bien qu'ils se trompassent dans la leur, avoient neanmoins un profond respect pour les choses qu'ils estimoient sacrées: persuadez qu'ils estoient que la religion étoit le soûtien des Etats. Les exemples de moderation & de justice que nous trouvions dans leurs histoires, nous servoient à confondre tout Chrétien, qui n'auroit pas le courage de pratiquer la vertu, aprés que Dieu même nous l'a apprise. Au reste nous faisions le plus souvent ces observations, non comme des leçons, mais comme des entretiens familiers; & cela les faisoit entrer plus agreablement dans son esprit: de sorte qu'il faisoit souvent luy-même de semblables reflexions. Et je me souviens qu'ayant un jour loüé Alexandre d'avoir entrepris avec tant de courage la défense de toute la Grece contre les Perses; le Prince ne manqua pas de remarquer, qu'il seroit bien plus glorieux à un Prince Chrétien de repousser & d'abatre l'ennemy commun de la Chrétienté, qui la menace & la presse de toutes parts.

Nous n'avons pas jugé à propos de luy faire lire les ouvrages des Auteurs par parcelles; c'est à dire, de prendre *un livre de l'Eneïde par exemple, ou de Cesar, separé des autres. Nous luy avons fait lire chaque ouvrage entier, de suite, & comme tout d'une haleine; afin qu'il s'accoutumât peu à peu, non à considerer chaque chose en particulier, mais à découvrir tout d'une veuë le but principal d'un ouvrage, & l'enchaînement de toutes ses parties: étant certain que chaque endroit ne s'entend pas clairement, & ne paroît avec toute sa beauté, qu'à celuy qui a regardé tout l'ouvrage comme on regarde un édifice, & en a pris tout le dessein & toute l'idée.*

Entre les Poëtes, ceux qui ont plû davantage à Monseigneur le Dauphin, sont Virgile & Terence; & entre les Historiens, ç'a été Saluste & Cesar. Il admiroit le dernier comme un excellent maître pour faire de grandes choses, & pour les écrire. Il le regardoit comme un homme de qui il falloit apprendre à faire la guerre. Nous suivions ce grand Capitaine dans toutes ses marches, nous luy voyons faire ses campemens, mettre ses troupes en bataille, former & exécuter ses desseins, loüer & châtier à propos les soldats, les exercer au travail, leur élever le cœur par l'esperance, les tenir toujours en haleine, conduire une puissante armée sans endommager le païs, retenir dans le devoir ses troupes par la discipline, & ses alliez par la foy & la protection; changer sa maniere selon les lieux où il faisoit la guerre, & selon les ennemis qu'il avoit en teste; aller quelquefois lentement, mais user le plus souvent d'une si grande diligence, que l'ennemy surpris & serré de prés, n'ait ny le temps de déliberer, ny celuy de fuir; pardonner aux vaincus, abattre les rebelles, gouverner avec adresse les peuples subjuguez, & leur faire ainsi trouver sa victoire douce pour la mieux assûrer.

On ne peut dire combien il s'est diverti agréablement & utilement dans Terence, & combien de vives images de la vie humaine luy ont passé devant les yeux en le lisant. Il a veu les trompeuses amorces de la volupté & des femmes; les aveugles emportemens d'une jeunesse, que la flaterie & les intrigues d'un valet ont engagé dans un pas difficile & glissant; qui ne sçait que devenir, que l'amour tourmente, qui ne sort de peine que par un espece de miracle, & qui ne trouve le repos qu'en re-

tournant à son devoir. Là le Prince remarquoit les mœurs & le caractére de chaque âge, & de chaque passion exprimé par cet admirable ouvrier, avec tous les traits convenables à chaque personnage, des sentimens naturels & enfin avec cette grace & cette bienséance que demandent ces sortes d'ouvrages. Nous ne pardonnions pourtant rien à ce Poëte si divertissant, & nous reprenions les endroits où il a écrit trop licentieusement. Mais en même temps nous nous étonnions, que plusieurs de nos Auteurs eussent écrit pour le theatre avec beaucoup moins de retenuë; & condamnions une façon d'écrire si deshonnête, comme pernicieuse aux bonnes mœurs.

Il faudroit faire un gros volume, pour rapporter toutes les remarques que nous avons faites sur chaque Auteur, & principalement sur Ciceron, que nous avons admiré dans ses discours de Philosophie, dans ses Oraisons, & même lorsqu'il railloit librement & agréablement avec ses amis.

Parmy tout cela, nous voyons la Geographie en joüant & comme en faisant voyage: tantôt rasant les côtes de la mer, & allant terre à terre: puis tout d'un coup singlant en haute mer, nous traversions dans les terres, nous voyons les ports & les villes, non en les courant comme feroient des voyageurs sans curiosité, mais examinant tout, recherchant les mœurs, sur tout celles de la France, & nous arrêtant dans les plus fameuses villes pour connoître les humeurs opposées de tant de divers peuples qui composent cette nation belliqueuse & remuante : ce qui joint à la vaste étenduë d'un Royaume si peuplé, faisoit voir qu'il ne pouvoit estre conduit qu'avec une profonde sagesse.

IV. L'Histoire. Celle de France composée par Monseigneur le Dauphin, en latin & en françois.

Enfin nous luy avons enseigné l'Histoire. Et comme c'est la maîtresse de la vie humaine & de la politique, nous l'avons fait avec une grande exactitude : mais nous avons principalement eu soin de luy apprendre celle de la France, qui est la sienne. Nous ne luy avons pas neanmoins donné la peine de fueilleter les livres ; & à la reserve de quelques Auteurs de la Nation, comme Philippes de Commines & du Bellay, dont nous luy avons fait lire les plus beaux endroits ; nous avons été nous-mêmes dans les sources & nous avons tiré des Auteurs les plus approuvez, ce qui pouvoit le plus servir à luy faire comprendre la suite des affaires. Nous en reci-

tions de vive voix autant qu'il en pouvoit facilement retenir : nous le luy faisions repeter ; il l'écrivoit en françois & puis il le mettoit en latin : cela luy servoit de théme, & nous corrigions aussi soigneusement son françois que son latin. Le samedy il relisoit tout d'une suite ce qu'il avoit composé durant la semaine ; & l'ouvrage croissant nous l'avons divisé par livres, que nous luy faisions relire tres-souvent.

L'assiduité avec laquelle il a continué ce travail l'a mené jusqu'aux derniers Regnes : si bien que nous avons presque toute notre histoire en latin & en françois du stile & de la main de ce Prince. Depuis quelque temps, comme nous avons vû qu'il sçavoit assez de latin, nous l'avons fait cesser d'écrire l'histoire en cette langue. Nous la continuons en françois avec le même soin ; & nous l'avons disposée de sorte qu'elle s'étendit à proportion que l'esprit du Prince s'ouvroit, & que nous voyons son jugement se former ; en récitant fort en abregé ce qui regarde les premiers temps, & beaucoup plus exactement ce qui s'approche des nôtres. Nous ne descendons pas neanmoins dans un trop grand détail des petites choses, & nous ne nous amuſons pas à rechercher celles qui ne ſont que de curioſité : mais nous remarquons les mœurs de la nation bonnes & mauvaiſes : les coûtumes anciennes, les loix fondamentales : les grands changemens & leurs cauſes : le ſecret des conſeils : les évenemens ineſperez, pour y accoûtumer l'eſprit & le preparer à tout : les fautes des Rois & les calamitez qui les ont ſuivies : la foy qu'ils ont conſervée pendant ce grand eſpace de temps qui s'eſt paßé depuis Clovis juſqu'à nous : cette conſtance à defendre la Religion catholique, & tout-enſemble le profond reſpect qu'ils ont toujours eu pour le Saint Siege dont ils ont tenu à gloire d'eſtre les enfans les plus ſoûmis. Que ç'a été cet attachement inviolable à la Religion & à l'Egliſe, qui a fait ſubſiſter le Royaume depuis tant de ſiecles. Ce qu'il nous étoit aisé de faire voir par les épouventables mouvemens que l'Héreſie a causé dans tout le corps de l'état, en affoibliſſant la puiſſance & la Majeſté Royale, & en reduiſant preſque à la derniere extremité un Royaume ſi floriſſant : ſans qu'il ait pû reprendre ſa premiere force, qu'en abattant l'Héreſie.

Mais afin que le Prince apprît de

l'Histoire la maniere de conduire les affaires ; nous avons coutume dans les endroits où elles paroissent en peril, d'en exposer l'état, & d'en examiner toutes les circonstances, pour déliberer, comme on feroit dans un Conseil, de ce qu'il y auroit à faire en ces occasions : nous luy demandons son avis ; & quand il s'est expliqué, nous poursuivons le recit pour luy apprendre les évenemens. Nous marquons les fautes, nous loüons ce qui a été bien fait : & conduit par l'experience, nous établissons la maniere de former les desseins, & de les executer.

V. S. Loüis modele d'un Roy parfait.

Au reste, si nous prenons de toute l'histoire de nos Rois des exemples pour la vie & pour les mœurs ; nous ne proposons que le seul Saint Loüis, comme le modéle d'un Roy parfait. Personne ne luy conteste la gloire de la sainteté : mais aprés l'avoir fait paroître vaillant, ferme, juste, magnifique, grand dans la paix & dans la guerre ; nous montrons en découvrant les motifs de ses actions & de ses desseins, qu'il a été tres-habile dans le gouvernement des affaires. C'est de luy que nous tirons la plus grande gloire de l'Auguste Maison de France : dont le principal honneur est de trouver tout-ensemble dans celuy à qui elle doit ſon origine, un parfait modele pour les mœurs, un excellent maître pour leur apprendre à regner, & un intercesseur aſſûré auprès de Dieu.

VI. L'Exemple du Roy.

Après Saint Loüis, nous luy proposons les actions de Loüis le Grand, & cette histoire vivante qui se passe à nos yeux : l'Etat affermi par de bonnes Loix, les finances bien ordonnées, toutes les fraudes qu'on y faisoit découvertes, la discipline militaire établie avec autant de prudence que d'autorité : ces magazins, ces nouveaux moyens d'assieger les places & de conduire les armées en toute saison, le courage invincible des Chefs & des soldats, l'impetuosité naturelle de la nation soûtenuë d'une fermeté & d'une constance extraordinaire ; cette ferme croïance qu'ont tous les François, que rien ne leur est impossible sous un si grand Roy : & enfin le Roy même qui vaut tout seul une grande armée : la force, la suite, le secret impenetrable de ses conseils, & ces ressorts cachez dont l'artifice ne se découvre que par les effets qui surprennent toujours : les ennemis confus & dans l'épouvante ; les alliez fidelement deffendus ; la paix donnée à l'Europe à des conditions équitables après une victoire aſſûrée : enfin cet

cet incroïable attachement à deffendre la Religion, cette envie de l'accroître, & ces efforts continuels pour parvenir à tout ce qu'il y a de plus grand & de meilleur. Voilà ce que nous remarquons dans le Pere, & que nous recommandons au Fils d'imiter de tout son pouvoir.

VII. La Philosophie. Traité de la connoissance de Dieu & de soi-même.

Pour les choses qui regardent la Philosophie, nous les avons distribuées de sorte, que celles qui sont hors de doute, & utiles à la vie, luy puissent estre montrées serieusement, & dans toute la certitude de leurs principes. Pour celles qui ne sont que d'opinion, & dont on dispute; nous nous sommes contentez de les luy rapporter historiquement, jugeant qu'il étoit de sa dignité d'écouter les deux parties, & d'en proteger également les défenseurs, sans entrer dans leurs querelles; parce que celuy qui est né pour le commandement doit apprendre à juger, & non à disputer.

Mais aprés avoir consideré, que la Philosophie consiste principalement à rappeller l'esprit à soi-même pour s'élever ensuite comme par un degré sûr jusqu'à Dieu; nous avons commencé par là, comme par la recherche la plus aisée, aussi-bien que la plus solide & la plus utile qu'on se puisse proposer. Car icy *pour devenir parfait Philoſophe, l'homme n'a beſoin d'étudier autre choſe que lui-même, & ſans feüilleter tant de livres, ſans faire de penibles recüeils de ce qu'ont dit les Philoſophes, ny aller chercher bien loin des experiences; en remarquant ſeulement ce qu'il trouve en luy, il reconnoît par-là l'auteur de ſon eſtre. Auſſi avions-nous dès les premieres années jetté les ſemences d'une ſi belle & ſi utile Philoſophie: & nous avions employé toute ſorte de moyens pour faire que le Prince ſçeut dès lors diſcerner l'eſprit d'avec le corps, c'eſt-à-dire cette partie qui commande en nous, de celle qui obëit; afin que l'Ame commandant au Corps, luy repreſentât Dieu commandant au monde entier, & à l'Ame même. Mais lorſque le voyant plus avancé en âge, nous avons crû qu'il étoit temps de luy enſeigner methodiquement la Philoſophie: nous en avons formé le plan ſur le precepte de l'Evangile.* Conſiderez-vous attentivement vous-mêmes. *Et ſur cette parole de David:* O Seigneur, j'ay tiré de moy une merveilleuſe connoiſſance de ce que vous êtes. *Appuyez ſur ces deux paſſages, nous avons fait un Traité de la connoiſſance de Dieu, & de ſoi-même; où nous*

Luc. xxj. 34.

Pſ. cxxxviij 6.

expliquons la ſtructure du corps, & la nature de l'eſprit, par les choſes que chacun experimente en ſoy : & faiſons voir qu'un homme qui ſçait ſe rendre preſent à luy-même, trouve Dieu plus preſent que tout autre choſe ; puiſque ſans luy il n'auroit ny mouvement, ny eſprit, ny vie, ny raiſon : ſelon cette parole vraiement philoſophique de l'Apoſtre prêchant à Athenes, c'eſt-à-dire dans le lieu où la Philoſophie étoit comme dans ſon fort : Il n'eſt pas loin de chacun de nous : puiſque c'eſt en luy que nous vivons, que nous ſommes mus, & que nous ſommes. *Et encore :* puiſqu'il nous donne à tous la vie, la reſpiration, & toutes choſes. *A l'exemple de S Paul, qui ſe ſert de cette verité comme connuë aux Philoſophes, pour les mener plus loin ; nous avons entrepris d'exciter en nous par la ſeule conſideration de nous-mêmes ce ſentiment de la Divinité, que la nature a mis dans nos ames en les formant : de ſorte qu'il paroiſſe clairement, que ceux qui ne veulent point reconnoître ce qu'ils ont au deſſus des bêtes, ſont tout-enſemble les plus aveugles, les plus méchans, & les plus impertinens de tous les hommes.*

Act. xvij. 27. 28.

Ibid. 25.

VIII. La Logi-

Delà nous avons paſſé à la Logique,

que. La Rethorique: & la Morale.

& à la Morale, pour cultiver ces deux principales parties que nous avions remarquées en notre esprit; c'est-à-dire, la faculté d'entendre, & celle de vouloir. Pour la Logique nous l'avons tirée de Platon & d'Aristote, non pour la faire servir à de vaines disputes de mots, mais pour former le jugement par un raisonnement solide: nous arrêtant principalement à cette partie qui sert à trouver les argumens probables, parce que ce sont ceux que l'on employe dans les affaires. Nous avons expliqué, comment il les faut lier les uns avec les autres; de sorte que tout foibles qu'ils sont chacun à part, ils deviennent invincibles par cette liaison. De cette source nous avons tiré la Rhetorique, pour donner aux argumens nuds que la Dialectique avoit assemblez comme des os & des nerfs, de la chair, de l'esprit & du mouvement. Ainsi nous n'en avons pas fait une discoureuse dont les paroles n'ont que du son, nous ne l'avons pas faite enflée & vuide de choses, mais saine & vigoureuse: nous ne l'avons point fardée: mais nous luy avons donné un teint naturel & une vive couleur: en sorte qu'elle n'eut d'éclat, que celuy qui sort de la verité même. Pour cela nous avons tiré d'Aristote, de Ciceron, de Quintilien & des autres, les meilleurs preceptes; mais nous nous sommes beaucoup plus servis d'exemples que de preceptes, & nous avions coûtume en lisant les discours qui nous émouvoient le plus, d'en ôter les figures & les autres ornemens de paroles, qui en sont comme la chair & la peau; de sorte que n'y laissant que cet assemblage d'os & de nerfs dont nous venons de parler, c'est-à-dire les seuls argumens, il étoit aisé de voir ce que la Logique faisoit dans ces ouvrages, & ce que la Rhetorique y ajoûtoit.

Pour la doctrine des mœurs, nous avons crû qu'elle ne se devoit pas tirer d'une autre source que de l'Ecriture, & des maximes de l'Evangile; & qu'il ne falloit pas, quand on peut puiser au milieu d'un fleuve, aller chercher des ruisseaux bourbeux. Nous n'avons pas neanmoins laissé d'expliquer la Morale d'Aristote: à quoy nous avons ajoûté cette doctrine admirable de Socrate, vraïement sublime pour son temps, qui peut servir à donner la foy aux incredules, & à faire rougir les plus endurcis. Nous marquions en même temps ce que la Philosophie chrêtienne y condamnoit : ce qu'elle y ajoûtoit : ce qu'elle y approuvoit : avec quelle autorité elle en confirmoit les dogmes veritables, & combien elle s'élevoit au dessus : ensorte qu'on fût obligé d'avoüer, que la Philosophie toute grave qu'elle paroît comparée à la sagesse de l'Evangile, n'étoit qu'une pure enfance.

IX. Les principes de la Jurisprudence.

Nous avons crû qu'il seroit bon de donner au Prince quelque teinture des Loix romaines ; en luy faisant voir par exemple, ce que c'est que le droit, de combien de sortes il y en avoit, la condition des personnes, la division des choses ; ce que c'est que les contrats, les testamens, les successions, la puissance des Magistrats, l'autorité des jugemens, & les autres principes de la vie civile.

X. Les autres parties de la Philosophie.

Nous ne dirons rien icy de la Metaphysique, parce qu'elle est toute répanduë dans ce qui precede. Nous avons mêlé beaucoup de physique en expliquant le corps humain : & pour les autres choses qui regardent cette étude, nous les avons traitées selon notre projet, plus historiquement que dogmatiquement. Nous n'avons pas oublié ce qu'en a dit Aristote : & pour l'experience des choses naturelles, nous avons fait faire devant le Prince les plus necessaires,

& les plus b lles. Il n'y a pas moins trouvé de divertissement, que de profit. Elles luy font connoître l'industrie de l'esprit humain, & les belles inventions des arts, soit pour découvrir les secrets de la nature, ou pour l'embellir, ou pour l'aider. Mais ce qui est plus considerable, il y a découvert l'art de la nature même, ou plûtôt la providence de Dieu, qui est à la fois si visible & si cachée.

XI. Les Mathematiques.

Les Mathematiques qui servent le plus à la justesse du raisonnement, luy ont été montrées par un excellent maître : qui ne s'est pas contenté, comme c'est l'ordinaire, de luy apprendre à fortifier des places, à les attaquer, à luy faire des campemens ; mais qui luy a encore appris à construire des forts, à les dessiner de sa propre main, à mettre une armée en bataille, à la faire marcher. Il luy a enseigné les Mechaniques, le poids des liquides & des solides, les differens sistemes du monde, & les premiers livres d'Euclide : ce qu'il a compris avec tant de promptitude, que ceux qui le voyoient en étoient surpris.

Au reste toutes ces choses ne luy ont été enseignées que peu à peu, chacune en son lieu. Et notre soin principal a été qu'on les luy donnât à propos, & chaque chose en son temps : afin qu'il les digerât plus aisément, & qu'elles se tournassent en nourriture.

XII. Trois derniers ouvrages : pour recüeillir le fruit des études.

Maintenant que le cours de ses études est presque achevé, nous avons crû devoir travailler principalement à trois choses.

I. Histoire Universelle, pour expliquer la suite de la Religion, & les changemens des Empires.

Premierement à une Histoire Universelle, qui eût deux parties : dont la premiere comprit depuis l'origine du monde jusqu'à la chûte de l'ancien Empire Romain, & au couronnement de Charlemagne : & la seconde depuis ce nouvel Empire établi par les François. Il y avoit déja long-temps que nous l'avions composée, & même que nous l'avions fait lire au Prince : mais nous la repassons maintenant, & nous y avons ajoûté de nouvelles reflexions, qui font entendre toute la suite de la Religion, & les changemens des Empires avec leurs causes profondes que nous reprenons dès leur origine. Dans cet ouvrage on voit paroître la Religion toujours ferme, & inebranlable, depuis le commencement du monde : le rapport des deux testaments luy donne cette force ; & l'Evangile qu'on voit s'élever sur les fondemens de la Loy, montre une solidité qu'on reconnoît aisément estre à toute épreuve. On voit la verité toujours victorieuse, les heresies renversées, l'Eglise fondée sur la Pierre les abattre par le seul poids d'une autorité si bien établie, & s'affermir avec le temps : pendant qu'on voit au contraire les Empires les plus florissans, non-seulement s'affoiblir par la suite des années; mais encore se défaire mutuellement, & tomber les uns sur les autres. Nous montrons d'où vient d'un côté une si ferme consistance; & de l'autre, un état toujours changeant, & des ruines inévitables. Cette derniere recherche nous a engagé à expliquer en peu de mots les Loix & les coûtumes des Egyptiens, des Assyriens, & des Perses; celles des Grecs, celles des Romains, & celles des temps suivans : ce que chaque nation a eu dans les siennes qui ait été fatal aux autres, & à elles-mêmes; & les exemples que leurs progrez ou leurs décadences ont donnez aux siecles futurs. Ainsi nous tirons deux fruits de l'Histoire Universelle. Le premier, est de faire voir tout-ensemble l'autorité, & la sainteté de la Religion, par sa propre stabilité & par sa durée perpetuelle. Le second, est que connoissant ce qui a causé la ruine de chaque

Empire, nous pouvons sur leur exemple trouver les moyens de soûtenir les Etats, si fragiles de leur nature; sans toutefois oublier que ces soûtiens même sont sujets à la loy commune de la mortalité, qui est attachée aux choses humaines: & qu'il faut porter plus haut ses esperances.

XIII. II. Politique tirée des propres paroles de la sainte Ecriture.

Par le second ouvrage, nous découvrons les secrets de la Politique, les maximes du gouvernement, & les sources du droit dans la doctrine & dans les exemples de la sainte Ecriture. On y voit non-seulement avec quelle pieté il faut que les Rois servent Dieu, ou le fléchissent, après l'avoir offensé; avec quel zele ils sont obligez à deffendre la foy de l'Eglise, à maintenir ses droits, & à choisir des Pasteurs: mais encore l'origine de la vie civile; comment les hommes ont commencé à former leur societé: avec quelle adresse il faut manier les esprits; comment il faut former le dessein de conduire une guerre; ne l'entreprendre pas sans bon sujet; faire une paix; soûtenir l'autorité; faire des Loix & regler un Etat. Ce qui fait voir clairement, que l'Ecriture sainte surpasse autant en prudence qu'en autorité tous les autres livres qui donnent des preceptes pour la vie civile : & qu'on ne voit en nul autre endroit, des maximes aussi sûres pour le gouvernement.

XIV. III. L'Etat du Royaume, & de toute l'Europe.

Le troisiéme ouvrage comprend les Loix, & les coûtumes particulieres du Royaume de France. En comparant ce Royaume avec tous les autres, on met sous les yeux du Prince, tout l'état de la Chrétienté, & même de toute l'Europe.

Nous acheverons tous ces desseins, autant que le temps & notre industrie le pourra permettre. Et quand le Roy nous redemandera ce Fils si cher, que que nous avons tâché par son commandement & sous ses ordres d'instruire dans tous les beaux Arts; nous sommes prêts à le remettre entre ses mains, pour faire des études plus necessaires sous de meilleurs maîtres, qui sont le Roy même, & l'usage du monde & des affaires.

Voilà TRES-SAINT PERE, ce que nous avons fait pour nous acquitter de notre devoir. Nous avons planté, nous avons arrosé : plaise à Dieu de donner l'accroissement. Au reste, depuis que celuy dont vous tenez la place sur la terre, vous a inspiré parmy tant de soins, de jetter un regard sur nos travaux ; nous nous servons de l'autorité *de VOTRE SAINTETÉ même, pour porter le Prince à la vertu : & nous éprouvons avec joye que les exhortations que nous luy faisons de votre part, font impression sur son esprit. Que nous sommes heureux, TRES-SAINT PERE, d'être secourus dans un ouvrage si grand par un si grand Pape, dans lequel nous voyons revivre saint Leon, saint Gregoire, & saint Pierre même.*

TRES-SAINT PERE,

DE VOTRE SAINTETÉ,

A S. Germain-en-Laïe le 8. Mars 1679.

Le fils tres-obeïssant & tres-devot.

ainsi signé † J. BENIGNE, ancien * Evêque de Condom.

Et au dessus A notre tres SS. Pere le Pape Innocent XI.

* *Il fut nommé Evêque de Meaux en 1681. Il s'étoit demis de l'Evêché de Condom peu de temps après avoir été choisi Precepteur de Monseigneur le Dauphin.*

INNOCENT

INNOCENT P. P. XI.

VEnerable Frere, salut & benediction Apostolique. La methode que vous vous êtes proposée, pour former dès ses plus tendres années aux bonnes choses le Dauphin de France; & que vous continuez d'employer avec tant de succès auprés de ce jeune Prince, pendant qu'il s'avance dans un âge plus meur; nous a paru meriter que nous dérobassions quelque temps aux importantes affaires de la Chrétienté, pour lire la lettre que vous avez si élegament, & si pleinement décrit cette methode. La felicité publique sera le fruit de la bonne semence que vous jetterez comme dans une terre fertile dans l'esprit d'un Prince, que toute l'Eglise respecte déja comme l'heritier d'un si grand Royaume, & qu'elle voit sous la conduite d'un Illustre Pere, se rendre digne non-seulement de proteger la Foy Catholique, mais encore de l'étendre. Entre tant d'instructions de la veritable sagesse, dont vous remplissez l'esprit du Dauphin; celles-là sans doute sont les plus belles, & les plus dignes d'être inculquées sans

cesse, qui apprennent à unir ensemble comme choses inseparables, les interêts & la gloire des Rois avec le bien de leurs peuples, & les regles d'un bon gouvernement. Le Prince que vous instruisez connoîtra un jour avec un grand accroissement du bien public, & un agreable ressouvenir de l'éducation qu'il aura reçûë de vous, qu'il n'est point si beau ny
« si glorieux d'être né dans la Royauté,
« que de sçavoir s'en bien servir; & que
« le plus digne employ qu'un Prince puisse
« faire de cette puissance souveraine qu'il
« reçoit de Dieu, c'est de la faire unique-
« ment servir, non pas à contenter ses
« passions où le desir d'une gloire vaine,
« mais à procurer le bonheur du genre
« humain. Il connoîtra qu'il ne doit ja-
« mais former de desseins ny commencer
« d'entreprises, qui s'éloigne de la voye
« de la justice, & qui ne se rapporte à
« l'avancement de la gloire de Dieu: pen-
« sant souvent en lui-même que les biens
« dont nous joüissons en cette vie, comme
« ils sont des presens de Dieu, doivent
« être rapportés à celuy qui nous les a
« donnez, & devant qui s'élevent ou tom-
« bent comme il luy plaît les plus triom-
« phants, & les plus florissants Empires.

Au reste pour ce qui regarde le Siege

Apoſtolique, nous eſperons que ce Prince ſera puiſſamment excité à luy donner dans toutes les occaſions les marques d'une obëiſſance filiale, tant par l'exemple des Rois de France ſes predeceſſeurs, qui par le reſpect qu'ils ont toujours eû pour le Saint Siege ont attiré ſur ce Royaume d'infinis treſors de la liberalité du Ciel; que par la tendreſſe & l'affection veritablement maternelle, que nous reſſentons pour luy dans notre cœur. Cependant nous ne ceſſons de rendre graces à la bonté de Dieu, qu'il ſe ſoit trouvé un homme tel que vous, digne d'élever, & d'inſtruire un Prince né pour de ſi grandes choſes; & nous luy demandons ſoigneuſement dans nos prieres que cette Ame naturellement portée au bien que le Dauphin a reçû en partage, y faſſe chaque jour par vos inſtructions & par vos ſoins de nouveaux progrès; & qu'ainſi puiſſent être inſtruits à l'avenir tous ceux qui gouvernent la terre. Quant à vous, Venerable Frere, nous vous donnons de bon cœur notre Benediction Apoſtolique, comme une marque de l'amitié que nous vous portons, & de la grande eſtime que nous faiſons de votre vertu. Donné à Rome à Saint Pierre ſous l'anneau du

Pescheur le 19. Avril 1679. & le troisiéme de notre Pontificat.

signé, MARIUS SPINULA.

Et au dessus A notre Venerable Frere l'Evêque de Condom.

TABLE

DES LIVRES, ARTICLES, ET PROPOSITIONS DE LA POLITIQUE TIRÉE DES PROPRES PAROLES DE L'ECRITURE SAINTE.

PREMIERE PARTIE.

LIVRE PREMIER.

DES PRINCIPES DE LA SOCIETÉ parmy les hommes.

ARTICLE PREMIER.

L'homme est fait pour vivre en societé.

*

ARTICLE II.

De la societé generale du genre humain naît la societé civile, c'est-à-dire, celle des états, des peuples & des nations.

ARTICLE III.

Pour former les nations & unir les peuples, il a fallu établir un gouvernement.

ARTICLE IV.

Des Loix.

ARTICLE V.

Consequences des principes generaux de l'humanité.

ARTICLE VI.

De l'amour de la patrie.

LIVRE SECOND.

DE L'AUTORITE.

Que la royale, & l'hereditaire, est la plus propre au gouvernement.

ARTICLE I.

Par qui l'autorité a été exercée dès l'origine du monde.

ARTICLE III.

L'autorité royale est paternelle, & son propre caractere c'est la bonté.

LIVRE QUATRIE'ME.

Suite des Caracteres de la royauté.

ARTICLE I.

L'autorité royale est absoluë.

ARTICLE II.

De la mollesse, de l'irrésolution, & de la fausse fermeté.

LIVRE CINQUIE'ME.

Quatriéme & dernier Caractere de l'autorité royale.

ARTICLE I.

Que l'autorité royale est soûmise à la raison.

III. PROP.

ARTICLE II.

Moyens à un prince d'acquerir les connoissances necessaires.

ARTICLE III.

Des curiositez, & connoissances dangereuses : Et de la confiance qu'on doit mettre en Dieu.

ARTICLE IV.

Consequences de la doctrine précedente : De la majesté, & de ses accompagnemens.

LIVRE SIXIE'ME.

Les devoirs des sujets envers le prince, établis par la doctrine précedente.

ARTICLE I.

Du service qu'on doit au prince.

ARTICLE II.

De l'obëïssance dûë au prince.

ARTICLE III.

Deux difficultez tirées de l'écriture : de David, & des Machabées.

Fin de la Table de la premiere Partie.

POLITIQUE
TIRÉE DES PROPRES PAROLES DE L'ECRITURE SAINTE.
A MONSEIGNEUR LE DAUPHIN.

DIEU eſt le roi des rois : c'eſt à luy qu'il appartient de les inſtruire & de les regler comme ſes miniſtres. Ecoutez donc, MONSEIGNEUR, les leçons qu'il leur donne dans ſon écriture, & apprenez de luy les regles & les exemples ſur leſquels ils doivent former leur conduite.

Outre les autres avantages de l'écriture, elle a encore celuy-cy, qu'elle reprend l'hiſtoire du monde dés ſa premiere origine, & nous fait voir par ce moyen mieux que toutes les autres histoires, les principes primitifs qui ont formé les empires. Nulle histoire ne découvre mieux ce qu'il y a de bon & de mauvais dans le cœur humain ; ce qui soutient & ce qui renverse les royaumes ; ce que peut la religion pour les établir, & l'impieté pour les détruire. Les autres vertus & les autres vices trouvent aussi dans l'écriture leur caractere naturel, & on n'en voit nulle part dans une plus grande évidence les veritables effets. On y voit le gouvernement d'un peuple dont Dieu même a esté le legislateur ; les abus qu'il a reprimez & les loix qu'il a établies, qui comprennent la plus belle & la plus juste politique qui fut jamais. Tout ce que Lacedemone, tout ce qu'Athenes, tout ce que Rome ; pour remonter à la source, tout ce que l'Egypte & les états les mieux policez ont eu de plus sage, n'est rien en comparaison de la sagesse qui est renfermée dans la loy de Dieu, d'où les autres loix ont puisé ce qu'elles ont de meilleur. Aussi n'y eut-il jamais une plus belle constitution d'état que celle où vous verrez le peuple de Dieu. Moïse qui le forma étoit instruit de toute la sagesse divine & humaine dont un grand & noble genie peut être orné, & l'inspiration ne fit que porter à la derniere certitude & perfection, ce qu'avoient ébauché l'usage & les connoissances du plus sage de tous les empires & de ses plus grands ministres, tel qu'étoit le patriarche Joseph, comme luy inspiré de Dieu. Deux grands rois de ce peuple, David & Salomon, l'un guerrier, l'autre pacifique, tous deux excellens dans l'art de regner, vous en donneront non seulement les exemples dans leur vies, mais encore les preceptes, l'un dans ses divines poësies, l'autre dans ses instructions que la sagesse éternelle luy a dictées. JESUS-CHRIST vous apprendra par luy-même & par ses apôtres, tout ce qui fait les états heureux : son évangile rend les hommes d'autant plus propres à être bons citoïens sur la terre, qu'il leur apprend par là à se rendre dignes de devenir citoïens du ciel. Dieu enfin, par qui les rois regnent, n'oublie rien pour leur apprendre à bien regner. Les ministres des princes, & ceux qui ont part sous leur autorité au gouvernement des états, & à l'administration de la justice, trouveront dans sa parole des leçons que Dieu seul pouvoit leur donner. C'eſt une partie de la morale chrêtienne que de former la magiſtrature par ſes loix : Dieu a voulu tout décider, c'eſt-à-dire, donner des déciſions à tous les états ; à plus forte raiſon à celuy d'où dépendent tous les autres.

C'eſt MONSEIGNEUR, le plus grand de tous les objets qu'on puiſſe propoſer aux hommes, & ils ne peuvent être trop attentifs aux regles ſur leſquelles ils ſeront jugez par une Sentence éternelle & irrévocable. Ceux qui croïent que la pieté eſt un affoibliſſement de la politique ſeront confondus; & celle que vous verrez eſt vraiment divine.

LIVRE PREMIER.

DES PRINCIPES DE LA SOCIETÉ parmi les hommes.

PREMIERE PARTIE.

ARTICLE PREMIER.

L'homme est fait pour vivre en Societé.

I. PROPOSITION.

Les hommes n'ont qu'une même fin, & un même objet qui est Dieu.

ECOUTE Israël, le seigneur nôtre " *Deut.*
Dieu, est le seul Dieu. Tu aimeras " *vj. 4.5.*
le Seigneur ton Dieu, de tout ton "
cœur, de toute ton ame, & de "
toute ta force. "

II. PROPOSITION.

L'amour de Dieu oblige les hommes à s'aimer les uns les autres.

Un docteur de la loy demanda à Jesus :

Marc. » Maître, quel est le premier de tous les comman-
xij. 29. » demens; Jesus luy répondit : Le premier de tous
30. 31. » les commandemens est celuy-cy : Ecoute Israël,
» le seigneur ton Dieu est le seul Dieu, & tu aimeras
» le seigneur ton Dieu de tout ton cœur, de toute
» ton ame, de toute ta pensée, & de toute ta
» force : voilà le premier commandement ; Et le
» second qui luy est semblable est celuy-cy : Tu
» aimeras ton prochain comme toy-même. En
Matt. » ces deux preceptes consistent toute la loy & les
xxii. » prophetes.
40.

Nous nous devons donc aimer les uns les autres, parce que nous devons aimer tous ensemble le même Dieu, qui est nôtre pere com-
1. Cor. » mun, & son unité est nôtre lien. Il n'y a qu'un
viij. 4 » seul Dieu, dit saint Paul ; si les autres content
5. 6. » plusieurs Dieux, il n'y en a pour nous qu'un
» seul qui est le pere, d'où nous sortons tous &
» nous sommes faits pour luy. S'il y a des peuples qui ne connoissent pas Dieu, il n'en est pas moins pour cela le createur, & il ne les a pas moins faits à son image & ressemblance. Car
Gen. j » il a dit en créant l'homme : Faisons l'homme
26. 27. » à nôtre image & ressemblance : & un peu
» aprés : Et Dieu créa l'homme à son image,
» il le créa à l'image de Dieu. Il le repete souvent, afin que nous entendions sur quel modele nous sommes formez, & que nous aimions les uns dans les autres l'image de Dieu. C'est ce qui fait dire à Nôtre Seigneur, que le precepte d'aimer le prochain est semblable à celuy d'aimer Dieu, parce qu'il est naturel que qui aime Dieu, aime aussi pour l'amour de luy tout ce qui est fait à son image, & ces deux obligations sont semblables. Nous voyons aussi que quand Dieu deffend d'attenter à la vie de l'homme, il en rend cette raison : Je rechercheray la vie de l'homme de la main de toutes les bestes

& de la main de l'homme. Quiconque répan- « Gen. ix.
dra le sang humain, son sang sera répandu, « 5. 6.
parce que l'homme est fait à l'image de Dieu. «
Les bêtes sont en quelque sorte appellées dans ce passage au jugement de Dieu, pour y rendre compte du sang humain qu'elles auront répandu. Dieu parle ainsi, pour faire trembler les hommes sanguinaires; & il est vray en un sens, que Dieu redemandera même aux animaux, les hommes qu'ils auront devorez, lorsqu'il les ressuscitera malgré leur cruauté dans le dernier jour.

III. PROPOSITION.

Tous les hommes sont freres.

Premierement ils sont tous enfans du même
Dieu. Vous êtes tous freres, dit le Fils de « Matt.
Dieu, & vous ne devez donner le nom de pere « xxiij. 8.
à personne sur la terre; car vous n'avez qu'un « 9.
seul pere qui est dans les cieux. Ceux que nous «
appellons peres & d'où nous sortons selon la chair, ne sçavent pas qui nous sommes; Dieu seul nous connoît de toute éternité, & c'est
pourquoy Isaïe disoit : Vous êtes nôtre vray « Isa.
pere, Abraham ne nous a pas connus, & « lxiij. 16.
Israël nous a ignorez : mais vous, Seigneur, «
vous êtes nôtre pere & nôtre protecteur, vôtre «
nom est devant tous les siecles. «

Secondement, Dieu a établi la fraternité des hommes en les faisant tous naître d'un seul, qui pour cela est leur pere commun, & porte en luy même l'image de la paternité de Dieu. Nous ne lisons pas que Dieu ait voulu faire sortir les autres animaux d'une même
tige. Dieu fit les bêtes selon leurs especes, & « Gen.
il vit que cet ouvrage étoit bon, & il dit : « i. 25. 26.

» Faiſons l'homme à nôtre image & reſſemblance.
Dieu parle de l'homme en nombre ſingulier,
& marque diſtinctement qu'il n'en veut faire
qu'un ſeul d'où naiſſent tous les autres, ſelon
Act. » ce qui eſt écrit dans les Actes : Que Dieu a
xvij 26 » fait ſortir d'un ſeul tous les hommes qui de-
» voient remplir la ſurface de la terre. Le grec
porte, que Dieu les a faits [d'un même ſang.]
Il a même voulu que la femme qu'il donnoit
au premier homme fuſt tirée de luy, afin que
Gen. ij. » tout fuſt un dans le genre humain. Dieu forma
22. 23. » en femme la côte qu'il avoit tirée d'Adam,
» & il l'amena à Adam, & Adam dit; celle-cy
» eſt un os tiré de mes os, & une chair tirée
» de ma chair : Son nom même marquera qu'elle
» eſt tirée de l'homme; c'eſt pourquoy l'homme
» quittera ſon pere & ſa mere pour s'attacher à
» ſa femme, & ils ſeront deux dans une chair.
Ainſi le caractere d'amitié eſt parfait dans le
genre humain, & les hommes qui n'ont tous
qu'un même pere, doivent s'aimer comme
freres. A Dieu ne plaiſe qu'on croye que les
rois ſoient exempts de cette loy, ou qu'on
craigne qu'elle ne diminuë le reſpect qui leur
Deut. » eſt dû. Dieu marque diſtinctement, que les
xvij. » rois qu'il donnera à ſon peuple, ſeront tirez
15. 20. » du milieu de leurs freres; un peu aprés : Ils ne
» s'éleveront point au-deſſus de leurs freres par
» un ſentiment d'orgueil, & c'eſt à cette condition qu'il leur promet un long regne. Les hom-
Gen. vi. mes ayant oublié leur fraternité & les meurtres
s'eſtant multipliez ſur la terre, Dieu reſolut
de détruire tous les hommes à la reſerve de
Noé & de ſa famille, par laquelle il repara
tout le genre humain, & voulut que dans ce
renouvellement du monde nous euſſions encore
tous un même pere. Auſſi-tôt aprés il défend
les meurtres en avertiſſant les hommes qu'ils

sont tous freres, descendus premierement du même Adam, & ensuite du même Noé : Je « rechercherai, dit-il, la vie de l'homme de la « main de l'homme & de la main de son frere. « Gen. ix. 5.

IV. PROPOSITION.

Nul homme n'est étranger à un autre homme.

Nôtre Seigneur aprés avoir établi le precepte d'aimer son prochain, interrogé par un docteur de la loy, qui étoit celuy que nous devons tenir pour nôtre prochain, condamne l'erreur des Juifs qui ne regardoient comme tels que ceux de leur nation. Il leur montre par la parabole du Samaritain qui assiste le voyageur méprisé par un prêtre & par un levite, que ce n'est pas sur la nation, mais sur l'humanité en general que l'union des hommes doit estre fondée. Un prestre vit le voyageur blessé & passa, & « Luc. x.
un levite passa prés de luy & continua son « 31. 32. &c.
chemin. Mais un Samaritain le voyant fut « touché de compassion. Il raconte avec quel « soin il le secourut, & puis il dit au docteur : Lequel de ces trois vous paroist estre son pro- « Ibid.
chain ? & le docteur répondit : celuy qui a eu « 36. 37.
pitié de luy : & Jesus luy dit, allez & faites « de même. Cette parabole nous apprend que « nul homme n'est étranger à un autre homme, fust-il d'une nation autant haïe dans la nostre, que les Samaritains l'estoient des Juifs.

V. PROPOSITION.

Chaque homme doit avoir soin des autres hommes.

Si nous sommes tous freres, tous faits à

l'image de Dieu & également ses enfans, tous une même race & un même sang, nous devons prendre soin les uns des autres; & ce n'est pas
Eccl. xvii. 12. » sans raison qu'il est écrit : Dieu a chargé chaque
» homme d'avoir soin de son prochain. S'ils ne le font pas de bonne foy, Dieu en sera le van-
Ibid. 13. » geur; car, ajoûte l'Ecclesiastique : Nos voyes
» sont toûjours devant luy, & ne peuvent estre cachées à ses yeux. Il faut donc secourir nôtre prochain comme en devant rendre compte à Dieu qui nous voit. Il n'y a que les parricides & les ennemis du genre humain qui disent com-
Gen. iv. 9. » me Cain : Je ne sçay où est mon frere; suis-je
» fait pour le garder? N'avons-nous pas tous un
Mal. xi 10. » même Pere? N'est-ce pas un même Dieu qui
» nous a créez? pourquoy donc chacun de nous
» méprise-t-il son frere, violant le pacte de nos
» Peres?

VI. PROPOSITION.

L'interest même nous unit.

Prov. xviii. 19. » Le frere aidé de son frere est comme une ville
» forte. Voyez comme les forces se multiplient
Eccl iv. 9. 10. 11. 12. » par la societé & le secours mutuel. Il vaut mieux
» estre deux ensemble que d'estre seul; car on
» trouve une grande utilité dans cette union. Si
» l'un tombe l'autre se soûtient. Malheur à celuy
» qui est seul : s'il tombe il n'a personne pour le re-
» lever. Deux hommes reposés dans un même
» lit se rechauffent mutuellement. Qu'y a-t-il de
» plus froid qu'un homme seul? si quelqu'un est
» trop fort contre un seul, deux pourront luy re-
» sister : une corde à trois cordons est difficile à
» rompre. On se console, on s'assiste, on se for-
» tifie l'un l'autre. Dieu voulant établir la socie-
» té veut que chacun y trouve son bien, & y de-

meure attaché par cet interest. C'est pourquoy il a donné aux hommes divers talens. L'un est propre à une chose, & l'autre à une autre, afin qu'ils puissent s'entre-secourir comme les membres du corps, & que l'union soit cimentée par ce besoin mutuel. Comme nous avons plu- « *Rom. xii. 4. 5. 6.*
sieurs membres, qui tous ensemble ne font qu'un »
seul corps, & que les membres n'ont pas tous une «
même fonction; ainsi nous ne sommes tous en- «
semble qu'un seul corps en Jesus-Christ, & «
nous sommes tous membres les uns des autres. «
Chacun de nous a son don & sa grace differente. «
Le corps n'est pas un seul membre, mais plu- « *I. Cor. xii. 14.*
sieurs membres. Si le pied dit, je ne suis pas du «
corps, parce que je ne suis pas la main, est-il «
pour cela retranché du corps? si tout le corps «
estoit œil, où seroient l'oüie & l'odorat? mais «
maintenant Dieu a formé les membres & «
les a mis chacun où il luy a plû. Que si tous les «
membres n'estoient qu'un seul membre, que de- «
viendroit le corps? mais dans l'ordre que Dieu «
a établi s'il y a plusieurs membres, il n'y a qu'un «
corps. L'homme ne peut pas dire à la main je «
n'ay que faire de vostre assistance, ni la tête ne «
peut pas dire aux pieds, vous ne m'êtes pas ne- «
cessaires. Mais au contraire les membres qui «
paroissent les plus foibles sont ceux dont on a le «
plus besoin. Et Dieu a ainsi accordé le corps en «
suppléant par un membre ce qui manque à l'au- «
tre, afin qu'il n'y ait point de dissension dans le «
corps, & que les membres ayent soin les uns «
des autres. « Ainsi par les talens differens le fort a besoin du foible, le grand du petit, chacun de ce qui paroît le plus éloigné de luy, parce que le besoin mutuel raproche tout, & rend tout necessaire. Jesus-Christ formant son Eglise en établit l'unité sur ce fondement, & nous montre quels sont les principes de la societé humaine. Le

Eccl. xliij. 24. 25. » monde même subsiste par cette loy. Chaque par-
» tie a son usage & sa fonction ; & le tout s'entre-
» tient par le secours que s'entredonnent toutes les
» parties. Nous voyons donc la societé humaine appuyée sur ces fondemens inébranlables, un même Dieu, un même objet, une même fin, une origine commune, un même sang, un même interest, un besoin mutuel tant pour les affaires que pour la douceur de la vie.

ARTICLE II.

De la societé generale du genre humain naist la societé civile, c'est-à-dire, celle des Etats, des peuples & des nations.

PREMIERE PROPOSITION.

La societé humaine a esté détruite & violée par les passions.

DIeu étoit le lien de la societé humaine. Le premier homme s'étant separé de Dieu,
Gen. iv. 8. par une juste punition la division se mit dans sa famille, & Caïn tua son frere Abel. Tout le
Gen. vj. 2. genre humain fut divisé. Les enfans de Seth s'appellerent les enfans de Dieu, & les enfans de Caïn s'appellerent les enfans des hommes. Ces deux races ne s'allierent que pour augmen-
Gen. vj. 4. ter la corruption. Les Geants naquirent de cette union, hommes connus dans l'écriture & dans toute la tradition du genre humain, par leur in-
Gen. vj. 5. 6. 8. » justice & leur violence. Toutes les pensées de
» l'homme se tournent au mal en tout temps, &
» Dieu se repent de l'avoir fait. Noé seul trouve grace devant luy, tant la corruption étoit generale. Il est aisé de comprendre que cette per-

versité rend les hommes insociables. L'homme
dominé par ses passions ne songe qu'à les contenter sans songer aux autres. Je suis, dit l'or- *Isaye*
gueilleux dans Isaye, & il n'y a que moy sur la *xlvij.*
terre. Le langage de Caïn se répand par tout. *8.*
Est-ce à moy de garder mon frere? c'est-à-dire, *Gen.*
je n'en ay que faire ny ne m'en soucie. Toutes *iv. 9.*
les passions sont insatiables. Le cruel ne se ras- *Eccli.*
sasie point de sang. L'avare ne se remplit point *xij 15.*
d'argent. Ainsi chacun veut tout pour soy. *Eccl. v.*
Vous joignez, dit Isaye, maison à maison & *9.*
champ à champ. Voulez-vous habiter seuls sur *Isa. v.*
la terre? La jalousie si universelle parmy les *8.*
hommes, fait voir combien est profonde la ma-
lignité de leur cœur. Nôtre frere ne nous nuit
en rien, ne nous ôte rien, & il nous devient cependant un objet de haine, parce que seulement
nous le voyons plus heureux, ou plus industrieux, & plus vertueux que nous. Abel plaît
à Dieu par des moyens innocens, & Caïn ne le
peut souffrir. Dieu regarda Abel & ses presens, *Gen.*
& ne regarda pas Caïn ny ses presens: & Caïn *iv. 4. 5.*
entra en fureur & son visage changea. De là les *Ibid. v*
trahisons & les meurtres. Sortons dehors, dit *8.*
Caïn, allons promener ensemble, & étant au
milieu des champs Caïn s'éleva contre son frere
& le tua. Une pareille passion exposa Joseph à *Gen.*
la fureur de ses freres, lorsque loin de leur nuire, *xxviij.*
il alloit pour rapporter de leurs nouvelles à leur *16. 17.*
pere qui en étoit en inquiétude. Ses freres, *&c.*
voyant que leur pere l'aimoit plus que tous les *Ib. 4.*
autres, le haïssoient, & ne pouvoient lui dire une
parole de douceur. Cette rage les porta jusqu'à *Ib. 16.*
le vouloir tuer, & il n'y eut autre moyen de les *26. 27.*
détourner de ce tragique dessein qu'en leur pro- *28.*
posant de le vendre. Tant de passions insensées
& tant d'interests divers qui en naissent, font
qu'il n'y a point de foy ni de sûreté parmy les

Michée vij. 5. 6. » hommes. Ne croyez point à vôtre amy, & ne » vous fiez point à vôtre guide : donnez-vous de » garde de celle qui dort dans vôtre sein : le fils fait » injure à son pere, la fille s'éleve contre sa mere, » & les ennemis de l'homme sont ses parens & ses » domestiques. De là vient que les cruautez sont si frequentes dans le genre humain. Il n'y a rien de plus brutal ni de plus sanguinaire que l'hom-

Ib. 2. » me. Tous dressent des embuches à la vie de leur » frere ; un homme va à la chasse aprés un autre » homme, comme il feroit aprés une beste, pour

Ozée iv. 2. » en répandre le sang. La medisance, & le men- » songe, & le meurtre, & le vol, & l'adultere » ont inondé toute la terre, & le sang a touché le sang : c'est-à-dire, qu'un meurtre en attire un autre. Ainsi la societé humaine établie par tant de sacrez liens est violée par les passions, &

Aug. de civ. Dei lib. xiij. c. 27. » comme dit saint Augustin : il n'y a rien de plus » sociable que l'homme par sa nature, ni rien de » plus intraitable, ou de plus insociable par la » corruption.

II. PROPOSITION.

La societé humaine dés le commencement des choses s'est divisée en plusieurs branches par les diverses nations qui se sont formées.

Outre cette division qui s'est faite entre les hommes par les passions, il y en a une autre qui devoit naître necessairement de la multiplication du genre humain. Moïse nous l'a marqué, lorsqu'aprés avoir nommé les premiers

Gen. x. descendans de Noé, il montre par là l'origine

Ib. 5. » des nations & des peuples. De ceux-là, dit-il, » sont sorties les nations chacune selon sa contrée » & selon sa langue. Où il paroît que deux choses ont separé en plusieurs branches la societé humaine. L'une la diversité & l'éloignement des pays où les enfans de Noé se sont répandus en se multipliant ; l'autre la diversité des Langues. Cette confusion du langage est arrivée avant la separation, & fut envoyée aux hommes en punition de leur orgueil. Cela disposa les hommes à se separer les uns des autres, & à s'étendre dans toute la terre que Dieu leur avoit donnée à habiter. « Allons, dit Dieu, confondons leurs langues afin qu'ils ne s'entendent plus les uns les autres ; & ainsi le Seigneur les separa de ce lieu dans toutes les terres. » La parole est le lien de la societé entre les hommes par la communication qu'ils se donnent de leurs pensées. Dès qu'on ne s'entend plus l'un l'autre on est étranger l'un à l'autre. « Si je n'entends point, dit S. Paul, la force d'une parole, je suis étranger & barbare à celuy à qui je parle, & il me l'est aussi. » Et saint Augustin remarque, que cette diversité de langages fait qu'un homme se plaît plus avec son chien, qu'avec un homme son semblable. Voilà donc le genre humain divisé par langues & par contrées : & de là il est arrivé qu'habiter un même païs & avoir une même langue, a esté un motif aux hommes de s'unir plus étroitement ensemble. Il y a même quelque apparence que dans la confusion des langues à Babel, ceux qui se trouverent avoir plus de conformité dans le langage, furent disposez par là à choisir la même demeure, à quoy la parenté contribua aussi beaucoup ; & l'Ecriture semble marquer ces deux causes qui commencerent à former autour de Babel les divers corps de nations, lorsqu'elle dit que les hommes les composerent : « En se divisant chacun selon leur langue & leur famille. »

Gen. XI. 19. *Ibid* 8. I. *Cor.* XIV. 11. *Aug. de Civit. Dei. lib.* XIX. *cap.* 7. *Gen.* X. 5.

III. PROPOSITION.

La terre qu'on habite ensemble sert de lien entre les hommes, & forme l'unité des nations.

Lorsque Dieu promet à Abraham qu'il fera
de ses enfans un grand peuple, il leur promet
en même temps une terre qu'ils habiteront en
Gen. » commun. Je ferai sortir de toy une grande na-
xij.1.7. » tion. Et un peu aprés : je donnerai cette terre à
» ta posterité. Quand il introduit les Israëlites
dans cette terre promise à leurs peres, il la leur
Exod. » loüe afin qu'ils l'aiment. Il l'appelle toûjours
iij. 8. » une bonne terre, une terre grasse & abondante,
» qui ruisselle de tous côtez de lait & de miel.
Ceux qui degoûtent le peuple de cette terre qui
le devoit nourrir si abondamment, sont punis de
mort comme seditieux & ennemis de leur pa-
Num. » trie. Les hommes que Moïse avoit envoyez pour
xiv.36 » reconnoître la terre, & qui en avoient dit du
37. » mal, furent mis à mort devant Dieu. Ceux du
peuple qui avoient méprisé cette terre en sont ex-
» clus & meurent dans le desert. Vous n'entrerez
» point dans la terre que j'ay juré à vos peres de
Ib 30. » leur donner. Vos enfans, (innocens & qui n'ont
31. 32. » point de part à vôtre injuste dégoût,) entre-
» ront dans la terre qui vous a déplû, & pour vous
» vos corps morts seront gissans dans ce desert.
» Ainsi la societé humaine demande qu'on aime la terre où l'on habite ensemble; on la regarde comme une mere & une nourrice commune; on s'y attache, & cela unit. C'est ce que les Latins appellent *caritas patrii soli*, l'amour de la patrie : & ils la regardent comme un lien entre les hommes. Les hommes en effet se sentent liez par quelque chose de fort, lorsqu'ils songent que la même terre qui les a portez & nourris étant vivans,

vivans, les recevra en son sein quand ils seront morts. Vôtre demeure sera la mienne ; vôtre peuple sera mon peuple, disoit Ruth à sa belle- « *Ruth. 1.*
mere Noemi ; je mourrai dans la terre où vous « *16. 17.*
serez enterrée, & j'y choisirai ma sepulture. Jo- « *Gen. l.*
seph mourant dit à ses freres : Dieu vous visi- « *23. 24.*
tera & vous établira dans la terre qu'il a pro- «
mise à nos peres : emportez mes os avec vous. «
Ce fut là sa derniere parole. Ce luy est une douceur en mourant, d'esperer de suivre ses freres dans la terre que Dieu leur donne pour leur patrie, & ses os y reposeront plus tranquillement au milieu de ses citoïens. C'est un sentiment naturel à tous les peuples. Themistocle Athenien étoit banni de sa patrie comme traistre: il en machinoit la ruine avec le roy de Perse à qui il s'étoit livré : & toutefois en mourant il oublia Magnesie que le roy lui avoit donnée, quoyqu'il y eût été si bien traité, & il ordonna *Thucid.*
à ses amis de porter ses os dans l'Attique pour *lib. 1.*
les y inhumer secretement, à cause que la rigueur des decrets publics ne permettoient pas qu'on le fist d'une autre sorte. Dans les approches de la mort où la raison revient & où la vengeance cesse, l'amour de la patrie se reveille! Il croit satisfaire à sa patrie : Il croit être rappellé de son éxil aprés sa mort : & comme ils parloient alors, (que la terre seroit plus benigne & plus legere à ses os.) C'est pourquoy de bons « *2. Esd.*
citoïens s'affectionnent à leur terre natale. J'é- « *ii. 1. 2.*
tois devant le roy, dit Nehemias, & je luy pre- « *3. 6.*
sentois à boire, & je paroissois languissant en «
sa presence, & le roy me dit ; pourquoy vôtre «
visage est-il si triste, puisque je ne vous vois «
point malade ? Et je dis au roy, comment pour- «
rois-je n'avoir pas le visage triste, puisque la «
ville où mes peres sont ensevelis est deserte, & «
que ses portes sont brûlées ? Si vous voulez me «

» faire quelque grace, renvoyez-moy en Judée en
» la terre du sepulchre de mon pere, & je la rebâ-
» tirai. Étant arrivé en Judée, il appelle ses con-
citoïens, que l'amour de leur commune patrie
Ibid » unissoit ensemble. Vous sçavez, dit il, nôtre
17. » affliction. Jerusalem est deserte ; ses portes sont
» consumées par le feu ; venez & unissons-nous
» pour la rebâtir. Tant que les Juifs demeurérent
dans un païs étranger, & si éloigné de leur pa-
Psalm. trie, ils ne cesserent de pleurer, & d'enfler pour
cxxxvj. ainsi parler, de leurs larmes les fleuves de Babylone en se souvenant de Sion : Ils ne pouvoient
se resoudre à chanter leurs agreables cantiques,
qui étoient les cantiques du Seigneur dans une
terre étrangere. Leurs instrumens de musique
autrefois leur consolation & leur joie, demeuroient suspendus aux saules plantez sur la rive,
Psalm. » & ils en avoient perdu l'usage. O Jerusalem,
cxxxvj. » disoient-ils, si jamais je puis t'oublier, puissay-
5. 6. » je m'oublier moy même. Ceux que les vainqueurs avoient laissez dans leur terre natale
s'estimoient heureux, & ils disoient au Seigneur
dans les pseaumes qu'ils lui chantoient durant
Ps. cj. 14. la captivité. Il est temps, ô Seigneur, que vous
15. aïez pitié de Sion : Vos serviteurs en aiment les
ruines mêmes & les pierres démolies : & leur
terre natale toute desolée qu'elle est, a encore
toute leur tendresse & toute leur compassion.

ARTICLE III.

Pour former les nations & unir les peuples, il a fallu établir un gouvernement.

I. PROPOSITION.

Tout se divise & se partialise parmi les hommes.

IL ne suffit pas que les hommes habitent la même contrée ou parlent un même langage, parce qu'étant devenus intraitables par la violence de leurs passions, & incompatibles par leurs humeurs differentes; ils ne pouvoient être unis à moins que de se soûmettre tous ensemble à un même gouvernement qui les reglât tous. Faute de cela Abraham & Loth ne peuvent compatir ensemble, & sont contraints de se separer.
« La terre où ils étoient ne les pouvoit contenir, *Gen.*
« parce qu'ils estoient tous deux fort riches, & ils *xiij. 6.*
« ne pouvoient demeurer ensemble : en sorte qu'il *7. 9.*
« arrivoit des querelles entre leurs bergers. Enfin
« il fallut pour s'accorder que l'un allât à droite
« & l'autre à gauche. Si Abraham & Loth, deux hommes justes, & d'ailleurs si proches parens ne peuvent s'accorder entre eux à cause de leurs domestiques, quel desordre n'arriveroit pas parmi les méchans.

II. PROPOSITION.

La seule autorité du gouvernement peut mettre un frein aux passions, & à la violence devenuë naturelle aux hommes.

» Si vous voïez les pauvres calomniez & des *Ecc. v. 7. 8.*

» jugemens violens, par lesquels la justice est ren-
» versée dans la province; le mal n'est pas sans
» remede; car au dessus du puissant il y a de plus
» puissans, & ceux-là même ont sur leur teste
» des puissances plus absoluës, & enfin le roy de
» tout le païs leur commande à tous. La justice
n'a de soûtien que l'autorité & la subordination
des puissances. Cet ordre est le frein de la licence. Quand chacun fait ce qu'il veut & n'a
pour regle que ses desirs, tout va en confusion.
Une levite viole ce qu'il y a de plus saint dans la
loy de Dieu. La cause qu'en donne l'écriture;
Jud. » C'est qu'en ce temps-là il n'y avoit point de roy
xvij. 6. » en Israël, & que chacun faisoit ce qu'il trou-
» voit à propos. C'est pourquoy quand les enfans d'Israël sont prests d'entrer dans la terre où
ils devoient former un corps d'état & un peuple
Deut. » reglé, Moyse leur dit: Gardez-vous bien de
xij. 8. » faire là comme nous faisons icy, où chacun fait
9. » ce qu'il trouve à propos; parce que vous n'êtes
» pas encore arrivez au lieu de repos, & à la pos-
» session que le Seigneur vous a destinée.

III. PROPOSITION.

C'est par la seule autorité du gouvernement que l'union est établie parmi les hommes.

Cet effet du commandement legitime nous
est marqué par ces paroles souvent réiterées dans
1. Reg. l'écriture, au commandement de Saul & de la
xi. 7. » puissance legitime. Tout Israël sortit comme
& ail- » un seul homme. Ils estoient quarante mil hom-
leurs. » mes, & toute cette multitude estoit comme un
1. Esd. » seul. Voilà quelle est l'unité d'un peuple, lors-
ii. 64. » que chacun renonçant à sa volonté la transporte
& la réünit à celle du prince & du magistrat.
Autrement nulle union; les peuples errent va-

gabonds comme un troupeau dispersé. Que le « Num.
Seigneur Dieu des esprits dont toute chair est « xxvii.
animée, donne à cette multitude un homme « 16. 17.
pour la gouverner, qui marche devant elle, «
qui la conduise, de peur que le peuple de Dieu «
ne soit comme des brebis qui n'ont point de «
pasteur. «

IV. PROPOSITION.

Dans un gouvernement reglé, chaque particulier renonce au droit d'occuper par force ce qui lui convient.

Ostez le gouvernement, la terre & tous ses
biens sont aussi communs entre les hommes que
l'air & la lumiere. Dieu dit à tous les hommes: « Gen. 1.
Croissez & multipliez & remplissez la terre. Il « 28. ix.
leur donne à tous indistinctement : Toute herbe « 7.
qui porte son germe sur la terre, & tous les bois « Gen. 1.
qui y naissent. Selon ce droit primitif de la na- « 29.
ture, nul n'a de droit particulier sur quoy que
ce soit, & tout est en proye à tous. Dans un
gouvernement reglé nul particulier n'a droit
de rien occuper. Abraham estant dans la Palestine demande aux seigneurs du païs jusqu'à la
terre où il enterra sa femme Sara. Donnez-moy « Gen.
droit de sepulture parmi vous. Moïse ordonne « xxxiii.
qu'aprés la conqueste de la terre de Chanaan, 4.
elle soit distribuée au peuple par l'autorité du
souverain magistrat. Josué, dit-il, vous con- « Deut.
duira : Et aprés il dit à Josué luy-même : Vous « xxxi.
introduirez le peuple dans la terre que Dieu luy « 3. 7.
a promise, & vous la luy distribuërez par sort.
La chose fut ainsi executée. Josué avec le con- Josué
seil fit le partage entre les tribus & entre les par- xiij. xiv.
ticuliers selon le projet & les ordres de Moïse. &c.
De là est né le droit de proprieté : Et en general

tout droit doit venir de l'autorité publique, sans qu'il soit permis de rien envahir, ni de rien attenter par la force.

V. PROPOSITION.

Par le gouvernement chaque particulier devient plus fort.

La raison est que chacun est secouru. Toutes les forces de la nation concourent en un, & le magistrat souverain a droit de les réünir. » Race rebelle & méchante, dit Moïse à ceux de Ruben, » demeurerez-vous en repos pendant que vos freres » iront au combat ? Non, répondirent-ils, nous » marcherons avancés à la tête de nos freres, & » ne retournerons point dans nos maisons jusqu'à » ce qu'ils soient en possession de leur heritage. Ainsi le magistrat souverain a en sa main toutes les forces de la nation qui se soûmet à luy obéïr. » Nous ferons, dit tout le peuple à Josué, tout » ce que vous nous commanderez : nous irons par » tout où vous nous envoïerez. Qui resistera à » vos paroles & ne sera pas obéïssant à tous vos » ordres, qu'il meure ? Soïez ferme seulement & » agissez avec vigueur. Toute la force est transportée au magistrat souverain, chacun l'affermit au préjudice de la sienne, & renonce à sa propre vie en cas qu'il desobéïsse. On y gagne ; car on retrouve en la personne de ce suprême magistrat, plus de force qu'on n'en a quitté pour l'autoriser ; puis qu'on y retrouve toute la force de la nation réünie ensemble pour nous secourir. Ainsi un particulier est en repos contre l'oppression & la violence, parce qu'il a en la personne du prince un défenseur invincible, & plus fort sans comparaison que tous ceux du peuple qui entreprendroient de

Num. xxxii. 6. 14. 17. 18.

Jos. i. 16. 18.

l'opprimer. Le magistrat souverain a interest de
garantir de la force tous les particuliers, parce
que si une autre force que la sienne prevaut
parmy le peuple, son autorité & sa vie est en
peril. Les hommes superbes & violents sont
ennemis de l'autorité, & leur discours naturel
est de dire : Qui est nostre maistre ? La multi- « *Ps. xi.*
tude du peuple fait la dignité du roy. S'il le « *5.*
laisse dissiper & accabler par les hommes vio- *Prov.*
lents, il se fait tort à luy-même. Ainsi le ma- *xiv. 28.*
gistrat souverain est l'ennemy naturel de toutes
les violences. Ceux qui agissent avec violence « *Prov.*
sont en abomination devant le roy, parce que « *xvi. 12.*
son thrône est affermy par la justice. Le prince «
est donc par sa charge à chaque particulier :
Un abry pour se mettre à couvert du vent & « *Is.*
de la tempeste, & un rocher avancé sous le- « *xxxii.*
quel il se met à l'ombre dans une terre seche « *2.*
& brulante. La justice établit la paix ; il n'y « *Ib. 17.* *18.*
a rien de plus beau que de voir les hommes «
vivre tranquillement : chacun est en seureté dans «
sa tente, & joüit du repos & de l'abondance. «
Voilà les fruits naturels d'un gouvernement «
reglé. En voulant tout donner à la force, «
chacun se trouve foible dans ses pretentions
les plus legitimes, par la multitude des con-
currens contre qui il faut estre prest. Mais sous
un pouvoir legitime chacun se trouve fort, en
mettant toute la force dans le magistrat, qui
a interest de tenir tout en paix pour estre luy-
même en seureté. Dans un gouvernement reglé, les veuves, les orphelins, les pupilles,
les enfans même dans le berceau sont forts.
Leur bien leur est conservé ; le public prend
soin de leur éducation ; leurs droits sont deffendus, & leur cause est la cause propre du ma-
gistrat. Toute l'écriture le charge de faire justice *Deut. x.*
au pauvre, au foible, à la veuve, à l'orphelin *18.*

Ps. lxxxi. 3 & ail-leurs. 1. Tim. ii. 1. 2. & au pupille. C'est donc avec raison que saint » Paul nous recommande : de prier perseveram- » ment, & avec instance pour les rois, & pour » tous ceux qui sont constituez en dignité, afin » que nous passions tranquillement nôtre vie, » en toute pieté & chasteté. De tout cela il resulte qu'il n'y a point de pire état que l'anarchie : c'est à-dire, l'état où il n'y a point de gouvernement, ny d'autorité. Où tout le monde veut faire ce qu'il veut, nul ne fait ce qu'il veut ; où il n'y a point de maistre, tout le monde est maistre ; où tout le monde est maistre, tout le monde est esclave.

VI. PROPOSITION.

Le gouvernement se perpetuë & rend les états immortels.

Quand Dieu declare à Moïse qu'il va mou-
Num. xxvii. 16. 17. » rir, Moïse luy dit aussi-tost : Donnez Seigneur » à ce peuple quelqu'un qui le gouverne. Ensuite par l'ordre de Dieu Moïse establit Josué pour
Ib. 22. 23. » luy succeder : En presence du grand prestre » Eleazar & de tout le peuple, & luy impose les mains : En signe que la puissance se continuoit de l'un à l'autre. Aprés la mort de Moïse,
Jos. i. 17. » tout le peuple reconnoist Josué. Nous vous » obéïrons en toutes choses comme nous avons fait à Moïse. Le prince meurt ; mais l'autorité
Ib. 9. 10. 11. est immortelle, & l'état subsiste toûjours. C'est pourquoy les mêmes desseins se continuënt. La guerre commencée se poursuit. Et Moïse revit
Ib. 12. 13. 16. » en Josué. Souvenez-vous, dit-il, à ceux de » Ruben, de ce que vous a commandé Moïse : » Et un peu aprés : Vous posséderez la terre que » le serviteur de Dieu vous a donnée. Il faut bien que les princes changent, puisque les hom-

mes

mes sont mortels : mais le gouvernement ne doit pas changer ; l'autorité demeure ferme, les conseils sont suivis, & éternels. Aprés la mort de Saül, David dit à ceux de Jabes-Galaad qui avoient bien servy ce prince : Prenez cou- « 2. Reg. ii. 7.
rage & soïez toûjours gens de cœur ; parce «
qu'encore que vostre maistre Saül soit mort, «
la maison de Juda m'a sacré roy. Il leur veut faire entendre que comme l'autorité ne meurt jamais, ils doivent continuer leurs services, dont le merite est immortel dans un état bien reglé.

ARTICLE IV.

Des Loix.

I. PROPOSITION.

Il faut joindre les loix au gouvernement pour le mettre dans sa perfection.

C'Est-à-dire, qu'il ne suffit pas que le prince, ou que le magistrat souverain regle les cas qui surviennent suivant l'occurrence ; mais qu'il faut établir des regles generales de conduite, afin que le gouvernement soit constant, & uniforme : Et c'est ce qu'on appelle loix.

II. PROPOSITION.

On pose les principes primitifs de toutes les loix.

Toutes les loix sont fondées sur la premiere de toutes les loix qui est celle de la nature, c'est-à-dire, sur la droite raison, & sur l'équité naturelle. Les loix doivent regler les choſes divines & humaines, publiques & particulieres ; & ſont commencées par la nature, ſelon ce

Rom. ii. 14. 15. » que dit ſaint Paul : Que les gentils qui n'ont » pas de loy, faiſant naturellement ce qui eſt de » la loy, ſe font une loy à eux-mêmes, & mon» trent l'œuvre de la loy écrite dans leurs cœurs » par le témoignage de leurs conſciences, & les » penſées interieures qui s'accuſent mutuellement, » & ſe deffendent auſſi l'une contre l'autre. Les loix doivent établir le droit ſacré & profane ; le droit public & particulier ; en un mot la droite obſervance des choſes divines & humaines parmi les citoïens, avec les chaſtimens & les recompenſes. Il faut donc avant toutes choſes regler le culte de Dieu. C'eſt par où commence Moïſe, & il poſe ce fondement de la ſocieté des Iſraëlites. A la teſte du decalogue on voit

Exod. xx. 4. 5. 6. &c. » ce precepte fondamental : Je ſuis le Seigneur, » tu n'auras point de dieux étrangers, &c. Enſuite viennent les preceptes qui regardent la

Ibid. 4. » ſocieté. Tu ne tuëras point, tu ne déroberas » point, & les autres. Tel eſt l'ordre general de toute legiſlation.

III. PROPOSITION.

Il y a un ordre dans les loix.

Le premier principe des loix eſt de reconnoiſtre la divinité, d'où nous viennent tous les

Eccl. xii 13. Matt. vii. 12. Luc. vi. 31. » biens & l'eſtre même. Crains Dieu & obſerve » ſes commandemens ; c'eſt-là tout l'homme. Et » l'autre eſt : De faire à autruy comme nous » voulons qui nous ſoit fait.

IV. PROPOSITION.

Un grand roy explique les caracteres des loix.

L'interest & la passion corrompent les hommes. La loy est sans interest & sans passion : « Ps. xviii. 8.
Elle est sans tache & sans corruption, elle di- «
rige les ames, elle est fidele : elle parle sans «
déguisement & sans flatterie. Elle rend sages «
les enfans : elle previent en eux l'experience, & les remplit dés leur premier âge de bonnes maximes. Elle est droite & réjoüit le cœur. « Ibid. 9.
On est ravy de voir comme elle est égale à tout le monde, & comme au milieu de la corruption elle conserve son integrité. Elle est pleine « Ibid. 11.
de lumieres : dans la loy sont recüeillies les lu- «
mieres les plus pures de la raison. Elle est ve- «
ritable & se justifie par elle même : car elle suit «
les premiers principes de l'équité naturelle, dont personne ne disconvient que ceux qui sont tout à fait aveugles. Elle est plus desirable que l'or « Ibid. 11.
& plus douce que le miel : d'elle vient l'abon- «
dance & le repos. David remarque dans la loy «
de Dieu ces proprietés excellentes, sans lesquelles il n'y a point de loy veritable.

V. PROPOSITION.

La loy punit & récompense.

C'est pourquoy la loy de Moïse se trouve partout accompagnée de chastimens : voicy le principe qui les rend aussi justes que necessaires. La premiere de toutes les loix, comme nous l'avons remarqué, est celle de ne point faire à autruy ce que nous ne voulons pas qui nous soit fait. Ceux qui sortent de cette loy primi-

tive, si droite & si équitable, dés-là meritent qu'on leur fasse ce qu'ils ne veulent pas qui leur soit fait : ils ont fait souffrir aux autres ce qu'ils ne vouloient pas qu'on leur fist, ils meritent qu'on leur fasse souffrir ce qu'ils ne veulent pas. C'est le juste fondement des chastimens, conformément à cette parole pronon-
Jer. l. 15 » cée contre Babylone. Prenez vangeance d'elle,
» faites-luy comme elle a fait. Elle n'a épargné personne, ne l'épargnez pas ; elle a fait souffrir les autres, faites-la souffrir. Sur le même principe sont fondées les récompenses. Qui sert le public ou les particuliers, le public & les particuliers le doivent servir.

VI. PROPOSITION.

La loy est sacrée & inviolable.

Pour entendre parfaitement la nature de la loy, il faut remarquer que tous ceux qui en ont bien parlé, l'ont regardée dans son origine comme un pacte & un traité solemnel par lequel les hommes conviennent ensemble par l'autorité des princes, de ce qui est necessaire pour former leur societé. On ne veut pas dire par là que l'autorité des loix dépende du consentement & acquiescement des peuples : mais seulement que le prince qui d'ailleurs par son caractere n'a d'autre interest que celuy du public, est assisté des plus sages testes de la nation, & appuïé sur l'experience des siecles passez. Cette verité constante parmy tous les hommes est expliquée admirablement dans l'écriture. Dieu assemble son peuple, leur fait à tous proposer la loy, par laquelle il établissoit le droit sacré & profane, public & particulier de la nation, & les en fait tous convenir en sa

presence. Moïse convoqua tout le peuple. Et « *Deut. xxix. 2. 9. 10. 11. 12. 13. 14. 15.*
comme il leur avoit déja recité tous les articles «
de cette loy, il leur dit : Gardez les paroles de «
ce pacte & les accomplissez, afin que vous «
entendiez ce que vous avez à faire. Vous estes «
tous ici devant le Seigneur vostre Dieu, vos «
chefs, vos tribus, vos senateurs, vos docteurs, «
tout le peuple d'Israël, vos enfans, vos femmes, «
& l'étranger qui se trouve meslé avec vous dans «
le camp, afin que tous ensemble vous vous «
obligiez à l'alliance du Seigneur, & au serment «
que le Seigneur fait avec vous. Et que vous «
soïez son peuple, & qu'il soit vostre Dieu. Et «
je ne fais pas ce traité avec vous seuls, mais «
je le fais pour tous presents & absents. Moïse «
reçoit ce traité au nom de tout le peuple qui
luy avoit donné son consentement. J'ay esté, « *Deut. v. 5.*
dit-il, le mediateur entre Dieu & vous, & le «
dépositaire des paroles qu'il vous donnoit, & «
vous à luy. Tout le peuple consent expressé- «
ment au traité. Les levites disent à haute voix :
Maudit celuy qui ne demeure pas ferme dans « *Deuter. xxvii. 14. 26*
toutes les paroles de cette loy, & ne les accom- «
plit pas, & tout le peuple répond amen, qu'il « *Jos. viii. 30. &c.*
soit ainsi. Il faut remarquer que Dieu n'avoit «
pas besoin du consentement des hommes pour autoriser sa loy, parce qu'il est leur createur, qu'il peut les obliger à ce qu'il luy plaist ; & toutefois pour rendre la chose plus solemnelle & plus ferme, il les oblige à la loy par un traité exprés & volontaire.

VII. PROPOSITION.

La loy est reputée avoir une origine divine.

Le traité qu'on vient d'entendre a un double effet : il unit le peuple à Dieu, & il unit le peuple en soy-même. Le peuple ne pouvoit s'unir en soy-même par une societé inviolable, si le traité n'en estoit fait dans son fond en presence d'une puissance superieure telle que celle de Dieu, protecteur naturel de la societé humaine, & inévitable vangeur de toute contravention à la loy. Mais quand les hommes s'obligent à Dieu luy promettant de garder, tant envers luy qu'entre-eux, tous les articles de la loy qu'il leur propose, alors la convention est inviolable, autorisée par une puissance à laquelle tout est soûmis. C'est pourquoy tous les peuples ont voulu donner à leurs loix une origine divine, & ceux qui ne l'ont pas euë ont feint de l'avoir. Minos se vantoit d'avoir appris de Jupiter les loix qu'il donna à ceux de Crete; ainsi Lycurgue, ainsi Numa, ainsi tous les autres legislateurs ont voulu que la convention par laquelle les peuples s'obligeoient entre-eux à garder les loix, fust affermie par l'autorité divine, afin que personne ne pust s'en dedire. Platon dans sa republique, & dans son livre des loix, n'en propose aucune qu'il ne veüille faire confirmer par l'oracle avant qu'elles soient reçûës, & c'est ainsi que les loix deviennent sacrées & inviolables.

VIII. PROPOSITION.

Il y a des loix fondamentales qu'on ne peut changer; il est même tres-dangereux de changer sans necessité celles qui ne le sont pas.

C'est principalement de ces loix fondamentales qu'il est écrit : Qu'en les violant, on
Ps.lxxxi. 5. » ébranle tous les fondemens de la terre : Aprés
» quoy il ne reste plus que la chute des empires.
En general les loix ne sont pas loix, si elles

n'ont quelque chose d'inviolable. Pour marquer leur solidité & leur fermeté, Moïse ordonne : Qu'elles soient toutes écrites nettement & visiblement sur des pierres. Josué accomplit ce commandement. Les autres peuples civilisez conviennent de cette maxime. Qu'il soit fait un édit & qu'il soit écrit selon la loy inviolable des Perses & des Medes : disent à Assuerus les sages de son conseil qui estoient toûjours prés de sa personne. Ces sages sçavoient les loix & le droit des anciens. Cet attachement aux loix & aux anciennes maximes affermit la societé & rend les états immortels. On perd la veneration pour les loix quand on les voit si souvent changer. C'est alors que les nations semblent chanceller comme troublées, & prises de vin, ainsi que parlent les prophetes. L'esprit de vertige les possede & leur chute est inévitable. Parce que les peuples ont violé les loix, changé le droit public, & rompu les pactes les plus solemnels. C'est l'état d'un malade inquiet qui ne sçait quel mouvement se donner. Je haïs deux nations, dit le sage fils de Sirac, & la troisiéme n'est pas une nation : c'est le peuple insensé qui demeure dans Sichem. C'est-à-dire le peuple de Samarie, qui ayant renversé l'ordre, oublié la loy, étably une religion & une loy arbitraire, ne merite pas le nom de peuple. On tombe dans cet état quand les loix sont variables & sans consistance, c'est-à-dire quand elles cessent d'estre loix.

Deut. xxvii. 8.
Jos. viii. 32.
Est. i. 19.
Ibid. 13.
Is. xix. 14.
Ib. xxi. v. 5.
Eccli. liv. 27. 28.

ARTICLE V.

Consequences des principes generaux de l'humanité.

UNIQUE PROPOSITION.

Le partage des biens entre les hommes, & la division des hommes mêmes en peuples & en nations, ne doit point alterer la societé generale du genre humain.

Deut. xv. 7. 8. 9. 10. » SI quelqu'un de vos freres est réduit à la » pauvreté, n'endurcissez pas vôtre cœur & » ne luy resserrez pas vôtre main : mais ouvrez-la » au pauvre, & prêtez-luy tout ce dont vous » verrez qu'il aura besoin. Que cette pensée impie » ne vous vienne point dans l'esprit : Le septiéme » an arrive où selon la loy toutes les obligations » pour dettes sont annulées. Ne vous » détournez pas pour cela du pauvre, de peur » qu'il ne crie contre vous devant le Seigneur, » & que vôtre conduite vous tourne à peché ; » mais donnez-luy & le secourez sans aucun » détour ny artifice, afin que le Seigneur vous » bénisse. La loy seroit trop inhumaine si en partageant les biens, elle ne donnoit pas aux pauvres quelques recours sur les riches. Elle ordonne dans cet esprit d'éxiger ses dettes avec » grande moderation. Ne prenez point à vôtre » frere les instrumens nécessaires pour la vie, » comme la meule dont il mout son bled ; car

Deuter. xxiv. 6. 10. 11. 12. 13. » autrement il vous auroit engagé sa propre vie. » S'il vous doit n'entrez pas dans sa maison pour » prendre des gages, mais demeurez dehors, & » recevez ce qu'il vous apportera. Et s'il est si

pauvre qu'il soit contraint de vous donner sa couverture, qu'elle ne passe pas la nuit chez vous ; mais rendez-là à vôtre frere, afin que dormant dans sa couverture il vous benisse, & vous serez juste devant le Seigneur. La loy s'étudie en toutes choses à entretenir dans les citoïens cet esprit de secours mutuel. Quand Deut.
vous verrez s'égarer, dit-elle, le bœuf ou la xxii. 1. 2.
brebis de vôtre frere, ne passez pas outre 3.
sans les retirer : Quand vous ne connoistriez pas celuy à qui elle est, ou qu'il ne vous toucheroit en rien, menez son animal en vôtre maison jusqu'à ce que vôtre frere le vienne querir : Faites en de même de son asne & de son habit, & de toutes les autres choses qu'il pourroit avoir perduës : Si vous les trouvez, ne les negligez pas comme choses appartenantes à autruy. C'est-à-dire, prenez-en soin comme si elle étoit à vous, pour la rendre soigneusement à celuy qui l'a perduë. Par ces loix il n'y a point de partage qui empêche que je n'aïe soin de ce qui est à autruy, comme s'il étoit à moy-même ; & que je ne fasse part à autruy de ce que j'ay, comme s'il étoit veritablement à luy. C'est ainsi que la loy remet en quelque sorte en communauté les biens qui ont esté partagez, pour la commodité publique & particuliere. Elle laisse même dans les terres si justement partagées quelques marques de l'ancienne communauté ; mais reduites à certaines bornes pour l'ordre public. Vous pouvez, dit-elle, Deut.
entrer dans la vigne de vôtre prochain & y xxiii. 24.
manger du raisin tant que vous voudrez ; 25.
mais non pas l'emporter dehors. Si vous entrez dans les bleds de vôtre amy, vous en pouvez cueillir des épis & les froisser avec la main, mais non pas les couper avec la fau-

Deut. » cille. Quand vous ferez vôtre moisson, si vous
xxiv. 19. » oubliez quelque gerbe, ne retournez pas sur
20. 21. » vos pas pour l'enlever, mais laissez-la enle-
» ver à l'étranger, au pupille & à la veuve,
» afin que le Seigneur vous benisse dans tous
» les travaux de vos mains. Il ordonne la même chose des olives & des raisins dans la
vandange. Moïse rappelle par ce moïen dans
la memoire des possesseurs, qu'ils doivent
toûjours regarder la terre comme la mere commune & la nourrice de tous les hommes, &
ne veut pas que le partage qu'on en a fait,
leur fasse oublier le droit primitif de la natu-
Ibid. 24. » re. Il comprend les étrangers dans ce droit.
» Laissez, dit-il, ces olives, ces raisins & ces
» gerbes oubliées à l'étranger, au pupille & à
la veuve. Il recommande particulierement
dans les jugemens l'étranger & le pupille, ho-
norant en tout la societé du genre humain.
Ibid. 17. » Ne pervertis point, dit-il, le jugement de l'é-
18. » tranger & du pupille : Souviens toy que tu as
» été étranger, & esclave en Egypte. Il est si
loin de vouloir qu'on manque d'humanité aux
étrangers, qu'il étend même en quelque façon cette humanité jusqu'aux animaux. Quand
on trouve un oiseau qui couve, le legislateur
Deut. » deffend : De prendre ensemble la mere & les
xxii. 6. 7. » petits : Laisse-la aller, dit-il, si tu luy oste ses
petits. Comme s'il disoit, elle perd assez en les
Deut. perdant sans perdre encore sa liberté. Dans
xiv. 21. » le même esprit de douceur, la loy deffend :
» De cuire le chevreau dans le lait de sa mere :
Deut. Et de lier la bouche, c'est-à dire de refuser la
xxv. 4. » nourriture au bœuf qui travaille à battre le
1. Cor. ix. bled. Est-ce que Dieu a soin des bœufs ?
9. Comme dit saint Paul : A t-il fait la loy pour
eux, & pour les chevreaux, & pour les bêtes ; & ne paroist-il pas qu'il a voulu inspi-

ter aux hommes la douceur & l'humanité en toutes choſes ; afin qu'eſtant doux aux animaux, ils ſentent mieux ce qu'ils doivent à leurs ſemblables. Il ne faut donc pas penſer que les bornes qui ſeparent les terres des particuliers & les états, ſoient faites pour mettre la diviſion dans le genre humain ; mais pour faire ſeulement qu'on n'attente rien les uns ſur les autres, & que chacun reſpecte le repos d'autruy. C'eſt pour cela qu'il eſt dit : Ne « transporte point les bornes qu'ont mis les an- « ciens dans la terre que t'a donné le Seigneur « ton Dieu. Et encore : Maudit celuy qui re- « muë les bornes de ſon voiſin. Il faut encore « plus reſpecter les bornes qui ſéparent les états, que celles qui ſéparent les particuliers ; & on doit garder la ſocieté que Dieu a établie entre tous les hommes. Il n'y a que certains peuples maudits & abominables, avec qui toute ſocieté eſt interdite, à cauſe de leur effroïable corruption qui ſe répandroit ſur leurs alliez. N'aïe point, dit la loy, de ſocieté avec ces « peuples, ne leur donne point ta fille ; ne prens « point la leur pour ton fils, parce qu'ils « le ſéduiront & le feront ſervir aux Dieux « étrangers. Hors de là Dieu deffend ces aver- « ſions qu'ont les peuples les uns pour les autres, & au contraire, il fait valoir tous les liens de la ſocieté qui ſont entre eux. N'ayez « point en execration l'Iduméen, parce que vous « venez de même ſang ; ni l'Egyptien, parce « que vous avez eſté étranger dans ſa terre. « Auſſi eſt-il demeuré parmy tous les peuples certains principes communs de ſocieté & de concorde. Les peuples les plus éloignez s'uniſſent par le commerce, & conviennent qu'il faut garder la foy & les traitez. Il y a dans tous les peuples civiliſez certaines perſonnes

Deut. xix. 14.

Deut. xxvii. 17.

Deut. vii. 2. 3. 4.

Deut. xxiii. 7.

à qui tout le genre humain semble avoir donné une seureté pour entretenir le commerce entre toutes les nations. La guerre même n'empêche pas ce commerce : les ambassadeurs sont regardez comme personnes sacrées : qui viole leur caractere est en horreur ; & David prit avec raison une vangeance terrible des Ammonites, & de leur roy, qui avoit maltraité ses ambassadeurs. Les peuples qui ne connoissent pas ces loix de societé sont peuples inhumains, barbares, ennemis de toute justice, & du genre humain, que l'écriture appelle du nom odieux : De gens sans foy & sans alliance. Voicy une belle regle de saint Augustin pour l'application de la charité. Où la raison est égale, il faut que le sort decide. L'obligation de s'entre aimer est égale dans tous les hommes, & pour tous les hommes. Mais comme on ne peut pas également les servir tous, on doit s'attacher principalement à servir ceux que les lieux, les temps & les autres rencontres semblables nous unissent d'une façon particuliere comme par une espece de sort.

2. Reg. x. 3. 4. xii. 31.

Rom. i. 31.

S. Aug. de doct. christ. lib. 10. cap. xxviii.

ARTICLE VI.

De l'amour de la patrie.

I. PROPOSITION.

Il faut estre bon citoyen, & sacrifier à sa patrie dans le besoin tout ce qu'on a, & sa propre vie : où il est parlé de la guerre.

SI l'on est obligé d'aimer tous les hommes, & qu'à vrai dire il n'y ait point d'étranger

pour le chrêtien, à plus forte raison doit-il aimer ses concitoyens. Tout l'amour qu'on a pour soy-même, pour sa famille, & pour ses amis, se réünit dans l'amour qu'on a pour pour sa patrie, où nostre bonheur & celuy de nos familles & de nos amis est renfermé. C'est pourquoy les seditieux qui n'aiment pas leur pays & y portent la division, sont l'execration du genre humain. La terre ne les peut pas supporter & s'ouvre pour les engloutir. C'est ainsi que perirent Coré, Da- « *Num. xvi. 28, &c.*
than, & Abiron. S'ils perissent, dit Moïse, «
comme les autres hommes; s'ils sont frappez «
d'une playe ordinaire, le Seigneur ne m'a pas «
envoyé: mais si Dieu fait quelque chose d'ex- «
traordinaire, & que la terre ouvre sa bouche «
pour les engloutir eux & tout ce qui leur ap- «
partient, en sorte qu'on les voye entrer tous «
vivans dans les enfers, vous connoîtrez qu'ils «
ont blasphemé contre le Seigneur. A peine «
avoit-il cessé de parler que la terre s'ouvrit «
sous leurs pieds, & les devora avec leur ten- «
te, & tout ce qui leur appartenoit. Ainsi me- «
ritoient d'estre retranchez ceux qui mettoient la division parmy le peuple. Il ne faut point avoir de societé avec eux; en approcher c'est approcher de la peste. Retirez-vous, dit « *Ibid. 26.*
Moïse, de la tente de ces impies, & ne tou- «
chez rien de ce qui leur appartient, de peur «
que vous ne soyez enveloppez dans leurs pe- «
chez & dans leur perte. On ne doit point «
épargner ses biens quand il s'agit de servir la patrie. Gedeon dit a ceux de Soccoth: Don- « *Jud. viii. 5. 15. 16. 17.*
nez de quoy vivre aux soldats qui sont avec «
moy parce qu'ils défaillent, afin que nous pour- «
suivions les ennemis. Ils refusent, & Gedeon «
en fait un juste châtiment. Qui sert le public, sert chaque particulier. Il faut même sans

hesiter exposer sa vie pour son pays. Ce sentiment est commun à tous les peuples, & sur tout il paroist dans le peuple de Dieu. Dans les besoins de l'état tout le monde sans exception estoit obligé d'aller à la guerre, & c'est pourquoy les armées estoient si nombreuses. La ville de Jabes en Galaad assiegée & reduite à l'extremité par Naas roy des Ammonites, envoye exposer son peril extrême à Saül : Qui
1. Reg. » aussi-tost fait couper un bœuf en douze mor-
xi. 7. 8 » ceaux qu'il envoya aux confins de chacune des
9. » douze tribus avec cet édit : Qui ne sortira pas
» avec Saül & Samuel ses bœufs seront ainsi mis
» en pieces : & aussi-tost tout le peuple s'as-
» sembla comme un seul homme : & Saül en fit
» la revûe à Besech, & ils se trouverent d'Israël
» trois cens mille, & trente mille de Juda : &
» ils dirent aux envoyez de Jabes, demain vous
» serez delivrez. Ces convocations estoient ordinaires, & il faudroit transcrire toute l'histoire du peuple de Dieu pour en rapporter tous les exemples. C'estoit un sujet de plainte à ceux qui n'estoient pas appellez, & ils le prenoient
Jud. viii. » à affront. Ceux d'Ephraïm dirent à Gedeon :
1. 2. 3. » Quel dessein avez-vous eu de ne nous point
» appeller quand vous alliez combattre contre
» Madian ? ce qu'ils dirent d'un ton de colere,
» & en vinrent presque à la force, & Gedeon
Jud. xii. » les appaisa en loüant leur valeur. Ils firent
1. la même plainte à Jephté, & la chose alla jusqu'à la sedition ; tant on se piquoit d'honneur d'estre convoqué en ces occasions. Chacun exposoit sa vie non seulement pour tout le
Ibid. 2. 3. » peuple, mais pour sa seule tribu. Ma tribu,
» dit Jephté, avoit querelle contre les Ammo-
» nites ; ce que voyant j'ay mis mon ame en
» mes mains (noble façon de parler qui signi-
» fioit exposer sa vie) & j'ay fait la guerre aux

Ammonites. C'est une honte de demeurer en repos dans sa maison, pendant que nos citoyens sont dans le travail & dans le peril pour la commune patrie. David envoya Urie reposer chez luy, & ce bon sujet répondit: « L'arche de Dieu & tout Israël & Juda sont sous des tentes, monseigneur Joab & tous les serviteurs du roy monseigneur couchent sur la terre : & moy j'entreray dans ma maison pour y manger à mon aise, & y estre avec ma femme ! par vostre vie je ne feray point une chose si indigne. *2. Reg. XI. 10. 11.* Il n'y a plus de joye pour un bon citoyen quand sa patrie est ruinée. De là ce discours de Mathatias chef de la maison des Asmonéens ou Machabées : « Malheur à moy ! pourquoy suis-je né pour voir la ruine de mon peuple, & celle de la cité sainte ? puis-je y demeurer davantage la voyant livrée à ses ennemis, & son sanctuaire dans la main des étrangers ? son temple est deshonoré comme un homme de neant, ses vieillards & ses enfans sont massacrez au milieu de ses ruës, & sa jeunesse a peri dans la guerre : quelle nation n'a point ravagé son royaume, & ne s'est point enrichie de ses dépoüilles ? on luy a ravi tous ses ornements ; de libre elle est devenuë esclave : tout nostre éclat, toute nostre gloire, tout ce qu'il y avoit parmy nous de sacré, a esté soüillé par les gentils : & comment aprés cela pourrions-nous vivre ? *1. Mach. II. 7. 8. &c.* On voit là toutes les choses qui unissent les citoyens & entre eux avec leur patrie : les autels & les sacrifices, la gloire, les biens, le repos & la seureté de la vie, en un mot la societé des choses divines & humaines. Mathatias touché de toutes ces choses, déclare qu'il ne peut plus vivre voyant ses citoyens en proye, & sa patrie desolée. En « disant ces paroles, luy & ses enfans déchi- *Ibid. v. 14.*

» rerent leurs habits, & se couvrirent de cilice,
Lam. de Jer. » & se mirent à gemir. Ainsi faisoit Jeremie,
» lorsque son peuple estant mené en captivité,
» & la sainte cité estant desolée, plein d'une
» douleur amere, il prononça en gemissant ces
» lamentations qui attendrissent encore ceux qui
» les entendent. Le même prophete dit à Baruch, qui dans la ruine de son pays songeoit
Jer. xlv. v. 4. 5. » encore à luy-même & à sa fortune : Voicy ô
» Baruch ce que te dit le Seigneur Dieu d'Israël ; j'ay detruit le pays que j'avois basti, j'ay
» arraché les enfans d'Israël que j'avois planté,
» & j'ay ruiné toute cette terre : & tu cherches
» encore pour toy de grandes choses ? ne le fais pas, contente-toy que je te sauve la vie ? Ce n'est pas assez de pleurer les maux de ses citoyens & de son pays ; il faut exposer sa vie pour leur service. C'est à quoy Mathatias excite
1. Mach. ii. 51. &c. » te en mourant toute sa famille. L'orgüeil &
» la tyrannie ont prévalu : voicy des temps de
» malheur & de ruine pour vous, prenez donc
» courage mes enfans ; soyez zelateurs de la loy,
» & mourez pour le testament de vos peres. Ce sentiment demeura gravé dans le cœur de ses enfans ; il n'y a rien de plus ordinaire dans la bouche de Judas, de Jonathas, & de Simon que ces paroles : Mourons pour nostre peu-
» ple & pour nos freres. Prenez courage, dit
Ib. iii. 59. » Judas, & soyez tous gens de cœur : combat-
» tez vaillamment ces nations armées pour nô-
» tre ruine. Il vaut mieux mourir à la guerre
» que de voir perir nostre pays & le sanctuaire.
Ibid. ix. 10. » Et encore : A Dieu ne plaise que nous fuyons
» devant l'ennemi ; si nôtre heure de mourir est
» arrivée, mourons en gens de cœur pour nos
» freres, & ne mettons point de tache à nostre gloire. L'écriture est pleine d'exemples qui nous apprennent ce que nous devons à nostre

patrie; mais le plus beau de tous les exemples est celuy de Jesus-Christ.

II. PROPOSITION.

Jesus-Christ establit par sa doctrine, & par ses exemples l'amour que les citoyens doivent avoir pour leur patrie.

Le Fils de Dieu fait homme a non seulement
accomply tous les devoirs qu'exige d'un homme
la societé humaine, charitable envers tous &
sauveur de tous; & ceux d'un bon fils envers ses *Luc. ii.*
parens à qui il estoit soûmis : mais encore ceux 51.
de bon citoyen, se reconnoissant : Envoyé aux *Matt.*
brebis perduës de la maison d'Israël. Il s'est xv. 24.
renfermé dans la Judée : Qu'il parcouroit tou- *Act. x.*
te en faisant du bien, & guerissant tous ceux 38.
que le demon tourmentoit. On le reconnoissoit
pour bon citoyen, & c'estoit une puissante re-
commandation auprés de luy que d'aimer la
nation Judaïque. Les senateurs du peuple Juif
pour l'obliger à rendre : Au Centurion un ser- *Luc vii.*
viteur malade qui luy estoit cher, prioient Je- 3. 4. 5. 6.
sus avec ardeur & luy disoient : Il merite que 10.
vous l'assistiez : car il aime nostre nation &
nous a basty une synagogue : & Jesus alloit
avec eux, & guerit ce serviteur. Quand il
songeoit aux malheurs qui menaçoient de si
prés Jerusalem & le peuple Juif, il ne pouvoit
retenir ses larmes. En approchant de la ville *Luc. xix.*
& la regardant il se mit à pleurer sur elle : Si 41. 42.
tu connoissois, dit-il, dans ce temps qui t'est
donné pour te repentir, ce qui pourroit t'apporter la paix ! mais cela est caché à tes yeux.
Il dit ces mots entrant dans Jerusalem au milieu des acclamations de tout le peuple. Ce soin qui le pressoit dans son triomphe ne le

quitte pas dans sa passion. Comme on le me-
Luc. xxiii. 27. 28. 29. » noit au supplice : Une grande troupe de peupl
» & de femmes qui le suivoient frapoient leur
» poitrines & gemissoient ; mais Jesus se tour-
» nant à elles, leur dit : Filles de Jerusalem n
» pleurez pas sur moy ; pleurez sur vous-mê-
» mes & sur vos enfans, car bien-tost vont ve-
» nir les jours où il sera dit : Heureuses les ste-
» riles ; heureuses les entrailles qui n'ont poin
» porté de fruit, & les mammelles qui n'on
» point nourry d'enfans. Il ne se plaint pas de
maux qu'on luy fait souffrir injustement ; mai
de ceux qu'un si inique procedé devoit atti-
Matt. xxiii. 37. 38. » rer à son peuple. Il n'avoit rien oublié pou
» les prévenir. Jerusalem Jerusalem qui tuez le
» prophetes, & qui lapidez ceux qui te sont en-
» voyez, combien de fois ay-je voulu ramasse
» tes enfans comme une poule qui ramasse se
» petits sous ses aîles, & tu n'as pas voulu ! &
» voila que vos maisons vont bien-tôt être de-
» solées. Il fut & durant sa vie & à sa mort
exact observateur des loix, & des coûtumes
loüables de son pays ; même de celles dont il
sçavoit qu'il étoit le plus exempt. On se plai-
gnit à saint Pierre qu'il ne payoit pas le tribut
ordinaire du temple, & cet Apôtre soûtenoit
Matt. xviii. 24. 25. 26. » qu'en effet il ne devoit rien. Mais Jesus le pré-
» vint en luy disant : De qui est-ce que les rois
» de la terre exigent le tribut ; est-ce de leurs en-
» fans ou des étrangers ? Pierre répondit : des
» étrangers : Jesus luy dit : les enfans sont donc
» francs ; & toutefois pour ne point causer de
» desordre, & pour ne les pas scandaliser, al-
» lez & payez pour moy & pour vous. Il fait
payer un tribut qu'il ne devoit pas comme fils,
de peur d'apporter le moindre trouble à l'ordre
public. Aussi dans le desir qu'avoient les Pharisiens de le trouver contraire à la loy, ils ne

pûrent jamais luy reprocher que des choses de neant, ou les miracles qu'il faisoit le jour du sabat ; comme si le sabat devoit faire cesser les œuvres de Dieu aussi-bien que celles des hommes. Il étoit soûmis en tout à l'ordre public faisant : Rendre à Cesar ce qui étoit à Cesar, & à Dieu ce qui est à Dieu. Jamais il n'entreprit rien sur l'autorité des magistrats. Un de la troupe luy dit, maître commandez à mon frere qu'il fasse partage avec moy : Homme, luy répondit-il, qui m'a étably pour être vôtre juge & pour faire vos partages ? Au reste la toute-puissance qu'il avoit en main, ne l'empêcha pas de se laisser prendre sans resistance. Il reprit saint Pierre qui avoit donné un coup d'épée, & rétablit le mal que cet apôtre avoit fait. Il comparoit devant les pontifes, devant Pilate, & devant Herode, répondant précisément sur le fait dont il s'agissoit à ceux qui avoient droit de l'interroger. Le souverain pontife luy dit : Je vous commande de la part de Dieu de me dire si vous estes le Christ fils de Dieu, & il répondit, je le suis. Il satisfit Pilate sur sa royauté qui faisoit tout son crime ; & l'assûra en même temps : Qu'elle n'étoit pas de ce monde. Il ne dit mot à Herode qui n'avoit rien à commander dans Jerusalem, à qui aussi on le renvoyoit seulement par ceremonie, & qui ne le vouloit voir que par pure curiosité, & aprés avoir satisfait à l'interrogatoire legitime : au surplus il ne condamna que par son silence la procedure manifestement inique dont on usoit contre luy, sans se plaindre, sans murmurer : Se livrant, comme dit saint Pierre, à celuy qui le jugeoit injustement. Ainsi il fut fidele & affectionné jusqu'à la fin à sa patrie quoyqu'ingrate & à ses cruels citoyens qui ne songeoient qu'à se

Luc. xiii. 14. Joan. v. 9. 12. ix. 14. 15. Matt. xxii. 21. Luc. xii. 13. 14. Luc. xxiii. 50. 51. Joan. xviii. 11 Matt. xxvi. 63. 64. Luc. xxii. 70. Joan. xviii. 36. 37. 1. Petr. ii. 23.

rassasier de son sang avec une si aveugle fureur, qu'ils luy prefererent un seditieux & un meurtrier. Il sçavoit que sa mort devoit être le salut de ces ingrats citoyens s'ils eussent fait penitence ; c'est pourquoy il pria pour eux en particulier jusques sur la croix où ils l'avoient attaché. Caïphe ayant prononcé qu'il » falloit que Jesus mourût : Pour empêcher tou» te la nation de perir. L'Evangeliste remarque:
Joan. xi. 50. 51. 52. » Qu'il ne dit pas cela de luy-même ; mais qu'é» tant le pontife de cette année, il prophetisa » que Jesus devoit mourir pour sa nation ; & » non seulement pour sa nation, mais encore » pour ramasser en un les enfans de Dieu dis» persez. Ainsi il versa son sang avec un regard particulier pour sa nation, & en offrant ce grand sacrifice qui devoit faire l'expiation de tout l'univers, il voulut que l'amour de la patrie y trouvât sa place.

III. PROPOSITION.

Les apôtres, & les premiers fideles, ont toûjours été de bons citoyens.

Leur maître leur avoit inspiré ce sentiment. Il les avoit avertis qu'ils seroient persecutez par toute la terre, & leur avoit dit » en même temps : Qu'il les envoyoit comme
Matt. x. 16. » des agneaux au milieu des loups. C'est-à» dire qu'ils n'avoient qu'à souffrir sans mur» mure, & sans resistance. Pendant que les Juifs persecutoient saint Paul avec une haine implacable, ce grand homme prend Jesus-Christ qui est la verité même, & sa conscience à témoin, que touché d'une extrême & continuelle douleur pour l'aveuglement de ses freres, il souhaite d'estre anathéme pour eux. Je

vous dis la verité je ne mens pas : ma conscience éclairée par le saint Esprit m'en rend témoignage, &c. Dans une famine extrême il fit une quête pour ceux de sa nation, & apporta luy-même à Jerusalem les aumônes qu'il avoit ramassées pour eux dans toute la Grece. Je suis venu, dit-il, pour faire des aumônes à ma nation. Ny luy ny ses compagnons n'ont jamais excité de sedition : ny assemblé tumultuairement le peuple. Contraint par la violence de ses citoyens d'appeller à l'empereur ; il assemble les Juifs de Rome pour leur declarer : Que c'est malgré luy qu'il a esté obligé d'appeller à Cesar ; mais qu'au reste il n'a aucune accusation ny aucune plainte à faire contre ceux de sa nation. Il ne les accuse pas ; mais il les plaint, & ne parle jamais qu'avec compassion de leur endurcissement. En effet accusé devant Felix president de Judée, il se deffendit simplement contre les Juifs, sans faire aucun reproche à de si violens persecuteurs. Durant trois cens ans de persecution impitoyable, les chrêtiens ont toûjours suivy la même conduite. Il n'y eut jamais de meilleurs citoyens, ny qui fussent plus utiles à leur pays, ny qui servissent plus volontiers dans les armées, pourvû qu'on ne voulût pas les y obliger à l'idolatrie. Ecoutons le témoignage de Tertullien. Vous dites que les chrêtiens sont inutiles : nous navigeons avec vous, nous portons les armes avec vous, nous cultivons la terre, nous exerçons la marchandise. C'est à dire, nous vivons comme les autres dans tout ce qui regarde la societé. L'empire n'avoit point de meilleurs soldats : outre qu'ils combattoient vaillamment, ils obtenoient par leurs prieres ce qu'ils ne pouvoient faire par les armes. Témoin la pluye obtenuë par la

Rom. ix. 1. 2. 3.

Act. xxiv. 17. Rom. xv. 5. 25.

Act. xxiv. 12. 18.

Act. xxviii. 19.

Act. xxiv. 10. &c.

Tertul. Apol.

ſegion fulminante, & le miracle atteſté par les lettres de Marc-Aurele. Il leur étoit deffendu de cauſer du trouble, de renverſer les idoles, de faire aucune violence : les regles de l'Egliſe ne leur permettoient que d'attendre le coup en patience. L'Egliſe ne tenoit pas pour martyrs ceux qui s'attiroient la mort par quelque violence ſemblable, & par un faux zele : Il pouvoit y avoir quelquefois des inſpirations extraordinaires ; mais ces exemples n'étoient pas ſuivis, comme étant au deſſus de l'ordre. Nous voyons même dans les actes de quelques martyrs, qu'ils faiſoient ſcrupule de maudire les Dieux ; ils devoient reprendre l'erreur ſans aucune parole emportée. Saint Paul & ſes compagnons en avoient ainſi uſé, & c'eſt ce qui faiſoit dire au ſecretaire de la communauté

Act. xix. 37. » d'Epheſe. Meſſieurs, il ne faut pas ainſi vous » émouvoir. Vous avez icy amené ces hom-» mes qui n'ont commis aucun ſacrilege, & qui » n'ont point blaſphemé vôtre Deeſſe. Ils ne faiſoient point de ſcandale ; & prêchoient la verité ſans alterer le repos public autant qu'il étoit en eux. Combien ſoûmis & paiſibles étoient les chrêtiens perſecutez : ces paroles de

Tert. Apol. » Tertullien l'expliquent admirablement. Outre » les ordres publics par leſquels nous ſommes » pourſuivis, combien de fois le peuple nous at-» taque-t-il à coups de pierres, & met-il le feu » dans nos maiſons dans la fureur des baccha-» nales ? On n'épargne pas les chrêtiens même » aprés leur mort : on les arrache du repos de » la ſepulture & comme de l'azyle de la mort : » Et cependant quelle vengeance recevez-vous de » gens ſi cruellement traittez ? Ne pourrions-nous » pas avec peu de flambeaux mettre le feu dans » la ville, ſi parmy nous il étoit permis de faire » le mal pour le mal ? & quand nous voudrions agir en ennemis declarez ; manquerions-nous de troupes & d'armées ? les Maures, ou les Marcomans, & les Parthes mêmes qui sont renfermez dans leurs limites, se trouveront-ils en plus grand nombre que nous qui remplissons toute la terre ? il n'y a que peu de temps que nous paroissons dans le monde ; & déja nous remplissons vos villes, vos isles, vos châteaux, vos assemblées, vos camps, les tribus, les decuries, le palais, le senat, le barreau, la place publique. Nous ne vous laissons que les temples seuls. A quelle guerre ne serions-nous pas disposez quand nous serions en nombre inegal au vôtre, nous qui endurons si resolument la mort ; n'étoit que nôtre doctrine nous prescrit plûtôt d'être tuez que de tuer ? Nous pourrions même sans prendre les armes & sans rebellion vous punir en vous abandonnant : vôtre solitude & le silence du monde vous feroit horreur : les villes vous paroîtroient mortes, & vous seriez reduits au milieu de vôtre empire de chercher à qui commander. Il vous demeureroit plus d'ennemis que de citoyens ; car vous avez maintenant moins d'ennemis, à cause de la multitude prodigieuse des chrêtiens. Vous perdez, dit-il encore, en nous perdant. Vous avez par nôtre moyen un nombre infiny de gens, je ne dis pas qui prient pour vous, car vous ne le croyez pas ; mais dont vous n'avez rien à craindre. Il se glorifie avec raison que parmy tant d'attentats contre la personne sacrée des empereurs, il ne s'est jamais trouvé un seul chrêtien malgré l'inhumanité dont on usoit sur eux tous. En verité, dit-il, nous n'avons garde de rien entreprendre contre eux. Ceux dont Dieu a reglé les mœurs ne doivent pas seulement épargner les empereurs, mais encore tous les hommes. Nous sommes pour les em-

» pereurs tels que nous sommes pour nos voi-
» sins. Car il nous est également deffendu de
» dire, ou de faire, ou de vouloir du mal à per-
» sonne. Ce qui n'est point permis contre l'em-
» pereur, n'est permis contre personne; ce qui
» n'est permis contre personne, l'est encore
» moins sans doute contre celuy que Dieu a fait
» si grand. Voilà quels étoient les chrêtiens si
» indignement traittez.

CONCLUSION.

Pour conclure tout ce livre, & le reduire en abregé. La societé humaine peut être considerée en deux manieres. Ou en tant qu'elle embrasse tout le genre humain, comme une grande famille. Ou en tant qu'elle se reduit en nations; ou en peuples composez de plusieurs familles particulieres, qui ont chacune leurs droits. La societé considerée de ce dernier sens s'appelle societé civile. On la peut définir selon les choses qui ont esté dites, societé d'hommes unis ensemble sous le même gouvernement, & sous les mêmes loix. Par ce gouvernement & ces loix, le repos & la vie de tous les hommes est mise autant qu'il se peut en sûreté. Quiconque donc n'aime pas la societé civile dont il fait partie, c'est-à-dire l'état où il est né, est ennemy de luy-même & de tout le genre humain.

LIVRE

LIVRE SECOND.

DE L'AUTORITÉ.

Que la Royale, & l'hereditaire est la plus propre au gouvernement.

ARTICLE PREMIER.

Par qui l'autorité a été exercée dés l'origine du monde.

I. PROPOSITION.

Dieu est le vray roy.

N grand roy le reconnoît lorsqu'il parle ainsi en presence de tout son peuple : Beni soyez-vous » ô Seigneur, Dieu d'Israël nôtre « Pere, de toute éternité & durant « toute l'éternité. A vous Seigneur appartient « la majesté, & la puissance, & la gloire, & « la victoire, & la loüange : tout ce qui est « dans le ciel & dans la terre est à vous : il « vous appartient de regner, & vous commandez « à tous les princes : les grandeurs & les « richesses sont à vous ; vous dominez sur toutes « choses : en vôtre main est la force & la « puissance, la grandeur & l'empire souverain. « L'empire de Dieu est éternel ; & de là vient « qu'il est appellé : Le roy des siecles. L'empi- «

1. Par. xxix. 10. 12.

Apoc. xv. 3.

Sap. xii. 12. » re de Dieu est absolu : Qui osera vous dire
» ô Seigneur, pourquoy faites-vous ainsi ? ou
» qui se soûtiendra contre vôtre jugement ?
Cet empire absolu de Dieu a pour premier titre, & pour fondement la création. Il a tout tiré du neant, & c'est pourquoy tout est
Jer. xviii. 16. » en sa main. Le Seigneur dit à Jeremie : Va
» en la maison d'un potier : là tu entendras
» mes paroles. Et j'allai en la maison d'un
» potier, & il travailloit avec sa roüe, & il
» rompit un pot qu'il venoit de faire de boüe,
» & de la même terre il en fit un autre, &
» le Seigneur me dit : Ne puis-je pas faire com-
» me ce potier ? comme cette terre molle est en
» la main du potier, ainsi vous êtes en ma
» main, dit le Seigneur.

II. PROPOSITION.

Dieu a exercé visiblement par luy-même l'empire & l'autorité sur les hommes.

Ainsi en a-t-il usé au commencement du monde. Il étoit en ce temps le seul roy des hommes, & les gouvernoit visiblement. Gen. iii. Il donna à Adam le precepte qu'il luy plût, & luy declara sur quelle peine il l'obligeoit à le pratiquer. Il le bannit ; il luy dénonça qu'il avoit encouru la peine de mort. Il se declara visiblement en faveur du sacrifice d'Abel contre celuy de Caïn. Il reprit Caïn
Gen. iv. 4. 5. 6. 9. 10. de sa jalousie : aprés que ce malheureux eut tué son frere, il l'appella en jugement, il l'interrogea, il le convainquit de son crime, il s'en reserva la vangeance & l'interdit à tout autre ; il donna à Caïn une espece de
Ibid. 15. » sauvegarde : Un signe pour empêcher qu'au-
» cun homme n'attentât sur luy. Toutes fonc-

tions de la puissance publique. Il donne ensuite des loix à Noé, & à ses enfans : il leur deffend le sang & les meurtres, & leur ordonne de peupler la terre. Il conduit de la même sorte Abraham, Isaac, & Jacob. Il exerce publiquement l'empire souverain sur son peuple dans le desert. Il est leur roy, leur legislateur, leur conducteur. Il donne visiblement le signal pour camper & pour décamper, & les ordres tant de la guerre que de la paix. Ce regne continuë visiblement sous Josué, & sous les juges : Dieu les envoye : Dieu les établit ; & de là vient que le peuple disant à Gedeon : Vous domineriez sur nous, vous & vôtre fils, & le fils de vôtre fils : il répondit : Nous ne dominerons point sur vous ni moy ni mon fils ; mais le Seigneur dominera sur vous. C'est luy qui établit les rois. Il fit sacrer Saül, & David par Samuël ; il affermit la royauté dans la maison de David, & luy ordonna de faire regner à sa place Salomon son fils. C'est pourquoy le thrône des rois d'Israël est appellé le thrône de Dieu. Salomon s'assit sur le thrône du Seigneur, & il plut à tous, & tout Israël luy obeït. Et encore : Beni soit le Seigneur vôtre Dieu, dit la reine de Saba à Salomon, qui a voulu vous faire seoir sur son thrône, & vous établir roy pour tenir la place du Seigneur vôtre Dieu.

Gen. ix. 1. 5. 6. 7.

Jud. viii. 22. 23.

1. Par. xxix. 23.

2. Par. ix. 8.

III. PROPOSITION.

Le premier empire parmy les hommes est l'empire paternel.

Jesus-Christ qui va toûjours à la source

Matth. xii. 25. » semble l'avoir marqué par ces paroles : Tout » royaume divisé en luy-même sera desolé ; » toute ville & toute famille divisée en elle- » même ne subsistera pas. Des royaumes il va aux villes d'où les royaumes sont venus; & des villes il remonte encore aux familles, comme au modele, & au principe des villes, & de toute la societé humaine. Dés l'origine du monde Dieu dit à Eve, & en *Gen. iii. 16.* » elle à toutes les femmes : Tu seras sous la » puissance de l'homme, & il te commande- » ra. Au premier enfant qu'eut Adam qui fut *Gen. iv. 1.* » Caïn : Eve dit : J'ay possedé un homme par » la grace de Dieu. Voilà donc aussi les enfans sous la puissance paternelle. Car cet enfant étoit plus encore en la possession d'Adam, à qui la mere elle-même étoit soûmise par l'ordre de Dieu. L'un & l'autre tenoient de Dieu cet enfant, & l'empire » qu'ils avoient sur luy. Je l'ay possedé, dit Eve, mais par la grace de Dieu. Dieu ayant mis dans nos parents comme étant en quelque façon les auteurs de nôtre vie, une image de la puissance par laquelle il a tout fait; il leur a aussi transmis une image de la puissance qu'il a sur ses œuvres. C'est pourquoy nous voyons dans le Decalogue, *Exod. xx. 12.* » qu'aprés avoir dit : Tu adoreras le Seigneur » ton Dieu, & ne serviras que luy ; il ajoûte » aussi tôt : Honore ton pere & ta mere, afin » que tu vives long-temps sur la terre que le » Seigneur ton Dieu te donnera. Ce precepte est comme une suite de l'obéïssance qu'il faut rendre à Dieu, qui est le vray pere. De là nous pouvons juger, que la premiere idée de commandement & d'autorité humaine est venuë aux hommes de l'autorité paternelle. Les hommes vivoient long-temps au

commencement du monde, comme l'atteste non seulement l'écriture, mais encore toutes les anciennes traditions : & la vie humaine commence à décroître seulement aprés le déluge, où il se fit une si grande alteration dans toute la nature. Un grand nombre de familles se voyoient par ce moyen réünies sous l'autorité d'un seul grand pere ; & cette union de tant de familles avoit quelque image de royaume. Assûrément durant tout le temps qu'Adam vécut, Seth que Dieu luy donna à la place d'Abel, luy rendit avec toute sa famille une entiere obéïssance. Caïn qui viola le premier la fraternité humaine par un meurtre, fut aussi le premier à se soustraire de l'empire paternel : haï de tous les hommes, & contraint de s'établir un
refuge, il bâtit la premiere ville, à qui il *Gen. iv.*
donna le nom de son fils Henoch. Les au- 17.
tres hommes vivoient à la campagne dans la premiere simplicité, ayant pour loy la volonté de leurs parents, & les coûtumes anciennes. Telle fut encore aprés le déluge la conduite de plusieurs familles, sur tout parmy les enfans de Sem, où se conserverent plus long-temps les anciennes traditions du genre humain, & pour le culte de Dieu, & pour la maniere du gouvernement. Ainsi Abraham, Isaac & Jacob, persisterent dans l'observance d'une vie simple & pastorale. Ils étoient avec leur famille libres & indépendans : ils traitoient d'égal avec les rois.
Abimelech roy de Gerare vint trouver A- *Gen.*
braham : Et ils firent un traité ensemble. Il *xxi.* 23.
se fait un pareil traité entre un autre Abi- 32.
melech fils de celuy-cy, & Isaac fils d'A-
braham. « Nous avons vû, dit Abimelech, *Gen.*
« que le Seigneur étoit avec vous, & pour cela *xxvj.*
28.

» nous avons dit; qu'il y ait entre nous un
Gen. xiv. 14. &c. » accord confirmé par serment. Abraham fit la guerre de son chef aux roys qui avoient pillé Sodome, les défit, & offrit la dixme des dépoüilles à Melchisedech roy de Salem, Pontife du Dieu tres-haut. C'est pourquoy les enfans de Heth avec qui il fait un accord, l'appellent Seigneur, & le traitent
Gen. xxiii. 6. » de prince. Ecoûtez-nous, Seigneur; vous » êtes parmy nous un prince de Dieu: C'est-à-dire, qui ne releve que de luy. Aussi a-t-il passé pour roy dans les histoires profanes. Nicolas de Damas soigneux observateur des antiquitez, le fait roy, & sa reputation dans tout l'orient est cause qu'il le donne à son pays. Mais au fond la vie d'Abraham étoit pastorale; son royaume étoit sa famille, & il exerçoit seulement à l'exemple des premiers hommes l'empire domestique & paternel.

IV. PROPOSITION.

Il s'établit pourtant bien-tôt des roys, ou par le consentement des peuples, ou par les armes: Où il est parlé du droit de conquêtes.

Ces deux manieres d'établir les rois sont connuës dans les histoires anciennes. C'est ainsi qu'Abimelech fils de Gedeon, fit consentir ceux de Sichem à le prendre pour leur
Jud. ix. 2. 3. » souverain. Lequel aimez-vous, leur dit-il, » ou d'avoir pour maître soixante-dix hom» mes enfans de Jerobaal, ou de n'en avoir » qu'un seul, qui est encore de vôtre ville & » de vôtre parenté: & ceux de Sichem tourne» rent leur cœur vers Abimelech. C'est ainsi

que le peuple de Dieu demanda de luy-même : Un roy pour le juger. Le même peuple transmit toute l'autorité de la nation à Simon, & à sa posterité. L'acte en est dressé au nom des prêtres, de tout le peuple, des grands, & des senateurs : Qui consentent à le faire prince. Nous voyons dans Herodote, que Dejoces fut fait roy des Medes de la même maniere. Pour les rois par conquêtes, tout le monde en sçait les exemples. Au reste il est certain qu'on voit des rois de bonne heure dans le monde. On voit du temps d'Abraham, c'est-à-dire, quatre cens ans environ aprés le déluge, des royaumes déja formez & établis de long-temps. On voit premierement quatre rois qui font la guerre contre cinq. On voit Melchisedech roy de Salem, pontife du Dieu tres-haut, à qui Abraham donne la dixme. On voit Pharaon roy d'Egypte, & Abimelech roy de Gerare. Un autre Abimelech aussi roy de Gerare paroît du temps d'Isaac; & ce nom apparemment étoit commun aux rois de ce pays-là, comme celuy de Pharaon aux rois d'Egypte. Tous ces rois paroissent bien autorisez; on leur voit des officiers reglez, une cour, des grands qui les environnent, une armée & un chef des armes pour la commander, une puissance affermie. Qui touchera, dit Abimelech, la femme de cet homme il mourra de mort. Les hommes qui avoient vû, ainsi qu'il a été dit, une image de royaume dans l'union de plusieurs familles, sous la conduite d'un pere commun; & qui avoient trouvé de la douceur dans cette vie, se porterent aisément à faire des societez de familles sous des rois, qui leur tinssent lieu de pere. C'est pour cela apparemment que les anciens peuples

Reg. viii. 5.

1. Mach. xiv. 27. 41.

Gen. xiv. 1. 9.
Ibid. 18. 20.
Gen. xii. 15. & xx. 2.
Ibid. xxvi. 1.

Gen. xii. 15. xxi. 22.

Ibid. xxvi. 11.

de la Palestine appelloient leurs rois Abimelech, c'est-à-dire, mon pere le roy. Les sujets se tenoient tous comme les enfans du prince, & chacun l'appellant mon pere le roy, ce nom devint commun à tous les rois du pays. Mais outre cette maniere innocente de faire des rois, l'ambition en a inventé une autre. Elle a fait des conquerants, dont Nemrod petit fils de Cham fut
Gen. x. 8. 9. 10. » le premier. Celuy-cy homme violent &
» guerrier, commença à être puissant sur la
» terre, & conquit d'abord quatre villes dont
» il forma son royaume. Ainsi les royaumes formez par les conquêtes sont anciens, puisqu'on les voit commencer si prés du déluge sous Nemrod petit fils de Cham. Cette humeur ambitieuse, & violente se répandit bien tôt parmi les hommes. Nous voyons Chodorlahomor roy des Elamites, c'est-à-dire, des Perses & des Medes, étendre bien loin ses conquêtes dans les terres voisines de la Palestine. Ces empires quoique violens, injustes & tyranniques d'abord, par la suite des temps, & par le consentement des peuples peuvent devenir legitimes : c'est pourquoy les hommes ont reconnu un droit qu'on appelle de conquêtes, dont nous aurons à parler plus au long avant que d'abandonner cette matiere.

Gen. xiv. 4. 5. 6. 7.

V. PROPOSITION.

Il y avoit au commencement une infinité de royaumes, & tous petits.

Gen. xiv. & ailleurs.

Il paroît par l'écriture que presque chaque ville, & chaque petite contrée avoit son roy. On conte trente-trois rois dans le seul petit pays que les Juifs conquirent. La même chose paroît dans tous les auteurs anciens, par exemple dans Homere, & ainsi des autres. La tradition commune du genre humain sur ce point est fidellement rapportée par Justin, qui remarque qu'au commencement il n'y avoit que de petits rois, chacun content de vivre doucement dans ses limites avec le peuple qui luy étoit commis. Ninus, dit-il, rompit le premier la concorde des nations. Il n'importe que ce Ninus soit Nemrod, ou que Justin l'ait fait par erreur le premier des conquerans. Il suffit qu'on voye que les premiers rois ont été etablis avec douceur, à l'exemple du gouvernement paternel.

Josué xii. 2. 4. 7. 24.

VI. PROPOSITION.

Il y a eu d'autres formes de gouvernement que celle de la royauté.

Les histoires nous font voir un grand nombre de republiques, dont les unes se gouvernoient par tout le peuple, ce qui s'appelloit Democratie, & les autres par les grands, ce qui s'appelloit Aristocratie. Les formes de gouvernement ont été mêlées en diverses sortes, & ont composé divers états mixtes, dont il n'est pas besoin de parler icy. Nous voyons en quelques endroits de l'écriture l'autorité resider dans une communauté. Abraham demande le droit de sepulchre à tout le peuple assemblé, & c'est l'assemblée qui l'accorde. Il semble qu'au commencement les Israëlites vivoient dans une forme de republique. Sur quelque sujet de plainte arrivée du temps de Josué contre

Gen. xxiii. 3. 5.

Jos. xxii. 11. 12. 13. 14. 31. » ceux de Ruben & de Gad : Les enfans d'Israël s'assemblerent tous à Silo pour les combattre ; mais auparavant ils envoyerent dix ambassadeurs, pour écouter leurs raisons : Ils donnerent satisfaction, & tout le peuple s'appaisa. Un Levite dont la femme avoit été violée, & tuée, par quelques-uns de la tribu de Benjamin sans qu'on n'en eût fait aucune justice, toutes les tribus s'assemblent pour punir cet attentat, & ils se disoient l'un à l'autre dans cette assemblée : Jud. xix. 30. » Jamais il ne s'est fait telle chose en Israël ; jugez & ordonnez en commun ce qu'il faut faire. C'étoit en effet une espece de republique ; mais qui avoit Dieu pour roy.

VII. PROPOSITION.

La monarchie est la forme de gouvernement la plus commune, la plus ancienne, & aussi la plus naturelle.

Le peuple d'Israël se reduisit de luy-même à la monarchie, comme étant le gouvernement universellement receu. 1. Reg. viii. 5. » Etablissez-nous un roy pour nous juger, comme en ont tous les autres peuples. Si Dieu se fâche, c'est à cause que jusques-là il avoit gouverné ce peuple par luy-même, & qu'il en étoit le vrai roy. C'est pourquoy il dit à Samuel : Ce n'est pas toy qu'ils rejettent ; Ibid. 7. » c'est moy qu'ils ne veulent point pour regner sur eux. Au reste ce gouvernement étoit tellement le plus naturel, qu'on le voit d'abord dans tous les peuples. Nous l'avons vû dans l'histoire sainte ; mais icy un peu de recours aux histoires profanes, nous fera voir que ce qui a été en republique, a vêcu premierement sous des rois. Rome a commencé par là, & y est enfin revenuë comme à son état naturel. Ce n'est que tard, & peu à peu, que les villes Grecques ont formé leurs republiques. L'opinion ancienne de la Grece étoit celle qu'exprime Homere par cette celebre sentence dans l'Iliade. Plusieurs princes n'est pas une bonne « chose : qu'il n'y ait qu'un prince & qu'un « roy. A present il n'y a point de republique « qui n'ait été autrefois soûmise à des monarques. Les Suisses étoient sujets des princes de la maison d'Austriche. Les Provinces Unies ne font que sortir de la domination d'Espagne, & de celle de la maison de Bourgogne. Les villes libres d'Allemagne avoient leurs seigneurs particuliers, outre l'empereur qui étoit le chef commun de tout le corps Germanique. Les villes d'Italie qui se sont mises en republique du temps de l'empereur Rodolphe, ont acheté de luy leur liberté. Venise même qui se vante d'être republique dés son origine, étoit encore sujette aux empereurs sous le regne de Charlemagne, & long-temps aprés : Elle se forma depuis en état populaire, d'où elle est venue assez tard à l'état où nous la voyons. Tout le monde donc commence par des monarchies ; & presque tout le monde s'y est conservé comme dans l'état le plus naturel. Aussi avons-nous vû qu'il a son fondement & son modele dans l'empire paternel, c'est à-dire, dans la nature humaine. Les hommes naissent tous sujets : & l'empire paternel qui les accoûtume à obéïr, les accoûtume en même temps à n'avoir qu'un chef.

VIII. PROPOSITION.

Le gouvernement monarchique est le meilleur.

S'il est le plus naturel, il est par consequent le plus durable, & dés-là aussi le plus fort. C'est aussi le plus opposé à la division qui est le mal le plus essentiel des états, & la cause la plus certaine de leur ruine; conformement à cette parole déja

Matth. xii. 25. » rapportée : Tout royaume divisé en luy-mê-
» me sera desolé : toute ville ou toute famille
» divisée en elle-même ne subsistera pas. Nous avons vû que nôtre Seigneur a suivi en cette sentence le progrés naturel du gouvernement, & semble avoir voulu marquer aux royaumes, & aux villes, le même moyen de s'unir que la nature a établi dans les familles. En effet il est naturel que quand les familles auront à s'unir pour former un corps d'état, elles se rangent comme d'elles mêmes au gouvernement qui leur est propre.

Quand on forme les états, on cherche à s'unir, & jamais on n'est plus uni que sous un seul chef. Jamais aussi on n'est plus fort, parce que tout va en concours. Les armées, où paroît le mieux la puissance humaine, veulent naturellement un seul chef : tout est en peril quand le commandement est partagé.
» Aprés la mort de Josué les enfans d'Israël
Jud. i. 1. » consulterent le Seigneur disant : Qui mar-
» chera devant nous contre les Chananéens,
» & qui sera nôtre capitaine dans cette guer-
» re? & le Seigneur répondit, ce sera la tribu
» de Juda. Les tribus égales entre elles veulent qu'une d'elles commande. Au reste il

n'étoit pas besoin de donner un chef à cette tribu, puisque chaque tribu avoit le sien. Vous « aurez des Princes & des chefs de vos tribus, « & voici leurs noms, &c. Le gouvernement « militaire demandant naturellement d'être exercé par un seul, il s'ensuit que cette forme de gouvernement est la plus propre à tous les états, qui sont foibles & en proye au premier venu, s'ils ne sont formez à la guerre. Et cette forme de gouvernement à la fin doit prévaloir, parce que le gouvernement militaire qui a la force en main, entraîne naturellement tout l'état aprés soy. Cela doit sur tout arriver aux états guerriers, qui se reduisent aisément en monarchie ; comme a fait la republique Romaine, & plusieurs autres de même nature. Il vaut donc mieux qu'il soit établi d'abord, & avec douceur ; parce qu'il est trop violent, quand il gagne le dessus par la force ouverte.

Num. i. 4. 5. &c.

IX. PROPOSITION.

De toutes les monarchies la meilleure est la successive ou hereditaire, sur tout quand elle va de mâle en mâle, & d'aîné en aîné.

C'est celle que Dieu a établie dans son peuple. Car il a choisi les princes dans la « tribu de Juda, & dans la tribu de Juda il a « choisi ma famille, c'est David qui parle, « & il m'a choisi parmi tous mes freres ; & « parmi mes enfans il a choisi mon fils Salo- « mon, pour être assis sur le thrône du royau- « me du Seigneur sur tout Israël, & il m'a dit : « J'affermirai son regne à jamais s'il persevere «

1. Paral. xxviii. 4. 5. 7.

» dans l'obéïssance qu'il doit à mes loix. Voilà donc la royauté attachée par succession à
2. Reg. vii. 16. » la maison de David & de Salomon : Et le
» trône de David est affermi à jamais. En vertu de cette loy l'aîné devoit succeder au préjudice de ses freres. C'est pourquoy Adonias qui étoit l'aîné de David, dit à Bethsabée
3. Reg. ii. 15. » mere de Salomon : Vous sçavez que le royau-
» me étoit à moy, & tout Israël m'avoit re-
» connu ; mais le Seigneur a transferé le royau-
» me à mon frere Salomon. Il disoit vrai, & Salomon en tombe d'accord, lorsqu'il répond à sa mere, qui demandoit pour Adonias une grace, dont la consequence étoit extrême selon les mœurs de ces peuples :
Ibid. 22. » Demandez pour luy le royaume ; car il étoit
» mon aîné, & il a dans ses interêts le ponti-
» fe Abiathar, & Joab. Il veut dire qu'il ne faut pas fortifier un prince, qui a le titre naturel, & un grand parti dans l'état. A moins donc qu'il n'arrivât quelque chose d'extraordinaire, l'aîné devoit succeder : & à peine trouvera t-on deux exemples du contraire dans la maison de David, encore étoit-ce au commencement.

X. PROPOSITION.

La monarchie hereditaire a trois principaux avantages.

Trois raisons font voir que ce gouvernement est le meilleur. La premiere, c'est qu'il est le plus naturel, & qu'il se perpetuë de luy-même. Rien n'est plus durable qu'un état qui dure, & qui se perpetuë par les mêmes causes, qui font durer l'univers, & qui perpetuent le genre humain. David

touche cette raison quand il parle ainsi : C'a « 2. Reg. vii. 19.
été peu pour vous, ô Seigneur, de m'élever «
à la royauté : Vous avez encore établi ma «
maison à l'avenir : Et c'est là la loy d'A- «
dam, ô Seigneur Dieu. C'est-à-dire, que «
c'est l'ordre naturel que le fils succede au pere. Les peuples s'y accoûtument d'eux- « Eccl. iv. 15.
mêmes. J'ai vû tous les vivans suivre le «
second, tout jeune qu'il est [c'est-à-dire le «
fils du roy] qui doit occuper sa place. Point «
de brigues, point de cabales, dans un état pour se faire un roy, la nature en a fait un : le mort, disons-nous, saisit le vif, & le roy ne meurt jamais. Le gouvernement est le meilleur qui est le plus éloigné de l'anarchie. A une chose aussi necessaire que le gouvernement parmi les hommes, il faut donner les principes les plus aisez, & l'ordre qui roule le mieux tout seul. La seconde raison qui favorise ce gouvernement, c'est que c'est celuy qui interesse le plus, à la conservation de l'état, les puissances qui le conduisent. Le prince qui travaille pour son état travaille pour ses enfans ; & l'amour qu'il a pour son royaume, confondu avec celuy qu'il a pour sa famille, luy devient naturel. Il est naturel & doux de ne montrer au prince d'autre successeur que son fils ; c'est-à-dire, un autre luy-même, ou ce qu'il a de plus proche. Alors il voit sans envie passer son royaume en d'autres mains ; & David entend avec joye cette acclamation de son peuple : Que le nom de Salomon soit « 3. Reg. i. 47.
au dessus de vôtre nom, & son trône au «
dessus de vôtre trône. Il ne faut point crain- «
dre icy les desordres causez dans un état par le chagrin d'un prince, ou d'un magistrat qui se fâche de travailler pour son suc-

cesseur. David empêché de bâtir le temple, ouvrage si glorieux & si necessaire autant à la monarchie qu'à la religion, se réjoüit de voir ce grand ouvrage reservé à son fils Salomon; & il en fait les préparatifs avec autant de soin, que si luy-même devoit en avoir l'honneur. Le Seigneur a
1. *Par.* » choisi mon fils Salomon pour faire ce
xix. 1. 2. » grand ouvrage, de bâtir une maison non aux
» hommes, mais à Dieu même : & moy
» j'ai preparé de toutes mes forces tout ce qui
» étoit necessaire à bâtir le temple de mon
» Dieu. Il reçoit ici double joye, l'une de preparer du moins au Seigneur son Dieu, l'édifice qu'il ne luy est pas permis de bâtir, l'autre de donner à son fils les moyens de le construire bien-tost.

La troisiéme raison est tirée de la dignité des maisons, où les royaumes sont hereditai-
1. *Par.* » res. C'a été peu pour vous, ô Seigneur, de
xvii. 17. » me faire roy, vous avez établi ma maison à
18. » l'avenir, & vous m'avez rendu illustre au des-
» sus de tous les hommes. Que peut ajoûter
» David à tant de choses, luy que vous avez
» glorifié si hautement, & envers qui vous
» vous êtes montré si magnifique. Cette dignité de la maison de David s'augmentoit à mesure qu'on en voyoit naître les rois; le trône de David, & les princes de la maison de David, devinrent l'objet le plus naturel de la veneration publique. Les peuples s'attachoient à cette maison; & un des moyens dont Dieu se servit pour faire respecter le
Matth. Messie, fut de l'en faire naître. On le re-
xx. 30. 31. clamoit avec amour sous le nom de fils de
& c. *xxi.* David. C'est ainsi que les peuples s'atta-
9. chent aux maisons royales. La jalousie qu'on a naturellement contre ceux qu'on voit

voit au dessus de soy, se tourne ici en amour, & en respect; les grands mêmes obéïssent sans repugnance à une maison qu'on a toûjours vû maîtresse, & à laquelle on sçait que nulle autre maison ne peut jamais être égalée. Il n'y a rien de plus fort pour éteindre les partialitez, & tenir dans le devoir les égaux, que l'ambition & la jalousie rendent incompatibles entre eux.

XI. PROPOSITION.

C'est un nouvel avantage d'exclure les femmes de la succession.

Par les trois raisons alleguées, il est visible que les royaumes hereditaires sont les plus fermes. Au reste le peuple de Dieu n'admettoit pas à la succession, le sexe qui est né pour obéïr; & la dignité des maisons regnantes ne paroissoit pas assez soûtenuë en la personne d'une femme, qui aprés tout étoit obligée de se faire un maître en se mariant. Où les filles succedent, les royaumes ne sortent pas seulement des maisons regnantes; mais de toute la nation: or il est bien plus convenable que le chef d'un état ne luy soit pas étranger: & c'est pourquoy Moïse avoit établi cette loy: Vous ne pourrez « pas établir sur vous un roy d'une autre na- « tion; mais il faut qu'il soit vôtre frere. « Ainsi la France où la succession est reglée selon ces maximes, peut se glorifier d'avoir la meilleure constitution d'état qui soit possible, & la plus conforme à celle que Dieu même a établie. Ce qui montre tout ensemble, & la sagesse de nos ancêtres, & la protection particuliere de Dieu sur ce royaume.

Deut. xvii. 15.

XII. PROPOSITION.

On doit s'attacher à la forme de gouvernement qu'on trouve établie dans son pays.

Rom. xiii. 1. 2. » Que toute ame soit soûmise aux puissan-
» ces superieures : car il n'y a point de puis-
» sance qui ne soit de Dieu ; & toutes celles
» qui sont, c'est Dieu qui les a établies :
» ainsi qui resiste à la puissance, resiste à
» l'ordre de Dieu. Il n'y a aucune forme de gouvernement, ni aucun établissement humain qui n'ait ses inconveniens ; de sorte qu'il faut demeurer dans l'état auquel un long-temps a accoûtumé le peuple. C'est pourquoy Dieu prend en sa protection tous les gouvernements legitimes en quelque forme qu'ils soient établis : qui entreprend de les renverser, n'est pas seulement ennemi public ; mais encore ennemi de Dieu.

ARTICLE II.

I. PROPOSITION.

Il y a un droit de conquête tres-ancien, & attesté par l'écriture.

Jud. xi. 13. DEs le temps de Jephté le roy des Ammonites se plaignoit que le peuple d'Israël en sortant d'Egypte, avoit pris beaucoup de terres à ses prédecesseurs, & il les redemandoit. Jephté établit le droit des Israëlites par deux titres incontestables ; l'un étoit une conquête legitime, & l'autre une possession paisible de trois cens ans. Il allegue premierement le droit de conquête ; & pour montrer que cette conquête étoit legitime, il pose pour fondement : Qu'Israël « n'a rien pris de force aux Moabites, & aux « Ammonites : Au contraire, qu'il a pris de « grands détours pour ne point passer sur leurs « terres. Il montre ensuite, que les places « contestées n'étoient plus aux Ammonites, ni aux Moabites, quand les Israëlites les avoient prises ; mais à Sehon roy des Amorrhéens, qu'ils avoient vaincu par une juste guerre. Car il avoit le premier marché « contre eux, & Dieu l'avoit livré entre leurs « mains. Là il fait valoir le droit de conquête établi par le droit des gens, & reconnu par les Ammonites qui possedoient beaucoup de terres par ce seul titre. De là il passe à la possession, & il montre premierement, que les Moabites ne se plaignirent point des Israëlites lorsqu'ils conquirent ces places, où en effet les Moabites n'avoient plus rien. Valez-vous mieux que Balac « roy de Moab, ou pouvez-vous nous mon- « trer qu'il ait inquieté les Israëlites, ou leur « ait fait la guerre pour ces places ? En effet il étoit constant par l'histoire, que Balac n'avoit point fait la guerre, quoiqu'il en eût eu quelque dessein. Et non seulement les Moabites ne s'étoient pas plaints ; mais même les Ammonites avoient laissé les Israëlites en possession paisible durant trois cens ans. Pourquoy, dit-il, n'avez-vous rien dit du- « rant un si long-temps ? Enfin il conclut ain- « si. Ce n'est donc pas moy qui ay tort, « c'est vous qui agissez mal contre moy, en « me declarant la guerre injustement. Le Sei- « gneur soit juge en ce jour entre les enfans « d'Israël, & les enfans d'Ammon. A remon- «

Ibid. 15. 16. 17. &c.

Ibid. 20. 21.

Ibid. 23. 24.

Ibid. 25.

Num. XXIV. 25.

Jud. XI. 26.

Ibid. 27.

ter encore plus haut, on voit Jacob user de ce droit dans la donation qu'il fait à Joseph, en
Gen. xlviii. 22. » cette sorte. Je vous donne par préciput sur » vos freres un heritage que j'ai enlevé de la » main des Amorrhéens, par mon épée & par » mon arc. Il ne s'agit pas d'examiner ce que c'étoit, & comment Jacob l'avoit ôté aux Amorrhéens; il suffit de voir que Jacob se l'attribuoit par le droit de conquête, comme par le fruit d'une juste guerre. La memoire de cette donation de Jacob à Joseph, s'étoit conservée dans le peuple de Dieu comme d'une chose sainte & legitime jusqu'au temps
Joan. iv. 5. » de nôtre Seigneur, dont il est écrit : Qu'il » vint auprés de l'heritage que Jacob avoit » donné à son fils Joseph. On voit donc un domaine acquis par le droit des armes sur ceux qui le possedoient.

II. PROPOSITION.

Pour rendre le droit de conquête incontestable, la possession paisible y doit être jointe.

Il faut pourtant remarquer deux choses dans ce droit de conquête, l'une qu'il y faut joindre une possession paisible, ainsi qu'on a vû dans la discution de Jephté; l'autre que pour rendre ce droit incontestable, on le confirme en offrant une composition amiable. Ainsi le sage Simon le Machabée, querellé par le roy d'Asie sur les villes d'Io-
I. Mach. xv. 35. » pe, & de Gazara, répondit : Pour ce qui » est de ces deux villes, elles ravageoient nôtre » pays, & pour cela nous vous offrons cent » talens. Quoique la conquête fût legitime, & que ceux d'Iope & de Gazara étant

aggresseurs injustes, eussent été pris de bonne guerre; Simon offroit cent talens pour avoir la paix, & rendre son droit incontestable. Ainsi on voit que ce droit de conquête, qui commence par la force, se reduit, pour ainsi dire, au droit commun & naturel, du consentement des peuples, & par la possession paisible: Et l'on présuppose, que la conquête a été suivie d'un acquiescement tacite des peuples soumis, qu'on avoit accoûtumé à l'obéïssance par un traitement honnête; ou qu'il étoit intervenu quelque accord, semblable à celuy qu'on a rapporté entre Simon le Machabée, & les rois d'Asie.

CONCLUSION.

Nous avons donc établi par les écritures que la royauté a son origine dans la divinité même: Que Dieu l'a aussi exercé visiblement sur les hommes dans les commencemens du monde: Qu'il a continué cet exercice surnaturel, & miraculeux sur le peuple d'Israël, jusqu'au temps de l'établissement des rois: Qu'alors il a choisi l'état monarchique, & hereditaire, comme le plus naturel, & le plus durable: Que l'exclusion du sexe né pour obéir, étoit naturel à la souveraine puissance. Ainsi nous avons trouvé, que par l'ordre de la divine providence, la constitution de ce royaume étoit dés son origine la plus conforme à la volonté de Dieu, selon qu'elle est declarée par ses écritures. Nous n'avons pourtant pas oublié: Qu'il paroît dans l'antiquité d'autres formes de gouvernements, sur lesquelles Dieu n'a rien prescrit au genre humain;

enſorte que chaque peuple doit ſuivre comme un ordre divin le gouvernement établi dans ſon pays ; parce que Dieu eſt un Dieu de paix, & qui veut la tranquillité des choſes humaines. Mais comme nous écrivons dans un état monarchique, & pour un Prince que la ſucceſſion d'un ſi grand royaume regarde ; nous tournerons dorênavant toutes les inſtructions que nous tirerons de l'écriture, au genre de gouvernement où nous vivons : quoique par les choſes qui ſe diront ſur cet état, il ſera aiſé de déterminer ce qui regarde les autres.

LIVRE TROISIEME.

OU L'ON COMMENCE A expliquer la nature, & les proprietez de l'autorité royale.

ARTICLE PREMIER.

On en remarque les caracteres essentiels.

UNIQUE PROPOSITION.

Il y a quatre caracteres, ou qualitez essentielles à l'autorité royale.

REMIEREMENT l'autorité royale est sacrée :

Secondement elle est paternelle :

Troisiémement elle est absoluë :

Quatriémement elle est soûmise à la raison.

C'est ce qu'il faut établir par ordre dans les articles suivants.

ARTICLE II.

L'autorité royale est sacrée.

I. PROPOSITION.

Dieu établit les rois comme ses ministres, & regne par eux sur les peuples.

NOus avons déja vû que toute puissance « vient de Dieu. Le Prince, ajoûte saint « *Rom. xiii. 1. 2. Ibid. 4.*

» Paul, est ministre de Dieu pour le bien : Si
» vous faites mal, tremblez, car ce n'est pas en
» vain qu'il a le glaive : & il est ministre de
» Dieu, vangeur des mauvaises actions. Les
Princes agissent donc comme ministres de
Dieu, & ses lieutenans sur la terre. C'est par
II. Par. xiii. 8. » eux qu'il exerce son empire. Pensez-vous
» pouvoir resister au royaume du Seigneur qu'il
» possede par les enfans de David. C'est pour
celà que nous avons vû que le trône royal n'est
pas le trône d'un homme ; mais le trône de
I. Paral. xxviii. 5. » Dieu même. Dieu a choisi mon fils Salomon
» pour le placer dans le trône où regne le Sei-
Ibid. xxix. 23. » gneur sur Israël. Et encore : Salomon s'assit
» sur le trône du Seigneur. Et afin qu'on ne
croye pas que cela soit particulier aux Israëlites d'avoir des rois établis de Dieu ; voicy
Eccli. xvii. 14. 15. » ce que dit l'Ecclesiastique. Dieu donne à cha-
» que peuple son gouverneur, & Israël luy est
» manifestement reservé. Il gouverne donc tous
les peuples, & leur donne à tous, leurs rois ;
quoiqu'il gouverne Israël d'une maniere plus
particuliere & plus déclarée.

II. PROPOSITION.

La personne des rois est sacrée.

Il paroît de tout cela que la personne des
rois est sacrée, & qu'attenter sur eux c'est un
I. Reg. ix. 16. xvi. 3. &c. sacrilege. Dieu les fait oindre par ses prophetes d'une onction sacrée, comme il fait oin-
dre les pontifes & ses autels. Mais même
sans l'application exterieure de cette onction,
ils sont sacrez par leur charge, comme étant
les representans de la majesté divine, dépu-
tez par sa providence à l'execution de ses desseins. C'est ainsi que Dieu même appelle Cyrus

rus son oint. Voicy ce que dit le Seigneur à « *Is. xlv. 1.*
Cyrus, mon oint que j'ay pris par la main «
pour luy assujettir tous les peuples. Le titre «
de Christ est donné aux rois, & on les voit
par tout appellez les Christs, ou les oints du
Seigneur. Sous ce nom venerable, les Prophetes même les reverent, & les regardent
comme associez à l'empire souverain de Dieu,
dont ils exercent l'autorité sur le peuple. Par- « *1. Reg.*
lez de moy hardiment devant le Seigneur, & « *xii. 3. 4.*
devant son Christ; dites si j'ay pris le bœuf « *5.*
ou l'asne de quelqu'un, si j'ay pris des pre- «
sents de quelqu'un, & si j'ay opprimé quel- «
qu'un: Et ils répondirent; Jamais: & Sa- «
muel dit: Le Seigneur & son Christ sont donc «
témoins que vous n'avez aucune plainte à fai- «
re contre moy. C'est ainsi que Samuel aprés «
avoir jugé le peuple vingt & un an de la part
de Dieu avec une puissance absoluë, rend conte de sa conduite devant Dieu, & devant Saül,
qu'il appelle ensemble à témoin; & établit
son innocence sur leur témoignage. Il faut
garder les rois comme des choses sacrées:
& qui neglige de les garder est digne de mort.
Vive le Seigneur, dit David aux Capitaines de *1. Reg.*
Saül, vous êtes des enfans de mort, vous tous « *xxvi. 16.*
qui ne gardez pas vôtre maître l'oint du Sei- «
gneur. Qui garde la vie du prince, met la «
sienne en la garde de Dieu même. Comme « *Ibid. 24.*
vôtre vie a été chere & précieuse à mes yeux, «
dit David au roy Saül; ainsi soit chere ma «
vie devant Dieu même, & qu'il daigne me «
délivrer de tout peril. Dieu luy met deux «
fois entre les mains Saül qui remuoit tout pour
le perdre; ses gens se pressent de se défaire
de ce prince injuste & impie; mais cette proposition luy fait horreur. Dieu, dit-il, soit à « *1. Reg.*
mon secours, & qu'il ne m'arrive pas de met- « *xxiv. 7.*
11 &c.
xxvi. 1.

tre ma main sur mon maître, l'oint du Seigneur. Loin d'attenter sur sa personne, il est même saisi de frayeur pour avoir coupé un bout de son manteau, encore qu'il ne l'eût fait que pour luy montrer combien religieu-
1. Reg. » sement il l'avoit épargné. Le cœur de David
xxiv. 6. » fut saisi, parce qu'il avoit coupé le bord du
» manteau de Saül. Tant la personne du prince luy paroît sacrée; & tant il craint d'avoir violé par la moindre irreverence le respect qui lui étoit dû.

III. PROPOSITION.

On doit obéir au prince par principe de religion & de conscience.

Saint Paul aprés avoir dit que le prince est
Rom. » le ministre de Dieu, conclut ainsi. Il est donc
xiii. 5. » necessaire que vous luy soyez soûmis, non-
» seulement par la crainte de sa colere, mais en-
» core par l'obligation de vôtre conscience. C'est
Ephes. vi. » pourquoy : Il le faut servir non à l'œil com-
5. 6. » me pour plaire aux hommes, mais avec bon-
» ne volonté, avec crainte, avec respect, &
» d'un cœur sincere comme à Jesus-Christ. Et
Coloss. iii. » encore : Serviteurs, obéïssez en toutes choses
22. 23. 24. » à vos maîtres temporels, ne les servant point
» à l'œil comme pour plaire à des hommes,
» mais en simplicité de cœur & dans la crainte
» de Dieu. Faites de bon cœur tout ce que vous
» faites comme servant Dieu & non pas les
» hommes, assûrez de recevoir de Dieu même
» la récompense de vos services. Regardez Je-
» sus-Christ comme vôtre maître. Si l'Apôtre parle ainsi de la servitude, état contre la nature; que devons-nous penser de la sujettion legitime aux princes, & aux magistrats pro-

tecteurs de la liberté publique. C'est pourquoy saint Pierre dit : Soyez donc soûmis pour l'amour de Dieu à l'ordre qui est établi parmi les hommes : soyez soûmis au roy comme à celuy qui a la puissance suprême : & à ceux à qui il donne son autorité, comme étant envoyez de luy pour la loüange des bonnes actions, & la punition des mauvaises. Quand même ils ne s'acquiteroient pas de ce devoir, il faut respecter en eux leur charge & leur ministere. Obéïssez à vos maîtres, non-seulement à ceux qui sont bons & moderez, mais encore à ceux qui sont fâcheux & injustes. Il y a donc quelque chose de religieux dans le respect qu'on rend au prince. Le service de Dieu & le respect pour les rois sont choses unies ; & saint Pierre met ensemble ces deux devoirs : Craignez Dieu, honorez le roy. Aussi Dieu a-t-il mis dans les princes quelque chose de divin. J'ay dit : Vous êtes des Dieux, & vous êtes tous enfans du tres-haut. C'est Dieu même que David fait parler ainsi. De là vient que les serviteurs de Dieu jurent par le salut & la vie du roy, comme par une chose divine & sacrée. Urie parlant à David : Par vôtre salut & par la conservation de vôtre vie, je ne ferai point cette chose. Encore même que le roy soit infidéle, par la vûë qu'on doit avoir de l'ordre de Dieu. Par le salut de Pharaon je ne vous laisseray point sortir d'icy. Il faut écouter ici les premiers chrêtiens, & Tertullien qui parle ainsi au nom d'eux tous. Nous jurons, non par les genies des Cesars ; mais par leur vie & par leur salut, qui est plus auguste que tous les genies. Ne sçavez-vous pas que les genies sont des demons ? mais nous qui regardons dans les empereurs le choix & le jugement

1. Pet. ii. 13. 14.

Ibid. 18.

Ibid. 17.

Ps. lxxxi. 6.

2. Reg. xi. 2. xiv. 15.

Gen. xlii. 15. 16.

Tert. Apol.

» de Dieu, qui leur a donné le commandement
» sur tous les peuples ; nous respectons en eux
» ce que Dieu y a mis, & nous tenons cela à
Ibid. » grand serment. Il ajoûte : Que diray-je da-
» vantage de nôtre religion, & de nôtre pieté
» pour l'empereur, que nous devons respecter
» comme celuy que nôtre Dieu a choisi : ensor-
» te que je puis dire que Cesar est plus à nous
» qu'à vous, parce que c'est nôtre Dieu qui l'a
» étably. C'est donc l'esprit du christianisme de faire respecter les rois avec une espece de religion ; que le même Tertullien appelle tres-
Ibid. » bien : La religion de la seconde majesté. Cette seconde majesté n'est qu'un écoulement de la premiere ; c'est-à-dire de la divine ; qui pour le bien des choses humaines a voulu faire rejaillir quelque partie de son éclat sur les rois.

IV. PROPOSITION.

Les rois doivent respecter leur propre puissance & ne l'employer qu'au bien public.

Leur puissance venant d'enhaut, ainsi qu'il a été dit, ils ne doivent pas croire qu'ils en soient les maîtres pour en user à leur gré ; mais ils doivent s'en servir avec crainte & retenuë, comme d'une chose qui leur vient de
Sap. vi. 2 » Dieu, & dont Dieu leur demandera compte.
3. &c. » Ecoûtez, ô rois, & comprenez : apprenez juges
» de la terre : prêtez l'oreille, ô vous qui tenez
» les peuples sous vôtre empire, & vous plai-
» sez à voir la multitude qui vous environne :
» c'est Dieu qui vous a donné la puissance : vô-
» tre force vient du tres-haut qui interrogera
» vos œuvres, & penetrera le fond de vos pen-
» sées : parce qu'étant les ministres de son

royaume, vous n'avez pas bien jugé, & »
n'avez pas marché selon ses volontez. Il »
vous paroîtra bien-tôt d'une maniere terri- »
ble : car à ceux qui commandent est reservé le »
châtiment le plus dur. On aura pitié des pe- »
tits & des foibles ; mais les puissants seront »
puissamment tourmentez. Car Dieu ne re- »
doute la puissance de personne, parce qu'il »
a fait les grands & les petits, & qu'il a soin »
également des uns & des autres. Et les plus »
forts seront tourmentez plus fortement. Je »
vous le dis, ô rois, afin que vous soyez sa- »
ges, & que vous ne tombiez pas. »

Les Rois doivent donc trembler en se servant de la puissance que Dieu leur donne, & songer combien horrible est le sacrilege d'employer au mal une puissance qui vient de Dieu. Nous avons vû les rois assis dans le trône du Seigneur, ayant en main l'épée que lui-même leur a mis en main. Quelle profanation & quelle audace aux rois injustes, de s'asseoir dans le trône de Dieu pour donner des arrêts contre ses loix, & d'employer l'épée qu'il leur met en main, à faire des violences, & à égorger ses enfans ? Qu'ils respectent donc leur puissance ; parce que ce n'est pas leur puissance, mais la puissance de Dieu, dont il faut user saintement & religieusement. Saint Gregoire de Nazianze parle ainsi aux empereurs. Respectez vôtre pourpre : reconnoissez » *Greg. Naz.*
le grand mystere de Dieu dans vos personnes: »
il gouverne par luy-même les choses celestes ; »
il partage celle de la terre avec vous. Soyez »
donc des Dieux à vos Sujets. C'est-à-dire, »
gouvernez-les comme Dieu gouverne, d'une maniere noble, desinteressée, bien-faisante, en un mot divine.

ARTICLE III.

L'autorité royale est paternelle, & son propre caractere c'est la bonté.

APrés les choses qui ont été dites, cette verité n'a plus besoin de preuves. Nous avons vû que les rois tiennent la place de Dieu, qui est le vray pere du genre-humain. Nous avons vû aussi que la premiere idée de puissance qui ait été parmy les hommes, est celle de la puissance paternelle; & que l'on a fait les rois sur le modele des peres. Aussi tout le monde est-il d'accord, que l'obéïssance qui est dûë à la puissance publique, ne se trouve dans le décalogue, que dans le precepte qui oblige à honorer ses parents. Il paroît par tout cela que le nom de roy est un nom de pere; & que la bonté est le caractere le plus naturel des rois. Faisons neanmoins ici une reflexion particuliere sur une verité si importante.

I. PROPOSITION.

La bonté est une qualité royale, & le vray apanage de la grandeur.

Deut. x. 17. 18.

» LE Seigneur vôtre Dieu est le Dieu des Dieux,
» & le Seigneur des Seigneurs: un Dieu
» grand, puissant, redoutable, qui n'a point d'é-
» gard aux personnes en jugement, & ne reçoit
» pas de presents; qui fait justice au pupille & à
» la veuve; qui aime l'étranger, & luy donne sa
» nourriture & son vêtement. Parce que Dieu
est grand & plein en luy-même, il se tourne

pour ainsi dire, tout entier à faire du bien aux hommes, conformement à cette parole : Selon sa grandeur, ainsi est sa misericorde. Il met une image de sa grandeur dans les rois, afin de les obliger à imiter sa bonté. Il les éleve à un état où ils n'ont plus rien à desirer pour eux-mêmes. Nous avons oüy David disant : Que peut ajoûter vôtre serviteur à toute cette grandeur dont vous l'avez revêtu. Et en même-temps il leur déclare, qu'il leur donne cette grandeur pour l'amour des peuples. Parce que Dieu aimoit son peuple il vous a fait regner sur eux. Et encore : Vous avez plû au Seigneur, il vous a placé sur le trône d'Israël ; & parce qu'il aimoit ce peuple il vous a fait leur roy pour faire justice & jugement. C'est pourquoy dans les endroits où nous lisons : Que le royaume de David fut élevé sur le peuple: L'hebreu & le grec portent [pour le peuple.] Ce qui montre que la grandeur a pour objet le bien des peuples soumis. En effet Dieu qui a formé tous les hommes d'une même terre pour le corps, & a mis également dans leurs ames son image & sa ressemblance, n'a pas établi entre-eux tant de distinctions, pour faire d'un côté des orgueilleux, & de l'autre des esclaves, & des miserables. Il n'a fait des grands que pour proteger les petits, il n'a donné sa puissance aux rois, que pour procurer le bien public, & pour être le support du peuple.

Eccli ii. 23.

2. Reg. vii. 20. 1. Par. xvii. 18.

2. Par. ii. 11.

3. Reg. x. 9.

II. PROPOSITION.

Le Prince n'est pas né pour luy-même ; mais pour le public.

C'est une suite de la proposition precedente,

& Dieu confirme cette verité par l'exemple de Moïse. Il lui donne son peuple à conduire, & en même temps il fait qu'il s'oublie luy-même. Aprés beaucoup de travaux, & aprés qu'il a supporté l'ingratitude du peuple durant quarante ans pour le conduire en la terre promise, il en est exclus : Dieu le luy déclare, & que cet honneur étoit reservé à Josué. *Deut. xxi. 7.*
» Quant à Moïse il luy dit : Ce ne sera pas vous *Num. xx. 12.*
» qui introduirez ce peuple dans la terre que je
» leur donneray. Comme s'il lui disoit ; vous en aurez le travail, & un autre en aura le fruit. Dieu luy déclare sa mort prochaine ; Moïse sans s'étonner, & sans songer à lui-même, *Num. xxvii. 13.*
» le prie seulement de pourvoir au peuple. Que *Ibid. 16. 17.*
» le Dieu de tous les esprits donne un conduc-
» teur à cette multitude, qui puisse marcher
» devant eux : qui le mene & le ramene, de peur
» que le peuple du Seigneur ne soit comme des
» brebis sans pasteur. Il lui ordonne une grande
» guerre en ces termes : Vange ton peuple des *Num. xxxi. 2.*
» Madianites, & puis tu mourras. Il veut lui faire sçavoir, qu'il ne travaille pas pour lui-même, & qu'il est fait pour les autres. Aussitôt & sans dire un mot sur sa mort prochaine, *Ibid. 3. 7.* Moïse donna ses ordres pour la guerre, & l'acheve tranquillement. Il acheve le peu de vie qui lui reste à enseigner le peuple, & à luy donner les instructions qui composent le livre du Deuteronome. Et puis il meurt sans aucune recompense sur la terre, dans un temps où Dieu les donnoit si liberalement. Aaron a le sacerdoce pour luy & pour sa posterité : Caleb & sa famille est pourvûë magnifiquement ; les autres reçoivent d'autres dons ; Moïse rien ; on ne sçait ce que devient sa famille. C'est un personnage public né pour le bien de l'univers, ce qui aussi est la veritable grandeur.

Puissent les princes entendre, que leur vraye gloire est de n'être pas pour eux-mêmes ; & que le bien public qu'ils procurent, leur est une assez digne recompense sur la terre, en attendant les biens éternels que Dieu leur reserve.

III. PROPOSITION.

Le prince doit pourvoir aux besoins du peuple.

Le Seigneur a dit à David : « Vous paîtrez mon peuple d'Israël & vous en serez le conducteur. Dieu a choisi David, & l'a tiré d'aprés les brebis pour paître Jacob son serviteur, & Israël son heritage. Il n'a fait que changer de troupeau : au lieu de paître des brebis, il paît des hommes. Paître dans la langue sainte c'est gouverner, & le nom de pasteur signifie le prince, tant ces choses sont unies. J'ay dit à Cyrus, dit le Seigneur : « Vous êtes mon pasteur. C'est à-dire, vous êtes le prince que j'ay étably. Ce n'est donc pas seulement Homere qui appelle les princes pasteurs des peuples ; c'est le saint Esprit. Ce nom les avertit assez de pourvoir au besoin de tout le troupeau, c'est-à-dire, de tout le peuple. Quand la souveraine puissance fut donnée à Simon le Machabée, le decret en est conçû en ces termes : Tout le peuple l'a étably prince, & il aura soin des saints. C'est-à-dire du peuple Juif, qui s'appelloit aussi le peuple des saints. C'est un droit royal de pourvoir aux besoins du peuple. Qui l'entreprend au préjudice du prince, entreprend sur la royauté : c'est pour cela qu'elle est établie, & l'obligation d'avoir soin du peuple, est le

1. Reg. v. 21.

Psal. lxxvii. 70. 71.

Is. xliv. 28. & ailleurs.

1. Mach. xiv. 42.

fondement de tous les droits que les souverains ont sur leurs sujets. C'est pourquoy dans les grands besoins le peuple a droit d'avoir recours à son prince. Dans une extrême famine, toute l'Egypte vint crier autour du roy luy demandant du pain. Les peuples affamez demandent du pain à leur roy comme à leur pasteur, ou plûtôt comme à leur pere. Et la prévoyance de Joseph l'avoit mis en état d'y pourvoir. Voicy sur ces obligations du prince une belle sentence du Sage. Vous ont-ils fait prince ou gouverneur? soyez parmy eux comme l'un d'eux: ayez soin d'eux & prenez courage; & reposez-vous aprés avoir pourvû à tout. Cette sentence contient deux preceptes.

Gen. xli. 55.

Gen. xli. 47.

Eccl. xxxii. 1. 2.

I. Precepte. Soyez parmy eux comme l'un d'eux. Ne soyez point orgueilleux: rendez-vous accessible & familier: ne vous croyez pas, comme on dit, d'un autre métail que vos sujets: mettez-vous à leur place, & soyez-leur tel que vous voudriez qu'ils vous fussent, s'ils étoient à la vôtre.

II. Precepte. Ayez soin d'eux, & reposez-vous aprés avoir pourvû à tout. Le repos alors vous est permis: le prince est un personnage public, qui doit croire que quelque chose luy manque à luy-même, quand quelque chose manque au peuple & à l'état.

IV. PROPOSITION.

Dans le peuple, ceux à qui le prince doit le plus pourvoir, sont les foibles.

Parce qu'ils ont plus besoin de celuy qui est par sa charge le pere, & le protecteur de tous. C'est pour cela que Dieu recommande principalement aux juges, & aux magistrats, les veuves, & les pupilles. Job qui étoit un grand « prince dit aussi : On me rendoit témoignage, « que j'écoutois le cri du pauvre, & délivrois le « pupille qui n'avoit point de secours ; la bene- « diction de celuy qui alloit perir venoit sur « moy, & je consolois le cœur de la veuve. Et « encore : J'étois l'œil de l'aveugle, le pied du « boiteux, le pere des pauvres. Et encore : Je te- « nois la premiere place ; assis au milieu d'eux « comme un roy environné de sa cour & de son « armée, j'étois le consolateur des affligez. «

Job. xxix. 11. 12. 13.

Ibid. 15. 16.

Ibid. 25.

Sa tendresse pour les pauvres est inexplicable. Si j'ay refusé aux pauvres ce qu'ils « demandoient, & si j'ay fait attendre les yeux « de la veuve, si j'ay mangé seul mon pain, & « ne l'ay pas partagé avec le pupille, parce « que la compassion est née avec moy, & a crû « dans mon cœur dés mon enfance : Si j'ay de- « daigné celuy qui mouroit de froid faute d'ha- « bits ; si ses côtez ne m'ont pas beny, & s'il « n'a pas été rechauffé par la laine de mes bre- « bis, puisse mon épaule se separer de sa jointu- « re, & que mon bras soit brisé avec ses os. « Etre impitoyable à son peuple, c'est se separer de ses propres membres, & on merite de perdre ceux de son corps. Il donne liberalement ; il donne penetré de compassion ; il donne sans faire attendre : qu'y a-t'il de plus paternel, & de plus royal ? Dans les vœux que David fit pour Salomon le jour de son sacre, il ne parle que du soin qu'il aura des pauvres ; & met en cela tout le bonheur de son regne. Il jugera le peuple avec équité, & « fera justice au pauvre. Il ne se lasse point de « loüer cette bonté pour les pauvres. Il prote- « gera, dit-il, les pauvres du peuple, & il sau- « vera les enfans des pauvres, & il abattra leurs «

Job. xxxi. 16. 7. 18. &c.

Ps. lxxi. 2. 4. 11. 12. &c.

» oppresseurs : Et encore : Tous les rois de la
» terre l'adoreront, & toutes les nations luy se-
» ront sujettes, parce qu'il délivrera le pauvre
» des mains du puissant, le pauvre qui n'avoit
» point de secours. Il sera bon au pauvre, & à
» l'indigent ; il sauvera les ames des pauvres :
» il les délivrera des usures, & des violences ;
» & leur nom sera honorable devant luy. Ses bontez pour les pauvres, lui attireront avec de grandes richesses la prolongation de ses jours, & la benediction de tous les peuples. Il vivra, & l'or de Saba lui sera donné ; il sera le sujet de tous les vœux ; on ne cessera de le benir. Voilà un regne merveilleux, & digne de figurer celui du Messie. David avoit bien conçû que rien n'est plus royal, que d'être le secours de qui n'en a point ; & c'est tout ce qu'il souhaite au roy son fils.

Ceux qui commandent les peuples, soit princes, soit gouverneurs, doivent à l'exemple de Nehemias soulager le peuple
II. Esdr. » accablé. Les gouverneurs qui m'avoient
v. 15. 16. » precedé fouloient le peuple, & leurs serviteurs
17. 18. » tiroient beaucoup : & moy qui craignois Dieu
» je n'en ay pas usé ainsi ; au contraire j'ai con-
» tribué à rebâtir les murailles ; je n'ay rien ac-
» quis dans le pays : plus soigneux de donner
» que de m'enrichir ; & je faisois travailler mes
» serviteurs : je tenois une grande table, où ve-
» noient les magistrats, & les principaux de la
» ville, sans prendre les revenus assignez au
» gouverneur ; car le peuple étoit fort apauvry.
C'est ainsi que Nehemias se réjoüissoit d'avoir soulagé le pauvre peuple ; Et il dit ensuite
Ibid. 19. » plein de confiance : O Seigneur, souvenez-
» vous de moy en bien, selon le bien que j'ay
» fait à vôtre peuple.

V. PROPOSITION.

Le vray caractere du prince, est de pourvoir aux besoins du peuple; comme celuy du tyran, est de ne songer qu'à luy-même.

Aristote l'a dit; mais le saint Esprit l'a prononcé avec plus de force. Il represente en un mot le caractere d'une ame superbe, & tyrannique, en luy faisant dire: Je suis « & il n'y a que moy sur la terre. Il mau- « dit les princes qui ne songent qu'à eux-mêmes, par ces terribles paroles: Voicy ce que dit le Seigneur; Malheur aux pasteurs « d'Israël qui se paissent eux-mêmes. Les « troupeaux ne doivent-ils pas être nourris par « les pasteurs? vous mangiez le lait de mes « brebis, & vous vous couvriez de leurs lai- « nes, & vous tuïez ce qu'il y avoit de plus « gras dans le troupeau, & vous ne le pais- « siez pas: vous n'avez pas fortifié ce qui « étoit foible, ni gueri ce qui étoit malade, « ni remis ce qui étoit rompu; ni cherché ce « qui étoit égaré; ni ramené ce qui étoit per- « du: vous vous contentiez de leur parler du- « rement & imperieusement: Et mes brebis « dispersées, parce qu'elles n'avoient pas de « pasteurs, ont été la proye des bêtes farou- « ches; elles ont erré dans toutes les monta- « gnes, & dans toutes les collines; & se sont « répanduës sur toute la face de la terre, & « personne ne les recherchoit, dit le Seigneur. « Pour cela, ô pasteurs, écoutez la parole du « Seigneur. Je vis éternellement, dit le Sei- « gneur, parce que mes brebis dispersées ont « été en proye faute d'avoir des pasteurs: car «

Is. xlvii. 10.

Ezech. xxxiv 2. 3. 4. &c.

» mes pasteurs ne cherchoient point mon trou-
» peau ; ces pasteurs se paissoient eux-mêmes,
» & ne paissoient point mes brebis : & voicy
» ce que dit le Seigneur : Je rechercherai
» mes brebis de la main de leurs pasteurs, &
» je les chasserai afin qu'ils ne paissent plus
» mon troupeau, & ne se paissent plus eux-
» mêmes : & je délivrerai mon troupeau de
» leur bouche, & ils ne le devoreront plus.

On voit icy : Premierement, Que le caractere du mauvais prince, est de se paître soy-même, & de ne songer pas au troupeau.

Secondement, Que le saint Esprit luy demande compte, non-seulement du mal qu'il fait ; mais encore de celuy qu'il ne guérit pas.

Troisiémement, Que tout le mal que les ravisseurs font à ses peuples, pendant qu'il les abandonne, & ne songe qu'à ses plaisirs, retombe sur luy.

VI. PROPOSITION.

Le prince inutile au bien du peuple, est puni aussi-bien que le méchant, qui le tyrannise.

Matt. xxiv. 15. &c.

C'est la regle de la justice divine, de ne punir pas seulement les serviteurs violens, qui abusent du pouvoir qu'il leur a donné : mais encore les serviteurs inutiles, qui ne font pas profiter le talent qu'il leur a mis en
» main. Jettez le serviteur inutile dans les
» tenebres exterieures : c'est-à-dire, dans la
» prison obscure & profonde, qui est hors de
Ibid. 25. 30. » la maison de Dieu : Là seront pleurs & grin-
» cemens de dents. C'est pourquoy nous venons d'entendre, qu'il reprochoit aux pas-

teurs, non seulement qu'ils devoroient son troupeau; mais qu'ils ne le guerissoient pas, qu'ils le negligeoient, & le laissoient devorer. Mardochée manda aussi à la reine Esther, dans le peril extrême du peuple de Dieu: Ne croyez pas vous pouvoir sauver toute « seule, parce que vous êtes la reine, & éle- « vée au dessus de tous les autres: car si vous « vous taisez, les Juifs seront delivrez par « quelque autre voye; & vous perirez, vous « & la maison de vôtre pere. «

Esther. iv. 13. 14.

VII. PROPOSITION.

La bonté du prince ne doit pas être alterée par l'ingratitude du peuple.

Il n'y a rien de plus ingrat envers Moïse que le peuple Juif. Il n'y a rien de meilleur envers le peuple Juif que Moïse. On n'entend par tout dans l'Exode, & dans les Nombres, que des murmures insolents de ce peuple contre luy; toutes leurs plaintes sont seditieuses; & jamais il n'entend de leur bouche des remontrances tranquilles. Des menaces ils passent aux effets. Tout le peu- « ple crioit contre luy, & vouloit le lapider. « Mais pendant cette fureur, il plaide leur « cause devant Dieu, qui vouloit les perdre. « Je les fraperai de peste, & je les extermi- « nerai; & je te ferai prince d'une grande « nation plus puissante que celle-cy: Oüi, « Seigneur répondit Moïse, afin que les Egyp- « tiens blasphêment contre vous. Glorifiez « plûtôt vôtre puissance, ô Dieu patient, & « de grande misericorde, & pardonnez à ce « peuple selon vos bontez infinies. Il ne ré- « pond pas seulement aux promesses que Dieu

Num. xiv. 4.

Ibid. 12. 13. &c.

luy fait, occupé du peril de ce peuple ingrat, & s'oubliant toûjours luy-même.
Exode xxiii. 32. » Bien plus il se dévoüe luy-même pour eux.
» Seigneur, ou pardonnez-leur ce peché, ou
» effacez-moy de vôtre livre. C'est-à-dire,
2. Reg. xv. 20. » ôtez-moy la vie. David imite Moïse. Malgré toutes ses bontez, son peuple avoit suivi la revolte d'Absalon, & depuis celle de Seba. Il ne leur en est pas moins bon; & même ne laisse pas de se dévoüer luy, & sa famille, pour ce peuple tant de fois rebelle.
2. Reg. xxiv. 17. Voyant l'ange qui frapoit le peuple;
» ô Seigneur, s'écria-t-il, c'est moy qui ai
» peché; c'est moy qui suis coupable; qu'ont
» fait ces brebis que vous frapez? tournez vô-
» tre main contre moy, & contre la maison
» de mon pere.

VIII. PROPOSITION.

Le prince ne doit rien donner à son ressentiment, ni à son humeur.

Job. xxxi. 29. 30. » A Dieu ne plaise, dit Job, que je me sois
» réjoüi de la chûte de mon ennemi, ou du
» mal qui luy arrivoit. Je n'ai pas même pe-
» ché contre luy par des paroles, ni je n'ai
» fait aucune imprécation contre sa vie. Les commencemens de Saül sont admirables, lorsque la fortune n'avoit pas encore perverti en luy les bonnes dispositions qui l'avoient rendu digne de la royauté. Une partie du peuple avoit refusé de luy obéir:
1. Reg. x. 17. » Cet homme nous pourra-t-il sauver? ils le mé-
» priserent, & ne luy apporterent pas les pre-
» sens ordinaires en cette occasion. Comme donc il venoit de remporter une glorieuse victoire; Tout le peuple dit à Samuël: Qu'on

Qu'on nous donne ceux qui ont dit, Saül « 1. Reg. xi. 12. 13.
ne sera pas nôtre roy, & qu'on les fasse «
mourir. A quoy Saül répondit : Personne «
ne sera tué en ce jour, que Dieu a sauvé «
son peuple. En ce jour de triomphe, & de «
salut, il ne pouvoit offrir à Dieu un plus digne sacrifice que celuy de la clemence. Voicy encore un exemple de cette vertu en la personne de David. Durant que Saül le persecutoit, il étoit avec ses troupes vers le Carmel, où il y avoit un homme extraordinairement riche nommé Nabal. David le traitoit avec toute la bonté possible : non-seulement il ne souffroit pas que ses soldats luy fissent aucun tort ; chose difficile dans la licence de la guerre, & parmi des troupes tumultuairement ramassées sans paye reglée, telles qu'étoient alors celles de David : mais les gens de Nabal confessoient eux-mêmes, qu'il les protegeoit en toutes
choses. Ces hommes, disent-ils, nous sont « 1. Reg. xxv. 15.
fort bons : nous n'avons jamais rien perdu «
parmi eux, & au contraire pendant que nous «
paissions nos troupeaux, ils nous étoient «
nuit & jour comme un rampart. C'est le «
vrai usage de la puissance ; Car que sert «
d'être le plus fort, si ce n'est pour soûtenir le plus foible ? C'est ainsi qu'en usoit David : & cependant comme ses soldats en un jour de réjoüissance, vinrent demander à Nabal avec toute la douceur possible, qu'il leur donnât si peu qu'il voudroit ; cet homme feroce non seulement le refusa ; mais encore il s'emporta contre David d'une maniere outrageuse, sans aucun respect pour un si grand homme, destiné à la royauté par ordre de Dieu ; & sans être touché de la persecution qu'il souffroit injustement ; l'appel-

Ibid. 8. &c.

lant au contraire, un valet rebelle qui vouloit faire le maître. A ce coup la douceur de David fut poussée à bout ; il couroit à la vangeance : mais Dieu luy envoye Abigaïl femme de Nabal, aussi prudente que belle,
Ibid. 25. 26. &c. » qui luy parla en ces termes : Que le roy, » Monseigneur, ne prenne pas garde aux emportemens de cet insensé. Vive le Seigneur » qui vous a empêché de verser le sang, & » a conservé vos mains pures & innocentes ; » le Seigneur vous sera une maison puissante, » & fidele, parce que vous combattez pour » luy. A Dieu ne plaise qu'il vous arrive de » faire aucun mal dans tout le cours de vôtre » vie : Quand le Seigneur aura accompli ce » qu'il vous a promis, & qu'il vous aura » établi roy sur son peuple d'Israël, vous » n'aurez point le regret d'avoir répandu le » sang innocent, ni de vous être vangé vous-» même ; & cette triste pensée ne viendra pas » vous troubler au milieu de vôtre gloire ; & » monseigneur se ressouviendra de sa servante. Elle parloit à David comme assûrée de sa bonté, & le touchoit en effet par où il étoit sensible, luy faisant voir que la grandeur n'étoit donnée aux hommes que pour bien faire, comme il avoit toûjours fait ; & qu'au reste toute sa puissance n'auroit plus d'agrément pour luy, s'il se pouvoit reprocher d'en avoir usé avec violence. David
Ibid. 32. 33. penetré de ce discours s'écrie : Beni soit le » Dieu d'Israël qui vous a envoyée à ma rencontre ; beni soit vôtre discours, qui a calmé » ma colere ; & benie soyez-vous vous-même, » vous qui m'avez empêché de verser du sang, » & de me vanger de ma main. Comme il goûte la douceur de dompter sa colere : & dans quelle horreur entre-t-il de l'action

qu'il alloit faire ? Il reconnoît qu'en effet la puissance doit être odieuse, même à celuy qui l'a en main, quand elle le porte à sacrifier le sang innocent à son ressentiment particulier. Ce n'est pas être puissant, que de n'avoir pû resister à la tentation de la puissance; & quand on en a abusé, on sent toûjours en soy-même qu'on ne la meritoit pas. Voilà quel étoit David : & il n'y a rien qui fasse plus déplorer, ce que l'amour & le plaisir peuvent sur les hommes, que de voir un si bon prince poussé jusqu'au meurtre d'Urie par cette aveugle passion. Si le prince ne doit rien donner à ses ressentimens particuliers, à plus forte raison ne doit-il pas se laisser maîtriser par son humeur, ni par des aversions, ou des inclinations irregulieres : mais il doit agir toûjours par raison, comme on dira dans la suite.

IX. PROPOSITION.

Un bon prince épargne le sang humain.

Qui me donnera, avoit dit David, qui me donnera de l'eau de la cîterne de Bethléem ? aussi-tôt trois vaillans hommes percerent le camp des Philistins, & luy apporterent de l'eau de cette cîterne : mais il ne voulut pas en boire, & la répandit devant Dieu en effusion disant : Le Seigneur me soit propice ; à Dieu ne plaise que je boive le sang de ces hommes, & le peril de leurs ames. Il sent, dit saint Ambroise, sa conscience blessée par le peril où ces vaillans hommes s'étoient mis pour le satis-

2. Reg. xxiii. 15. 16. 17.

Ambr. L. I. Apol. David.

» faire, & cette eau qu'il voit achetée au prix
» du sang, ne luy cause plus que de l'hor-
» reur.

X. PROPOSITION.

Un bon prince deteste les actions sanguinaires.

Psal. cxxxviii. 18. » Retirez-vous de moy gens sanguinaires, disoit David. Il n'y a rien qui s'accorde moins avec le protecteur de la vie, & du salut de tout le peuple, que les hommes cruels & violens. Aprés le meurtre d'Urie, le même David qu'un amour aveugle avoit jetté contre sa nature dans cette action sanguinaire, croyoit toûjours nager dans le sang, & ayant horreur de luy-même, il

Psal. l. 16. » s'écrioit : O Seigneur délivrez-moy du sang. Les violences & les cruautez toûjours détestables, le sont encore plus dans les princes établis pour les empêcher, & les punir. Dieu qui avoit supporté avec patience les impietez d'Achab, & de Jezabel, laisse partir la derniere & irrevocable sentence, aprés qu'ils ont répandu le sang de Naboth. Aussi-tôt Elie est envoyé pour dire à

3. Reg. xxi. 19. 23. 24. » ce roy cruel. Tu as tué, & tu as possedé
» le bien de Naboth, & tu ajoûteras encore
» à tes crimes : mais voicy ce que dit le Sei-
» gneur : Au même lieu où les chiens ont le-
» ché le sang de Naboth, ils lecheront aussi
» ton sang, & je ruinerai ta maison sans qu'il
» en reste un seul homme, & les chiens man-
» geront le corps de ta femme Jezabel. Si
» Achab meurt dans la ville, les chiens le
» mangeront, & s'il meurt à la campagne,
» il sera donné aux oiseaux. Antiochus, sur-

nommé l'Illustre, roy de Syrie, perit d'une maniere moins violente en apparence, mais non moins terrible. Dieu le punit en l'abandonnant aux reproches de sa conscience, & à des chagrins furieux qui se tournerent enfin en maladie incurable. Son avarice l'a- 1. Mach. i.
voit engagé à piller le temple de Jerusalem, 23. 24. 25.
& ensuite à persecuter le peuple de Dieu. Il fit de grands meurtres, & parla avec grand orgueil. Et voilà que tout d'un coup entendant parler des victoires des Juifs qu'il persecutoit, à toute outrance, il fut saisi de « 1. Mach.
frayeur à ce discours, & fut jetté dans un « vi. 8. 9.
grand trouble : il se mit au lit, & tomba « 10. &c.
dans une profonde tristesse; parce que ses « desseins ne luy avoient pas réüssi. Il fut « plusieurs jours en cet état; sa tristesse se re- « nouvelloit & s'augmentoit tous les jours, & « il se sentoit mourir. Alors appellant tous ses « courtisans il leur dit : Le sommeil s'est reti- « ré de mes yeux; je n'ai plus de force, & « mon cœur est abbattu par de cruelles inquié- « tudes. En quel abîme de tristesse suis je « plongé? quelle horrible agitation sens-je en « moy-même, moy qui étois si heureux, & « si cheri de toute ma cour dans ma puissance! « maintenant je me ressouviens des maux, & « des pilleries que j'ai faites dans Jerusalem, « & des ordres que j'ai donnez sans raison « pour faire perir les peuples de la Judée. Je « connois que c'est pour cela que m'arrivent « les maux où je suis; & voilà que je peris « accablé de tristesse dans une terre étran- « gere. Il se joignit à cette tristesse, des « 1. Mach.
douleurs d'entrailles, & des ulceres par tout ix. 5. 9.
le corps : il devint insupportable à luy-mê- 12.
me, aussi bien qu'aux autres par la puanteur qu'exhaloient ses membres pourris. En

vain reconnut-il la puissance divine par ces
» paroles : Il est juste d'être soûmis à Dieu,
» & qu'un mortel ne s'égale pas à luy. Dieu
Ibid. 13. » rejetta des soûmissions forcées. Et ce me-
» chant le prioit en vain dans un temps où
» Dieu avoit resolu de ne luy plus faire de
Ibid. 28. » misericorde. Ainsi mourut ce meurtrier &
» ce blasphemateur, traité comme il avoit
» traité les autres. C'est-à-dire, qu'il trouva
Dieu impitoyable comme il l'avoit été. Voilà ce qui arrive aux rois violens, & sanguinaires. Ceux qui oppriment le peuple, &
l'épuisent par de cruelles vexations, doivent
craindre la même vangeance, puisqu'il est
Eccli. » écrit : Le pain est la vie du pauvre : qui le
xxxiv. 25. » luy ôte est un homme sanguinaire.

XI. PROPOSITION.

Les bons princes exposent leur vie pour le salut de leur peuple, & la conservent aussi pour l'amour d'eux.

L'un & l'autre nous paroît par ces deux
exemples. Pendant la revolte d'Absalon David mit son armée en bataille, & voulut
marcher avec elle à son ordinaire. Mais le
2. Reg. » peuple luy dit : Vous ne viendrez pas : car
xviii. 3. » quand nous serons défaits, les rebelles ne
4. » croiront pas pour cela avoir vaincu. Vous
» êtes vous seul compté pour dix mille, & il
» vaut mieux que vous demeuriez dans la
» ville pour nous sauver tous. Le roy répon-
» dit, je suivrai vos conseils. Il cede sans resistance, il ne fait aucun semblant de se retirer à regret : en un mot il ne fait point le
2. Reg. » vaillant : c'est qu'il l'étoit. Dans un com-
xxi. 15. » bat des Philistins contre David, comme
16. 17.

les forces luy manquoient, un Philistin al- «
loit le percer; Abisai fils de Servia le dé- «
fendit, & tua le Philistin : alors les gens de «
David luy dirent avec serment : Vous ne «
viendrez plus avec nous à la guerre, pour «
ne point éteindre la lumiere d'Israël. La « 1. *Reg.* *xvii.* 36.
valeur de David s'étoit fait sentir aux Philistins, à ce fier geant Goliat; & méme aux ours, & aux lions qu'il dechiroit comme aigneaux. *Eccl.* *xlvii.* 3. Cependant nous ne lisons point qu'il ait combattu depuis ce temps. Il ne faut pas moins estimer la condescendance d'un roy si vaillant qui se conserve pour son état, que la pieté de ses sujets. Au reste l'histoire des rois, & celle des Machabées sont pleines de fameux exemples de princes, qui ont exposé leur vie pour le peuple, & il est inutile de les rapporter. L'antiquité payenne a admiré ceux qui se sont dévoüez pour leur patrie. Saül au commencement de son regne, & David à la fin du sien, se sont dévoüez à la vangeance divine pour sauver leur peuple. Nous avons déja rapporté l'exemple de David : voyons celuy de Saül. Saül victorieux resolu de poursuivre les ennemis jusqu'au bout, selon une coûtume ancienne, dont on voit des exemples dans toutes les nations : Engagea tout le « 1. *Reg.* *xiv.* 24.
peuple par ce serment : Maudit celuy qui «
mangera jusqu'au soir, & jusqu'à ce que «
je me sois vangé de mes ennemis. C'est à- «
dire, des Philistins ennemis de l'état. Jo- « *Ibid.* 27.
nathas qui n'avoit point oüi ce serment de son pere, mangea contre l'ordre dans son extrême besoin; & Dieu qui vouloit montrer, ou combien étoit redoutable la religion du serment, ou combien on doit être prompt à sçavoir les ordres publics, témoigna sa *Ibid.* 37.

colere contre tout le peuple. Sur cela que
Ibid. 39. » fait Saül ? Vive Dieu, le Sauveur d'Israël,
40. 41. » dit-il, si la faute est arrivée par mon fils Jo-
» nathas, il sera irremissiblement puni de mort,
» Separez-vous d'un côté, & moy je serai de
» l'autre avec Jonathas. O Seigneur Dieu
» d'Israël, faites connoître en qui est la faute
» qui vous a mis en colere contre vôtre peu-
» ple. Si elle est en moy, ou en Jonathas,
» faites-le connoître. Aussi-tôt le sort fut jetté;
Dieu le gouverna; tout le peuple fut délivré; il ne restoit que Saül & Jonathas. Saül
Ibid. 42. » poursuit sans hesiter : Jettez le sort entre
» moy & Jonathas: il tombe sur Jonathas; ce
jeune prince avoüe ce qu'il avoit fait; son
pere persiste invinciblement à vouloir le faire
mourir; il fallut que tout le peuple s'unit
pour empêcher l'execution; mais du côté
Ibid. 45. de Saül le vœu fut accompli, & Jonathas
fut dévoüé à la mort sans s'y opposer.

XII. PROPOSITION.

Le gouvernement doit être doux.

Eccli. iv. » Ne soyez pas comme un lion dans vôtre
35. » maison, opprimant vos sujets & vos do-
» mestiques. Le prince ne doit être redouta-
» ble qu'aux méchans. Car, comme dit l'A-
Rom. » pôtre. Il n'est pas donné pour faire crain-
xiii. 3 4. » dre ceux qui font bien, mais ceux qui font
» mal. Voulez-vous ne craindre pas le prin-
» ce? faites bien, & vous n'aurez de luy que
» des loüanges. Car il est ministre de Dieu
» pour le bien : que si vous faites mal, trem-
» blez; car ce n'est pas en vain qu'il porte l'é-
» pée. Ainsi le gouvernement est doux de sa
nature, & le prince ne doit être rude, qu'y
étant

étant forcé par les crimes. Hors de là il luy
convient d'être bon, affable, indulgent, en
sorte qu'on sente à peine qu'il soit le maître.
Vous ont-ils fait leur prince, ou leur gou- *Eccli.*
verneur? soyez parmi eux comme l'un d'eux. *xxxii. 1.*
C'est au prince de pratiquer ce precepte de
l'Ecclesiastique : Prêtez l'oreille au pauvre *Eccli. iv.*
sans chagrin; rendez-luy ce que vous luy 8.
devez, & répondez-luy paisiblement & avec
douceur. La douceur aide à entendre & à
bien répondre. Soyez doux à écouter la pa- *Eccli. v.*
role afin de la concevoir, & de rendre avec 13.
sagesse une réponse veritable. Par la douceur on expedie mieux les affaires, & on acquiert une grande gloire. Mon fils faites *Eccli. iii.*
vos affaires avec douceur, & vous éleverez 19.
vôtre gloire au dessus de tous les hommes.
Moïse étoit le plus doux de tous les hom- *Num.*
mes. Et par là le plus digne de comman- *xii. 3.*
der sous un Dieu, qui est la bonté même.
Il a été sanctifié par sa foy & par sa dou- *Eccli.*
ceur, & Dieu l'a choisi parmi tous les hom- *xlv. 4.*
mes pour être le conducteur de son peuple.
Nous avons vû la bonté & la douceur de *Job. xxix.*
Job : Qui assis au milieu du peuple comme 25.
un roy environné de sa cour, étoit le consolateur des affligez. Moïse ne se lassoit jamais d'écouter le peuple, tout ingrat qu'é-
toit ce peuple à ses bontez : Et il y passoit *Exode*
depuis le matin jusqu'au soir. David étoit *xviii. 13.*
tendre & bon. Nathan le prend par la pi-
tié, & commence par cet endroit comme par
le plus sensible à luy faire entendre son crime. Un pauvre homme n'avoit, dit il, *2. Reg.*
qu'une petite brebis; elle couchoit en son *xii. 3. 4.*
sein, & il l'aimoit comme sa fille : & un riche la luy a ravie & tuée, &c. Cette femme de Thecua qui venoit luy persuader de

rappeller Absalon, le prend par le même en-
2. Reg. » droit : Helas ! je suis une femme veuve ; un
xiv. 5. 6. » de mes fils a tué son frere ; & ma parenté
7. 8. » assemblée me veut encore ôter celuy qui me
» reste, & éteindre l'étincelle qui m'est de-
» meurée : & le roy luy dit : Allez, j'y don-
» nerai ordre. Elle acheve de le toucher en
luy representant le bien du peuple, comme
Ibid. 13. » la chose qui luy étoit la plus chere. D'où
» vous vient cette pensée contre le peuple de
» Dieu, & pourquoy ne rappellez-vous pas
» vôtre fils banni que tout le peuple desire? On
peut voir par les choses qui ont été dites, que toute la vie de ce prince est pleine de bonté, & de douceur. Ce n'est donc pas sans raison que nous lisons dans un Pseau-
Psal. » me, qui apparemment est de Salomon : O
cxxxi. 1. » Seigneur, souvenez-vous de David & de
» toute sa douceur. Ainsi parmi tant de belles qualitez de David, son fils n'en trouve point de plus memorable ni de plus agreable à Dieu, que sa grande douceur. Il n'y a rien aussi que les peuples celebrent tant.
3. Reg. » Nous avons oüi dire que les rois de la mai-
xx. 31. » son d'Israël sont doux & clemens. Les Syriens parlent ainsi à leur roy Benadad prisonnier d'un roy d'Israël. Belle reputation de ces rois parmi les peuples étrangers, & qualité vraiment royale !

XIII. PROPOSITION.

Les princes sont faits pour être aimez.

1. Par. » Nous avons déja rapporté cette parabole:
xxix. 23. » Salomon s'assit dans le thrône du Seigneur,
» & il plût à tous, & tout le monde luy obeït.
On ne connoît pas ce jeune prince ; il se

montre, & gagne les cœurs par la seule vûe. Le trône du Seigneur où il est assis fait qu'on l'aime naturellement, & rend l'obéïssance agréable. De cet attrait naturel des peuples pour leurs princes, naît la memorable dispute entre ceux de Juda, & les autres Israëlites, à qui serviroit mieux le roy. Ces derniers vinrent à David, & luy dirent : « Pourquoy nos freres de Juda nous ont-ils « derobé le roy, & l'ont-ils ramené à sa mai- « son, comme si c'étoit à eux seuls de le servir? « Et ceux de Juda répondirent: C'est que le roy « m'est plus proche qu'à vous, & qu'il est de « nôtre tribu, pourquoy vous fâchez-vous, l'a- « vons nous fait par interêt? nous a-t-on donné « des presens ou quelque chose pour subsister? « Et ceux d'Israël répondirent : Nous sommes « dix fois plus que vous, & nous avons plus de « part que vous en la personne du roy : vous « nous avez fait injure de ne nous avertir pas les « premiers pour ramener nôtre roy. Ceux de « Juda répondirent durement à ceux d'Israël. « Chacun veut avoir le roy, chacun passionné pour luy envie aux autres la gloire de le posseder : il en arriveroit quelque sedition, si le prince qui en effet est un bien public ne se donnoit également à tous. Il y a un charme pour les peuples dans la vûë du prince ; & rien ne luy est plus aisé que de se faire aimer avec passion. La vie est dans « la gayeté du visage du roy, & sa clemen- « ce est comme la pluye du soir ou de l'arrie- « re-saison. La pluye qui vient alors rafraî- « chir la terre dessechée par l'ardeur ou du jour ou de l'été, n'est pas plus agréable qu'un prince, qui tempere son autorité par la douceur ; & son visage ravit tout le monde quand il est serein. Job explique admi-

2 Reg. xix. 41. 42. 43.

Prov. xvi. 15.

Job. xxix. 23. 24. » rablement ce charme secret du prince. Ils
» attendoient mes paroles comme la rosée, &
» ils y ouvroient leur bouche comme on fait
» à la pluye du soir. Si je leur souriois ils
» avoient peine à le croire, & ils ne laissoient
» point tomber à terre les rayons de mon vi-
» sage. Aprés le grand chaud du jour ou de
l'été, c'est-à-dire, aprés le trouble & l'affliction, ses paroles étoient consolantes; les peuples étoient ravis de le voir passer; & heureux d'avoir un regard, ils le recueilloient comme quelque chose de precieux. Que le prince soit donc facile à distribuer des regards benins, & à dire des paroles

Eccli. xviii. 16. » obligeantes. La rosée rafraîchit l'ardeur, &
» une douce parole vaut mieux qu'un present.

Ibid. vi. 5. » Et encore : Une douce parole multiplie les
» amis, & adoucit les ennemis; & une lan-
Prov. xxv. 14. » gue agreable donne l'abondance. Il y faut
» pourtant joindre les effets. L'homme qui
» donne des esperances trompeuses, & n'accomplit pas ses promesses; c'est une nuée
& un vent qui n'est pas suivi de la pluye.

1. Mach. xiv. 4. » Un prince bienfaisant est adoré par son peu-
» ple. Tout le païs fut en repos durant les
» jours de Simon : il cherchoit le bien de sa
» nation : aussi sa puissance & sa gloire
» faisoient le plaisir de tout le peuple. Que
la puissance est affermie quand elle est ainsi cherie par les peuples; & que Salomon a

Prov. xx. 28. » raison de dire : La bonté, & la justice gar-
» dent le roy; & son thrône est affermi par
» la clemence. Voilà une belle garde pour le
roy, & un digne soûtien de son thrône.

XIV. PROPOSITION.

Un prince qui se fait haïr par ses violences, est toûjours à la veille de perir.

Il est regardé non comme un homme, mais comme une bête feroce. « Le prince impitoyable est un lion rugissant, & un ours « affamé. Il se peut assûrer qu'il vit au milieu de ses ennemis. Comme il n'aime personne, personne ne l'aime. « Il dit en son cœur, je suis, & il n'y a que moy sur la « terre : il luy viendra du mal sans qu'il sçache de quel côté : il tombera dans une mi- « sere inévitable. La calamité viendra sur luy « lorsqu'il y pensera le moins. «

Prov. xxviii. 15. *Isa. xlvii. 10. 11.*

« Brisez la tête des princes ennemis qui di- « sent, il n'y a que nous. Ce n'est pas comme nous verrons, qu'il soit permis d'attenter sur eux : à Dieu ne plaise ! mais le saint Esprit nous apprend qu'ils ne meritent pas de vivre, & qu'ils ont tout à craindre, tant des peuples poussez à bout par leur violence, que de Dieu qui a prononcé : « Que les hommes sanguinaires & trompeurs ne ver- « ront pas la moitié de leurs jours. «

Eccl. xxxvi. 12. *Ps. liv. 27.*

XV. PROPOSITION.

Le prince doit se garder des paroles rudes, & mocqueuses.

Nous avons vû que le prince doit tenir ses mains nettes de sang & de violence : mais il doit aussi retenir sa langue, dont les blessures souvent ne sont pas moins dangereuses, selon cette parole de David : « Leur langue *Ps. lxi. 6.*

Psalm. cxxxix. 3. » est une épée affilée. Et encore : Ils ont af-
» guisé leurs langues comme des langues
» de serpent. Leur morsure est venimeuse &
» mortelle. La colere du prince declarée par
ses paroles, cause des meurtres, & verifie
Prov. xvi. 14. » ce que dit le Sage : L'indignation du roy
» annonce la mort. Son discours, loin d'ê-
tre emporté & violent, ne doit pas même
être rude. De tels discours aliénent tous
Prov. xv. 1. » les esprits. Une douce parole abat la colere,
» un discours rude met en fureur. Sur tout un
discours mocqueur est insupportable en sa
Eccli. vii. 22. » bouche. N'offensez point vôtre serviteur
» qui travaille de bonne foy, & qui vous don-
Ibid. 12. » ne sa vie. Et encore : Ne vous mocquez pas
» de l'affligé : car il y a un Dieu qui voit
» tout, qui éleve, & qui abaisse. Ne vous
fiez donc pas à vôtre puissance ; & qu'elle
ne vous emporte pas à des mocqueries in-
solentes. Il n'y a rien de plus odieux. Que
peut-on attendre d'un prince, dont on ne
reçoit pas même d'honnêtes paroles ? Au
contraire il est de la bonté du prince de reprimer les médisances, & les railleries ou-
trageuses. Le moyen en est aisé ; un re-
Prov. xxv. 23. » gard severe suffit. Le vent de bize dissipe
» la pluye ; & un visage triste arrête une lan-
» gue médisante. La médisance n'est jamais
plus insolente, que lorsqu'elle a osé paroître devant la face du prince ; & c'est-là par
consequent qu'elle doit être le plus reprimée.

LIVRE QUATRIEME.

SUITE DES CARACTERES de la royauté.

ARTICLE PREMIER.

L'autorité royale est absoluë.

OUR rendre ce terme odieux & insupportable, plusieurs affectent de confondre le gouvernement absolu, & le gouvernement arbitraire. Mais il n'y a rien de plus distingué, ainsi que nous le ferons voir lorsque nous parlerons de la justice.

I. PROPOSITION.

Le prince ne doit rendre compte à personne de ce qu'il ordonne.

Observez les commandemens qui sortent de la bouche du roy, & gardez le serment que vous luy avez prêté. Ne songez pas à échapper de devant sa face, & ne demeurez pas dans de mauvaises œuvres, parce qu'il fera tout ce qu'il voudra; la parole du roy est puissante, & personne ne luy peut dire, pourquoy faites-vous ainsi? qui obéit n'aura point de mal. Sans cette autorité Eccli. viii. 2. 3. 4. 5.

absoluë, il ne peut ni faire le bien, ni reprimer le mal : il faut que sa puissance soit telle que personne ne puisse esperer de luy échaper : & enfin la seule défense des particuliers contre la puissance publique, doit être leur innocence. Cette doctrine est con-
Rom. xiii. 3. » forme à ce que dit saint Paul. Voulez-vous » ne craindre point la puissance ? faites le » bien.

II. PROPOSITION.

Quand le prince a jugé, il n'y a point d'autre jugement.

Les jugemens souverains sont attribuez à Dieu même. Quand Josaphat établit des ju-
2. Par. xix. 6. » ges pour juger le peuple : Ce n'est pas, di» soit-il, au nom des hommes que vous ju» gez, mais au nom de Dieu. C'est ce qui
Eccli. viii. 17. » fait dire à l'Ecclesiastique : Ne jugez point » contre le juge. A plus forte raison contre le souverain juge qui est le roy. Et
Ibid. » la raison qu'il en apporte : C'est qu'il juge » selon la justice. Ce n'est pas qu'il y juge toûjours : mais c'est qu'il est reputé y juger ; & que personne n'a droit de juger, ni de revoir aprés luy. Il faut donc obéïr aux princes comme à la justice même, sans quoy il n'y a point d'ordre ni de fin dans les affaires. Ils sont des Dieux, & participent en quelque façon à l'indépendance di-
Ps. lxxxi. 6. » vine. J'ai dit, vous êtes des Dieux, & vous » êtes tous enfans du tres-haut. Il n'y a que Dieu qui puisse juger de leurs jugemens,
Ibid. 1. » & de leurs personnes. Dieu a pris sa seance » dans l'assemblée des Dieux, & assis au » milieu il juge les Dieux. C'est pour cela

que saint Gregoire évêque de Tours disoit au roy Chilperic dans un Concile. « Nous vous parlons ; mais vous nous écoutez si vous voulez. Si vous ne voulez pas, qui vous condamnera sinon celuy qui a dit, qu'il étoit la justice même ? » De là vient que celuy qui ne veut pas obéïr au prince, n'est pas renvoyé à un autre tribunal ; mais il est condamné irremissiblement à mort, comme l'ennemi du repos public, & de la societé humaine. « Qui sera orgueilleux & ne voudra pas obéïr au commandement du pontife, & à l'ordonnance du juge, il mourra, & vous ôterez le mal du milieu de vous. » Et encore : « Qui refusera d'obéïr à tous vos ordres qu'il meure. » C'est le peuple qui parle ainsi à Josué. Le prince se peut redresser luy-même, quand il connoît qu'il a mal fait ; mais contre son autorité il ne peut y avoir de remede que dans son autorité. C'est pourquoy il doit bien prendre garde à ce qu'il ordonne. « Prenez garde à ce que vous faites ; tout ce que vous jugerez retombera sur vous ; ayez la crainte de Dieu ; faites tout avec grand soin. » C'est ainsi que Josaphat instruisoit les juges à qui il confioit son autorité : combien y pensoit-il quand il avoit à juger luy-même ?

Greg. Tur. lib. vi. Hist.

Deut. xvii. 12. 13.

Jos. i. 18.

2. Par. xix. 6. 7.

III. PROPOSITION.

Il n'y a point de force coactive contre le prince.

On appelle force coactive, une puissance pour contraindre à executer ce qui est ordonné legitimement. Au prince seul appartient le commandement legitime ; à luy ſeul appartient auſſi la force coactive. C'eſt auſſi pour cela que ſaint Paul ne donne le

Rom. xiii. 4. » glaive qu'à luy ſeul. Si vous ne faites pas » bien, craignez ; car ce n'eſt pas en vain qu'il » a le glaive. Il n'y a dans un état que le prince qui ſoit armé ; autrement tout eſt en confuſion, & l'état retombe en anarchie. Qui ſe fait un prince ſouverain, luy met en main tout enſemble, & l'autorité ſouveraine de juger, & toutes les forces de l'état.

1. Reg. viii. 20. » Nôtre roy nous jugera, & il marchera de» vant nous, & il conduira nos guerres. C'eſt ce que dit le peuple Juif quand il demanda un roy. Samuël leur declare ſur ce fondement, que la puiſſance de leur prince ſera abſoluë, ſans pouvoir être reſtrainte par au-

1. Reg. viii. 1. &c. » cune autre puiſſance. Voicy le droit du roy » qui regnera ſur vous, dit le Seigneur : Il » prendra vos enfans, & les mettra à ſon ſer» vice : il ſe ſaiſira de vos terres, & de ce » que vous aurez de meilleur, pour le donner » à ſes ſerviteurs, & le reſte. Eſt-ce qu'ils auront droit de faire tout cela licitement ? à Dieu ne plaiſe. Car Dieu ne donne point de tels pouvoirs : mais ils auront droit de le faire impunément à l'égard de la juſtice hu-

Pſ. L. 6. » maine. C'eſt pourquoy David diſoit : J'ai » peché contre vous ſeul : ô Seigneur, ayez

Hier. in Pſ. L. » pitié de moy ! Parce qu'il étoit roy, dit ſaint » Jerôme ſur ce paſſage, & n'avoit que Dieu » ſeul à craindre. Et ſaint Ambroiſe dit ſur

Ambr. in Pſ. L. & Apolog. David. » ces mêmes paroles : J'ai peché contre vous » ſeul. Il étoit roy ; il n'étoit aſſujetti à au» cunes loix, parce que les rois ſont affran» chis des peines qui lient les criminels. Car » l'autorité du commandement ne permet pas » que les loix le condamnent au ſupplice. Da» vid donc n'a point peché contre celuy qui

n'avoit point d'action pour le faire châtier. Quand la souveraine puissance fut accordée à Simon le Machabée, on exprima en ces termes le pouvoir qui luy fut donné. « Qu'il seroit le prince, & le capitaine general de tout le peuple, & qu'il auroit soin des saints : (c'est ainsi qu'on appelloit les Juifs :) & qu'il établiroit les directeurs de tous les ouvrages publics, & de tout le pays ; & les gouverneurs qui commanderoient les armes & les garnisons ; & que ce seroit à luy de prendre soin du peuple ; & que tout le monde recevroit ses ordres ; & que tous les actes & decrets publics seroient écrits en son nom ; & qu'il porteroit la pourpre & l'or ; & qu'aucun du peuple ni des prêtres ne feroit contre ses ordres, ni ne s'y pourroit opposer, ni ne tiendroit d'assemblée sans sa permission ; ni ne porteroit la pourpre ou la boucle d'or qui est la marque du prince ; & que quiconque feroit au contraire, seroit criminel. Le peuple consentit à ce decret, & Simon accepta la puissance souveraine à ces conditions. Et il fut dit que cette ordonnance seroit gravée en cuivre, & affichée au parvis du temple au lieu le plus frequenté ; & que l'original en demeureroit dans les archives publiques entre les mains de Simon & de ses enfans. » Voilà ce qui se peut appeller la loy royale des Juifs, où tout le pouvoir des rois est excellemment expliqué. Au prince seul appartient le soin general du peuple : c'est-là le premier article & le fondement de tous les autres : à luy les ouvrages publics ; à luy les places & les armes ; à luy les decrets & les ordonnances ; à luy les marques de distinction ; nulle puissance que dependante de la sienne ; nulle

1. Mach. xiv. 42. 43. 44. 45.

Ibid. 46. 47. 48. 49.

assemblée que par son autorité. C'est ainsi que pour le bien d'un état, on en réunit en un toute la force. Mettre la force hors de là, c'est diviser l'état; c'est ruiner la paix publique; c'est faire deux maîtres contre cet

Matth. vi. 24. » oracle de l'Evangile. Nul ne peut servir » deux maîtres. Le prince est par sa charge le pere du peuple; il est par sa grandeur au dessus des petits interêts, bien plus, toute sa grandeur & son interêt naturel, c'est que le peuple soit conservé; puisqu'enfin le peuple manquant, il n'est plus prince. Il n'y a donc rien de mieux, que de laisser tout le pouvoir de l'état à celuy qui a le plus d'interêt à la conservation & à la grandeur de l'état même.

IV. PROPOSITION.

Les rois ne sont pas pour cela affranchis des loix.

Deut. xvii. 16. 17. &c. » Quand vous vous serez établi un roy, » il ne luy sera pas permis de multiplier sans » mesure ses chevaux & ses équipages; ni » d'avoir une si grande quantité de femmes » qui amollissent son courage, ni d'entasser » des sommes immenses d'or & d'argent. Et » quand il sera assis dans son trône, il prendra soin de decrire cette loy, dont il recevra un exemplaire de la main des prêtres » de la tribu de Levi, & l'aura toûjours en » main, la lisant tous les jours de sa vie; » afin qu'il apprenne à craindre Dieu, & à » garder ses ordonnances & ses jugemens. Que » son cœur ne s'enfle pas au dessus de ses » freres, & qu'il marche dans la loy de Dieu, » sans se détourner à droit & à gauche, afin qu'il regne long-temps luy & ses enfans. Il faut remarquer que cette loy ne comprenoit pas seulement la religion, mais encore la loy du royaume à laquelle le prince étoit soûmis autant que les autres, ou plus que les autres, par la droiture de sa volonté. C'est ce que les princes ont peine à entendre. « Quel prince me trouverez-vous, dit saint Ambroise, qui croye que ce qui n'est pas bien ne soit pas permis ; qui se tienne obligé à ses propres loix : qui croye que la puissance ne doive pas se permettre ce qui est défendu par la justice ? car la puissance ne détruit pas les obligations de la justice ; mais au contraire c'est en observant ce que prescrit la justice, que la puissance s'exempte de crime : & le roy n'est pas affranchi des loix ; mais s'il peche il détruit les loix par son exemple. Il ajoûte : Celuy qui juge les autres, peut-il éviter son propre jugement, & doit-il faire ce qu'il condamne ? » De là cette belle loy d'un empereur romain. « C'est une parole digne de la majesté du prince, de se reconnoître soûmis aux loix. » Les rois sont donc soûmis comme les autres à l'équité des loix, & parce qu'ils doivent être justes, & parce qu'ils doivent au peuple l'exemple de garder la justice ; mais ils ne sont pas soûmis aux peines des loix : ou comme parle la Theologie, ils sont soûmis aux loix, non quant à la puissance coactive, mais quant à la puissance directive.

Ambr. L. 1. Apol. David.

L. Digne. C. de Legib.

V. PROPOSITION.

Le peuple doit se tenir en repos sous l'auto rité du prince.

Jud. ix. 8. C'est ce qui paroît dans l'Apologue où le
ỳ. 10. 11. arbres se choisissent un roy. Ils s'adressen
12. 13. à l'olivier, au figuier, & à la vigne. Ce
arbres delicieux contens de leur abondanc
Ibid. 14. » naturelle, ne voulurent pas se charger de
» soins du gouvernement. Alors tous les arbres dirent au buisson : Venez & regnez sur
nous. Le buisson est accoûtumé aux épines
& aux soins. Il est le seul qui naisse armé, il a sa garde naturelle dans ses épines.
Par là il pouvoit paroître digne de regner.
Aussi le fait-on parler comme il appartient
à un roy. Il répondit aux arbres qui l'a-
Ibid. 15. » voient élû : Si vous me faites vraiment vô-
» tre roy, reposez-vous sous mon ombre ; si-
» non il sortira du buisson un feu qui devorera
» les cedres du Liban. Aussi-tôt qu'il y a un
roy, le peuple n'a plus qu'à demeurer en repos sous son autorité. Que si le peuple
impatient se remuë, & ne veut pas se tenir
tranquille sous l'autorité royale, le feu de la
division se mettra dans l'état, & consume-
ra le buisson avec tous les autres arbres,
c'est-à-dire, le roy & les peuples : les cedres du Liban seront brûlez ; avec la grande puissance qui est la royale, les autres
puissances seront renversées, & tout l'état
3. Reg. » ne sera plus qu'une même cendre. Quand
iv. 25. » un roy est autorisé : Chacun demeure en
» repos, & sans crainte sous sa vigne, & sous
» son figuier, d'un bout du royaume à l'autre.
Tel étoit l'état du peuple Juif sous Salomon.

Et de même sous Simon le Machabée. Cha- « cun cultivoit sa terre en paix : les vieillards « assis dans les ruës parloient ensemble du « bien public ; & les jeunes gens se paroient, « & prenoient l'habit militaire. Chacun assis « sous sa vigne, & sous son figuier, vivoit « sans crainte. Pour joüir de ce repos il ne faut pas seulement la paix au dehors, il faut la paix au dedans, sous l'autorité d'un prince absolu.

1. *Mach.* *xiv.* 8. 9. 12.

VI. PROPOSITION.

Le peuple doit craindre le prince ; mais le prince ne doit craindre que de faire mal.

Qui sera orgueilleux, & ne voudra pas obéïr « au commandement du pontife, & à l'ordon- « nance du juge ; il mourra, & vous ôterez le « mal du milieu d'Israël : & tout le peuple qui « entendra son supplice craindra, afin que per- « sonne ne se laisse emporter à l'orgueil. La « crainte est un frein necessaire aux hommes à cause de leur orgueil, & de leur indocilité naturelle. Il faut donc que le peuple craigne le prince ; mais si le prince craint le peuple, tout est perdu. La mollesse d'Aaron à qui Moïse avoit laissé le commandement pendant qu'il étoit sur la montagne, fut cause de l'adoration du Veau d'or. Que vous a fait ce peuple, luy dit Moïse, « & pourquoy l'avez-vous induit à un si grand « mal ? Il impute le crime du peuple à Aaron, « qui ne l'avoit pas reprimé, quoiqu'il en eût le pouvoir. Remarquez ces termes : Que « vous a fait ce peuple, pour l'induire à un « si grand mal ? C'est être ennemi du peuple, «

Deut. *xvii.* 12. 13.

Exod. *xxxii.* 21.

que de ne luy resister pas dans ces occa-
Ibid. 22. 23. » sions. Aaron luy répondit ; que monsei-
» gneur ne se fâche point contre moy ; vous
» sçavez que ce peuple est enclin au mal : ils
» me sont venus dire ; faites des Dieux qui nous
» precedent ; car nous ne sçavons ce qu'est de-
» venu Moïse qui nous a tirez d'Egypte.
Quelle excuse à un magistrat souverain de
Deut. ix. 20. » craindre de fâcher le peuple ? Dieu ne la re-
» çoit pas, & irrité au dernier point contre
» Aaron, il voulut l'écraser ; mais Moïse
» pria pour luy. Saül pense s'excuser sur le
peuple, de ce qu'il n'a pas executé les ordres de Dieu. Vaine excuse que Dieu re
jette ; car il étoit établi pour resister au
1. Reg. xv. 16. 23. 24. » peuple, lorsqu'il se portoit au mal. Ecou-
» tez, luy dit Samuel, ce que le Seigneur a
» prononcé contre vous. Vous avez rejetté
» sa parole, il vous a aussi rejetté ; & vous
» ne serez pas roy, Saül dit à Samuel : J'ai
» peché d'avoir desobeï au Seigneur & à vous
» en craignant le peuple, & cedant à ses dis-
» cours.

Le prince doit repousser avec fermeté les importuns qui luy demandent des choses injustes. La crainte de fâcher poussée trop avant, degenere en une foiblesse criminelle.
Eccli. xx. 24. » Il y en a qui perdent leur ame par une mau-
» vaise honte : l'imprudent qu'ils n'osent re-
» fuser, les fait perir.

VII. PROPOSITION.

Le prince se doit faire craindre des grands & des petits.

Salomon dés le commencement de son regne parle ferme à Adonias son frere. Aussitôt

tôt que Salomon eut été couronné, Adonias
luy envoya dire : Que le roy Salomon me jure 3. *Reg.* I.
qu'il ne fera point mourir ſon ſerviteur. Salo- 51. 52.
mon répondit : S'il fait ſon devoir il ne perdra
pas un ſeul cheveu, ſinon il mourra. Dans la 3. *Reg.* II.
la ſuite, Adonias cabala pour ſe faire roy, & 22. 23. 24.
Salomon le fit mourir. Il fit dire au grand 25.
prêtre Abiathar qui avoit ſuivi le party d'Adonias : Retirez-vous à la campagne dans vôtre *Ibid.* 26.
maiſon: vous meritez la mort; mais je vous par-
donne, parce que vous avez porté l'arche du
Seigneur devant mon pere David, & que vous
l'avez fidellement ſervi. Sa dignité & ſes ſer-
vices paſſez lui ſauverent la vie ; mais il lui
en coûta la ſouveraine ſacrificature, & il fut
banni de Jeruſalem. Joab le plus grand capitaine de ſon temps, & le plus puiſſant homme du royaume, étoit auſſi du même parti.
Ayant appris que Salomon l'avoit ſçû, il ſe
refugia au coin de l'autel, où Salomon or-
donna à Banaias de le tuer. Ainſi, dit-il, vous *Ibid.* 28.
éloignerez de moy & de la maiſon de mon 31. 32. 33.
pere, le ſang innocent que Joab a répandu,
en tuant deux hommes de bien & qui valoient
mieux que lui, Abner fils de Ner, & Amaſa
fils de Jether : & leur ſang retombera ſur ſa
tête. L'autel n'eſt pas fait pour ſervir d'azile
aux aſſaſſins ; & l'autorité roïale ſe doit faire
ſentir aux méchans, quelques grands qu'ils
ſoient. Dans le nouveau teſtament, & parmi
des peuples plus humains, il faut moins faire de
ces executions ſanglantes qu'il ne s'en faiſoit
dans l'ancienne loy & parmi les Juifs, peuple
dur & enclin à la revolte. Mais enfin le repos
public oblige les rois à tenir tout le monde en
crainte, & plus encore les grands que les particuliers ; parce que c'eſt du côté des grands,
qu'il peut arriver de plus grands troubles.

VIII. PROPOSITION.

L'autorité royale doit être invincible.

S'il y a dans un état quelque autorité capable d'arrêter le cours de la puissance publique, & de l'embarrasser dans son exercice, personne n'est en sureté. Jeremie executoit les ordres de Dieu, en déclarant que la ville en punition de ses crimes, seroit livrée au roy
Jer. xxxviii. 4. 5. » de Babylone. Les grands s'assemblerent au-
» tour du roy & luy dirent : Nous vous prions
» que cet homme soit mis à mort : car il abat
» par malice le courage des gens de guerre, &
» de tout le peuple : c'est un méchant qui ne
» veut pas le bien de l'état, mais sa ruine. Le
» roy Sedecias leur répondit: Il est en vos mains;
» car le roy ne vous peut rien refuser. Le gouvernement étoit foible, & l'autorité royale n'étoit plus un refuge à l'innocent persecuté. Le roy vouloit le sauver, parce qu'il sçavoit que Dieu lui avoit commandé de parler com-
Ibid. 14. 24. 25. 26. » me il l'avoit fait. Il fit venir Jeremie auprés
» de luy en particulier ; & il luy dit : Vous ne
» mourrez pas ; mais que les seigneurs ne sça-
» chent point ce qui se passe entre nous ; & s'ils
» entendent dire que vous m'avez parlé, & qu'ils
» vous demandent, qu'est ce que le roy vous
» a dit ? répondez, je me suis jetté aux pieds du
» roy, afin qu'il ne me renvoyât pas dans ma
» prison pour y mourir. Prince foible, qui crai-
» gnoit les grands, & qui perdit bien-tôt son
» royaume, n'osant suivre les conseils que lui
» donnoit Jeremie par ordre de Dieu. Evilme-
» rodac roy de Babylone, fut un de ces princes
» foibles, qui se laissent mener par force. Par
» son ordre Daniel avoit découvert les fourbes

des prêtres de Bel, & avoit fait creverle dragon sacré que les Babyloniens adoroient. Ce « que les seigneurs ayant oüi, ils entrerent dans « une grande colere; & s'étant assemblez con- « tre le roy, ils disoient: Le roy s'est fait Juif, « & il a renversé Bel, il a tué le dragon sacré « & les prêtres. Et ayant dit ces choses entre- « eux, ils vinrent au roy: Livrez-nous Daniel, « luy dirent-ils, autrement nous vous ferons « mourir, vous, & vôtre maison. Il leur ac- « corda leur demande; & si Dieu délivra Daniel des bêtes farouches, ce roy n'en étoit pas moins coupable de sa mort, à laquelle il avoit donné son consentement. On entreprend aisément contre un prince foible. Celui-ci qui se laisse intimider par les menaces qu'on lui fait de le faire mourir lui & sa maison, fut tué en une autre occasion pour ses débauches, & ses injustices: car tout prince foible est injuste, & sa maison perdit la royauté. Ainsi ces foiblesses sont pernicieuses aux particuliers, à l'état, & au prince même contre qui on ose tout, quand il se laisse entamer. Le prophete Daniel fut encore exposé aux bêtes farouches, par la foiblesse de Darius le Mede. Il vouloit don- « ner à Daniel le gouvernement du royaume; « parce que l'esprit de Dieu paroissoit en lui, « plus que dans tous les autres hommes. Les « grands, & les satrapes jaloux de sa grandeur, « chercherent l'occasion de le perdre, & sur- « prirent le roy. Puissiez-vous vivre à ja- « mais, ô Roy Darius; Les grands de vôtre « royaume, & les magistrats, & les satra- « pes, les senateurs, & les juges, sont d'avis « qu'on publie un édit royal, par lequel il « étoit fait défenses d'adresser durant trente « jours aucune priere à qui que ce soit, « Dieu ou homme, excepté à vous. Le roy «

Dan. xiv. 27. 28.

Ibid. 29. &c.

Beros. Ap. Joseph. l. 1. Cont. Apion.

Dan. vi. 3. 4. 5. 7.

Ibid. 8. 9. fit cette loy autant tyrannique qu'impie ;
selon la forme la plus autentique, & qui la
rendoit irrevocable, parmi les Medes & les
Perses. On ne doit point d'obéïssance aux
Ibid. 10. » rois contre Dieu. Ainsi Daniel prioit à son
11. » ordinaire trois fois le jour ; ses fenêtres
» ouvertes, tournées vers Jerusalem. Ceux qui
avoient conseillé la loy entrerent en foule,
& le trouverent en prieres. Ils firent leur
plainte au roy ; & pour le presser davantage,
ils le prennent par la coûtume des
Medes & des Perses, & par sa propre au-
Ibid. 15. » torité. Sçachez, ô roy, que c'est une loy
» inviolable parmi les Medes & les Perses,
» que toute ordonnance faite par le roy ne
Ibid. 16. » peut être changée. Darius abandonna Da-
18. niel qui l'avoit si bien servi, & se contenta
d'en témoigner une sensible douleur.
Dieu délivra ce Prophete encore une fois,
mais le roy l'avoit immolé autant qu'il
étoit en luy à la fureur des lions, &
à la jalousie des grands plus furieux que
les lions mêmes. Un roy est bien foible,
qui répand le sang innocent, pour n'avoir
pû resister aux grands de son royaume, ni
revoquer une loy injuste, & faite par une sur-
Esth. viii. prise évidente. Assuerus, roy du même peuple,
5. 8. revoqua bien la loy publiée contre les Juifs,
quand il en connut l'injustice; quoiqu'elle eût
été faite de la maniere la plus autentique. C'est
une chose pitoyable de voir Pilate dans l'histoi-
Matth. » re de la passion. Il sçavoit que les Juifs luy
xxvii. » amenoient, & accusoient Jesus par envie. Il
18. » leur avoit declaré : qu'il ne voyoit en cet
Mar. xv. 10. » homme aucune cause de mort. Il leur dit
Luc. » encore une fois : Vous l'accusez d'avoir ex-
xxiii. 4. » cité le peuple à sedition, & voilà que l'in-
Ibid. 14. 15. &c. » terrogeant devant vous je n'ai rien trouvé

de ce que vous luy reprochez. Herode à
qui je l'ai renvoyé, ne l'a pas non plus trouvé digne de mort. Et ils se mirent à crier:
Faites-le mourir; mettez en liberté Barra-
bas, qui avoit été arrêté pour sedition, &
pour meurtre. Pilate leur parla encore pen-
sant délivrer Jesus: Et ils crierent de nou
veau: Crucifiez-le, crucifiez-le. Et il leur dit
pour la troisiéme fois: Mais quel mal a-t-il
fait? pour moy je ne le trouve pas digne
de mort! je le châtierai & le renvoyerai: Et
ils faisoient des efforts horribles, criant
qu'on le crucifiât, & leurs cris s'augmen-
toient toûjours. Enfin Pilate leur accorda
leur demande. Il délivra leur meurtrier &
le seditieux, & abandonna Jesus à leur volonté. Pourquoi tant contester pour enfin
abandonner la justice? toutes ses excuses le *Joan.*
condamnent. Prenez-le vous-mêmes, leur *xviii. 31.*
dit-il, & jugez-le selon vôtre loy. Et en- *xix. 6.*
core: Prenez-le vous-mêmes, & crucifiez-
le. Comme si un Magistrat étoit innocent,
de laisser faire un crime qu'il peut empêcher. On luy allegue la raison d'état: Si *Ibid. xix.*
vous le renvoyez, vous offenserez Cesar. *12.*
Qui se fait roy est son ennemi. Mais il sçavoit bien, & Jesus le luy avoit declaré: Que *Ibid.*
son royaume n'étoit point de ce monde. Il *xviii. 36.*
craignit les mouvemens du peuple, & les
menaces qu'ils luy faisoient, de se plaindre
de luy à Cesar. Il ne devoit craindre que
de mal faire. C'est en vain: Qu'il lave ses *Matth.*
mains devant tout le peuple en disant: Je *xxvii. 24.*
suis innocent du sang de cet homme juste;
c'est à vous à y aviser. L'Ecclesiastique le
condamne. Ne soyez point juge, si vous *Eccl. vii.*
ne pouvez enfoncer par force l'iniquité: au- *6.*
trement vous craindrez la face du puissant,

& vôtre justice trebuchera. Cette foiblesse
Mich. vii. 3. » des juges est deplorée par le prophete. Le
» grand sollicite, & le juge ne peut rien re-
» fuser. Que si le prince luy même qui est le juge des juges craint les grands, qui aura-t il de ferme dans l'état? Il faut donc que l'autorité soit invincible, & que rien ne puisse forcer le rampart, à l'abri duquel le repos public, & le salut des particuliers est à couvert.

IX. PROPOSITION.

Sa fermeté est un caractere essentiel à la royauté.

Quand Dieu établit Josué pour être prince, & capitaine general, il dit à Moïse:
Deut. iii. 28. » Donne tes ordres à Josué, & l'affermis, &
» le fortifie: car il conduira le peuple, & luy
» partagera la terre que tu ne feras seulement
» que voir. Quand il eut été designé successeur de Moïse qui alloit mourir: Dieu luy
Deut. xxxi. 23. » dit luy-même: Sois ferme & fort: car tu introduiras mon peuple dans la terre que je luy ai promise, & je serai avec toy. Quand aprés la mort de Moïse, il se met à la tête
Jos. i. 6. 7. 9. » du peuple; Dieu luy dit encore: Moïse
» mon serviteur est mort: leve-toy & passe le
» Jourdain: sois ferme, courageux, & fort.
» Et encore: Sois ferme, & fort, & garde la
» la loy que Moïse mon serviteur t'a donnée.
» Et encore: Je te le commande, sois ferme &
» fort, & ne crains point, ne tremble point:
» je suis avec toy. De même que s'il luy disoit: Si tu tremble, tout tremble avec toy. Quand la tête est ébranlée, tout le corps chancelle: le prince doit être fort: car il est

le fondement du repos public, dans la paix, & dans la guerre. Aussi-tôt Josué commande avec fermeté. Il donna ses ordres aux chefs, & leur dit : Traversez le camp, « & commandez à tout le peuple qu'il se « tienne prêt ; nous allons passer le Jourdain. « Il parla aussi à ceux de Ruben, & de Gad, & à la demie tribu de Manassé : Souvenez- « vous des ordres que vous a donné Moïse, « & marchez avec vos armes devant vos fre- « res, & combattez vaillamment. Il n'hesite « en rien, il parle ferme, & le peuple le demande ainsi pour sa propre sûreté. Qui « ne vous obéïra qu'il meure : seulement « soyez ferme, & agissez en homme. Le « moyen d'affermir le prince, c'est d'établir l'autorité, & qu'il voye que tout est en luy. Assuré de l'obéïssance, il n'est en peine que de luy-même : en s'affermissant il a tout fait, & tout suit : autrement il hesite, il tâtonne, & tout se fait mollement. Le chef tremble quand il est mal assuré de ses membres. Voilà comme Dieu installe les princes : il affermit leur puissance, & leur ordonne d'en user avec fermeté. David suit cet exemple, & parle ainsi à Salomon. Dieu « soit avec vous mon fils : Qu'il vous donne « la prudence, & le sens qu'il faut pour gou- « verner son peuple. Vous réussirez si vous « gardez les preceptes que Dieu a donné par « Moïse : Soyez ferme, agissez en homme ; « ne craignez point, ne tremblez point. Il « luy réïtere en mourant la même chose : & voici les dernieres paroles de ce grand roy à son fils. J'entre dans le chemin de toute « la terre : Soyez ferme, & agissez en hom- « me, & gardez les commandemens du Sei- « gneur vôtre Dieu. Toûjours la fermeté & «

Ibid. 10. 11. 12. 13. 14.

Ibid. 18.

1. *Par.* xxii. 11. 12. 13.

3. *Reg.* ii. 2. 3.

le courage : rien n'eſt plus neceſſaire pour ſoûtenir l'autorité ; mais toûjours la loy de Dieu devant les yeux : on n'eſt ferme que quand on la ſuit. Nehemias ſçavoit bien, que la puiſſance publique devoit être menée
2. Eſdr. » avec fermeté. Tout le monde me vouloit
vi. 9. 10. » intimider, eſperant que nous ceſſerions de
11. 12. 13. » travailler aux murailles de la ville, & moy je
» m'affermiſſois davantage. Semaïas me diſoit : » Enfermons-nous dans la maiſon de Dieu » au milieu du temple ; car on viendra cette » nuit pour vous tuer : Et je répondis : Mes » ſemblables ne fuïent jamais. Je connus que » ces faux prophetes n'étoient pas envoyez de » Dieu, & qu'ils avoient été gagnez pour » m'épouvanter, afin que je pechaſſe, & » qu'ils euſſent quelque reproche à me faire. Ceux qui intimident le prince, & l'empêchent d'agir avec force, ſont maudits de
Ibid. 14. » Dieu. O Seigneur, ſouvenez-vous de moy, » & faites à Tobie, à Sanaballat, & aux prophetes qui vouloient m'effrayer, faites leur » Seigneur ſelon leurs œuvres.

X. PROPOSITION.

Le prince doit être ferme contre ſon propre conſeil, & ſes favoris : lorſqu'ils veulent le faire ſervir à leurs interêts particuliers.

Outre la fermeté contre les perils, il y a une autre ſorte de fermeté qui n'eſt pas moins neceſſaire au prince : c'eſt la fermeté contre l'artifice de ſes favoris, & contre l'aſcendant qu'ils prennent ſur luy. La foibleſſe d'Aſſuerus roy de Perſe, fait pitié dans le livre d'Eſther. Aman irrité contre les

Juifs

Juifs par la querelle particuliere qu'il avoit avec Mardochée, entreprend de le perdre avec tout son peuple. Il veut faire du roy l'instrument de sa vangeance; & faisant le zelé pour le bien de l'état, il parle ainsi.
« Il y a un peuple dispersé par toutes les pro- *Esth. iii.*
« vinces de vôtre royaume, qui a des loix, 8.9.10.11.
« & des ceremonies particulieres, & méprise
« les ordres du roy. Vous sçavez qu'il est
« dangereux à l'état qu'il ne devienne insolent
« par l'impunité; ordonnez, s'il vous plaît,
« qu'il perisse, & je ferai entrer dix mille ta-
« lens dans vos coffres. Le roy tira de sa
« main l'anneau dont il se servoit, & le don-
« nant à Aman. Cet argent, dit-il est à vous,
« & pour le peuple faites-en ce que vous vou-
« drez. Aussi-tôt les ordres sont expediez, les *Ibid. 12. &c.*
couriers sont dépêchez par tout le royaume, & la facilité du roy va faire perir cent millions d'hommes en un moment. Que les princes doivent prendre garde à ne se pas rendre aisément! Aux autres la difficulté de l'execution donne lieu à de meilleurs conseils; dans le prince à qui parler c'est faire, on ne peut comprendre combien la facilité est détestable. Il n'en coûte que trois mots à Assuerus, & la peine de tirer son anneau de son doigt : par un si petit mouvement cent millions d'innocens vont être égorgez, & leur ennemi va s'enrichir de leurs dépoüilles. Tenez-vous donc ferme, ô prince! Plus il vous est facile d'executer vos desseins, plus vous devez être difficile à vous laisser ébranler, pour les prendre. C'est à vous principalement que s'adresse cette parole du Sage: « Ne tournez pas à tout vent, *Eccli v. 11.*
« & n'entrez pas en toutes voyes. Le prince aisé à mener, & trop prompt à se resoudre,

perd tout. Assuerus fut trop heureux de s'être ravisé, & d'avoir pû revoquer ses ordres avant leur execution. Elle est ordinairement trop prompte, & ne vous laisse que le repentir d'avoir fait un mal irreparable.

XI. PROPOSITION.

Il ne faut pas aisément changer d'avis aprés une meure déliberation.

Mais autant qu'il faut être lent à se resoudre, autant faut-il être ferme, quand on
Eccli. v. 11. 12. » s'est déterminé avec connoissance. N'en-
» trez point en toutes voyes : vous a dit le
» Sage : Et il ajoûte : C'est ainsi que va le pe-
» cheur, dont la langue est double. C'est-
» à-dire, qu'il dit & se dédit sans jamais s'ar-
» rêter à rien. Il poursuit : Soyez fermes
» dans la verité de vôtre sens, & que vôtre
» discours soit un. Qu'il ne change pas ai-
» sément, selon le Grec.

ARTICLE II.

De la mollesse, de l'irresolution, & de la fausse fermeté.

I. PROPOSITION.

La mollesse est l'ennemie du gouvernement: caractere du paresseux, & de l'esprit indecis.

Prov. xii. 24. » LA main des forts dominera ; la main
» nonchalante payera tribut. Un grand

roy le dit. C'est Salomon. Au lieu des forts, l'Hebreu porte : De ceux qui sont appliquez & attentifs : L'attention est la force de l'ame. « Le paresseux veut & ne » veut pas : les hommes laborieux s'engraisseront. » L'Hebreu porte encore : Les hommes attentifs, & appliquez. » Celuy qui veut mollement, veut sans vouloir : il n'y a rien de moins propre à exercer le commandement, qui n'est qu'une volonté ferme & resoluë. Il ne veut rien ; il n'a que des desirs languissans. « Les desirs tuent le pa- » resseux ; il ne veut point travailler : il ne » fait que souhaiter tout le long du jour. Il » voudroit toûjours, il ne veut jamais. Aussi » rien ne luy réussit, il perd toutes les affai- » res. « Qui est mol, & languissant dans son » ouvrage ; est frere du dissipateur. Nous avons dit que la crainte ne convient pas au commandement : le paresseux craint toûjours, tout luy paroît impossible : « le paresseux dit : Il y a un lion dans le chemin, » je serai tué au milieu des ruës : Et encore : » Le paresseux dit : Il y a un lion dans le » chemin ; une lionne attend sur le passage : » le paresseux se roule en son lit, comme une » porte sur son gond. Assez de mouvement, » peu d'action. Et ensuite : Le paresseux ca- » che sa main sous ses bras, & ce luy est » un travail de la porter jusqu'à sa bouche. » Comment aidera les autres celuy qui ne sçait pas s'aider luy même ? « La crainte abat » le paresseux ; les effeminez manqueront de » tout. « La negligence abat les toits ; les » mains languissantes font entrer la pluye de » tous côtez dans les maisons. Tout est foi- » ble sous un paresseux. « Soyez prompts dans » vos ouvrages, & la foiblesse ne viendra ja- »

Prov. xiii. 4.

Prov. xxi. 25.

Prov. xviii. 9.

Prov. xxii. 13.

Prov. xxvi. 13. 14. 15.

Prov. xviii. 8.

Eccli x. 18.

Eccli. xxxi. 27.

» mais au devant de vous, pour traverser vos
» desseins. Les affaires en effet sont difficiles, on n'en surmonte la difficulté que par une activité infatigable. On manque tous les jours tant d'entreprises, que ce n'est qu'à force d'agir sans cesse qu'on assure le
Eccli. xi. 6. » succés de ses desseins. Semez donc le ma-
» tin ; ne cessez pas le soir ; vous ne sçavez
» lequel des deux profitera ; & si c'est tous
» les deux, tant mieux pour vous.

II. PROPOSITION.

Il y a une fausse fermeté.

L'opiniâtreté invincible de Pharaon le fait voir. C'étoit endurcissement, & non fermeté. Cette dureté est fatale à luy & à son royaume. L'écriture en fait foy dans tout le livre de l'Exode. La force du commandement poussée trop loin ; jamais plier, jamais condescendre, jamais se relâcher, s'acharner à vouloir être obeï à quelque prix que ce soit ; c'est un terrible fleau de Dieu sur les rois, & sur les peuples. Celuy qui
Eccli. v. 11. » a dit : Ne tournez pas à tout vent : Avoit dit
» un peu auparavant : Ne forcez point le cours
Eccli. iv. 32. » d'un fleuve. Il y a une legereté & aussi une roideur excessive. Une fausse fermeté conseillée à Roboam par de jeunes gens sans experience, luy fit perdre dix tribus. Le peuple demandoit d'être un peu soulagé des impots tres-grands que Salomon exigeoit : soit qu'ils se plaignissent sans raison d'un prince qui avoit rendu l'or & l'argent commun dans Jerusalem ; ou qu'en effet Salomon les eût grevez dans le temps qu'il donna tout à ses passions ; les vieil-

lards qui connoissoient l'état des affaires, & l'humeur du peuple Juif, luy conseilloient de l'appaiser avec de douces paroles suivies de quelques effets. Si vous donnez quel- « 3. Reg. xii. 7.
que chose à leurs prieres, & que vous leur «
parliez doucement, ils vous serviront toute «
vôtre vie. Mais la jeunesse temeraire qu'il «
consulta dans la suite, se mocqua de la prévoyance des vieillards, & luy conseilla, non un simple refus, mais un refus accompagné de paroles dures, & de menaces insupportables. Mon petit doigt, leur dit-il, « Ibid. 10. 11. 15.
est plus gros que tout le corps de mon pere: «
mon pere vous a foulez, & moy je vous «
foulerai encore davantage : mon pere vous «
a foüetté avec des verges, & moy je vous «
foüetterai avec des chaînes de fer : & le roy «
n'acquiesça pas au desir du peuple, parce «
que Dieu s'étoit éloigné de luy, & vouloit «
accomplir ce qu'il avoit dit contre Salo- «
mon : Qu'en punition de ses crimes il par- « 3. Reg. xi. 31. &c.
tageroit son royaume aprés sa mort. Ainsi «
cette dureté de Roboam étoit un fleau envoyé de Dieu, & une juste punition tant de Salomon, que de luy. Les jeunes gens qu'il consultoit ne manquoient pas de pretexte ; il faut soutenir l'autorité ; qui se laisse aller au commencement, on luy met à la fin le pied sur la gorge : mais pardessus tout céla il falloit connoître les dispositions presentes, & ceder à une force qu'on ne pouvoit vaincre. Les bonnes maximes outrées perdent tout. Qui ne veut jamais plier, casse tout à coup.

III. PROPOSITION.

Le prince doit commencer par soy-même à commander avec fermeté, & se rendre maître de ses passions.

Eccli. » Ne marchez point aprés vos desirs, reti-
xviii. 30. » rez-vous de vôtre propre volonté. Si vous
31. » suivez vos desirs, vous donnerez beaucoup
» de joye à vos ennemis. Il faut donc resister à ses propres volontez, & être ferme
premierement contre soy-même. Le premier de tous les empires est celuy qu'on a
Gen. iv. » sur ses desirs. Ta cupidité te sera soûmise,
7. » & tu la domineras. C'est la source, & le
fondement de toute l'autorité. Qui l'a sur
soy-même merite de l'avoir sur les autres.
Qui n'est pas maître de ses passions n'a rien
de fort; car il est foible dans le principe.
Jer. » Sedecias qui disoit aux grands : Le roy ne
xxxviii. » vous peut rien refuser : N'étoit foible de-
5. vant eux, que parce qu'il l'étoit en luy-
même, & ne sçavoit pas maîtriser sa crainte. Evilmerodac abattu par la même passion, se laissa maltraiter & abattre par les
Dan. » Seigneurs qui luy disoient : Livrez-nous
xiv. 28. » Daniel, ou nous vous tuërons. Si Darius
eût eu assez de force sur luy-même pour
soûtenir la justice, il auroit eu de l'autorité
sur les grands qui luy demandoient le même
prophete, & n'auroit pas eu la foiblesse de
sacrifier un innocent à leur jalousie. Pilate
avoit succombé interieurement à la tentation
de la faveur, quand il se laissa forcer à cru-
cifier Jesus Christ. Il avoit beau avoir en
main la toute-puissance Romaine dans la Judée; il n'étoit pas puissant, puisqu'il ne pût

resister à l'iniquité connuë. David quelque grand roy qu'il fût n'étoit plus puissant, quand sa puissance ne luy servit qu'à des actions qu'il a pleurées toute sa vie, & qu'il eût voulu n'avoir pas pû faire. Salomon n'étoit plus puissant, quand sa puissance le rendit le plus foible de tous les hommes. Herode n'étoit point puissant, lorsque desirant de sauver saint Jean-Baptiste, dont une malheureuse luy demandoit la tête; il n'osa le faire : « De peur de la fâcher. Il entra dans son crime quelque égard pour les assistans, devant lesquels il craignit de paroître foible, s'il manquoit d'accomplir le serment qu'il avoit fait. « Le roy étoit « fâché d'avoir promis la tête de saint Jean- « Baptiste; mais à cause du serment qu'il « avoit fait, & des assistans, il commanda « qu'on la donnât. C'est la plus grande de toutes les foiblesses, que de craindre trop de paroître foible. Tout cela fait connoître qu'il n'y a point de puissance, si on n'est premierement puissant sur soy-même; ni de fermeté veritable, si on n'est premierement ferme contre ses propres passions. « Il faut « souhaiter, dit saint Augustin, d'avoir une « volonté droite, avant que de souhaiter d'a- « voir une grande puissance.

Marc. vi. 26.

Matth. xiv. 9.

Aug. l. xiii. de Trin. c. 13.

IV. PROPOSITION.

La crainte de Dieu est le vrai contrepoids de la puissance : le prince le craint d'autant plus qu'il ne doit craindre que luy.

Pour établir solidement le repos public, & affermir un état; nous avons vû que le

prince a dû recevoir une puissance indépendante de toute autre puissance qui soit sur la terre. Mais il ne faut pas pour cela qu'il s'oublie, ni qu'il s'emporte, puisque moins il a de compte à rendre aux hommes, plus il a de compte à rendre à Dieu. Les méchans qui n'ont rien à craindre des hommes, sont d'autant plus malheureux, qu'ils sont reservez comme Caïn à la vangeance
Gen. iv. 15. » divine. Dieu mit un signe sur Caïn, afin
» que personne ne le tuât. Ce n'est pas qu'il pardonnât à ce parricide : mais il falloit une main divine pour le punir comme il meritoit. Il traite les rois avec les mêmes rigueurs. L'impunité à l'égard des hommes, les soumet à des peines plus terribles devant Dieu. Nous avons vû que la primauté de leur état leur attire une primauté dans
Sap. vi. 7. 9. » les supplices. La misericorde est pour les
» petits ; mais les puissans seront puissamment
» tourmentez : aux plus grands est preparé
» un plus grand tourment. Considerez comme Dieu les frappe dés cette vie. Voyez comme il traite un Achab : comme il traite un Antiochus : comme il traite un Nabuchodonosor qu'il relegue parmi les bêtes : un Balthazar, à qui il dénonce sa mort, & la ruine de son royaume, au milieu d'une grande fête qu'il faisoit à toute sa cour : Enfin comme il traite tant de méchans rois : il n'épargne pas la grandeur ; mais plûtôt il la fait servir d'exemple. Que ne fera-t-il point contre les rois impenitens ? s'il traite si rudement David humilié devant
2. Reg. xii. 9. 10 &c. » luy, qui luy demande pardon. Pourquoy
» as-tu méprisé mes paroles, & as-tu fait le
» mal devant les yeux ? tu as tué Urie par le
» glaive des enfans d'Ammon ; tu luy as ravi

ſa femme. Le glaive s'attachera à ta maiſon à jamais, parce que tu m'as mepriſé. Et voici ce que dit le Seigneur. Je ſuſciterai contre toy ton propre fils : je te ravirai tes femmes, & les donnerai à un autre qui en abuſera publiquement, & à la lumiere du ſoleil. Tu l'as fait en ſecret & tu as crû pouvoir cacher ton crime ; & moy j'en ferai le châtiment à la vûë de tout le peuple, & devant le ſoleil; parce que tu as fait blaſphemer les ennemis du Seigneur. Dieu le fit comme il l'avoit dit, & il n'eſt pas neceſſaire de rapporter ici la revolte d'Abſalon & toutes ſes ſuites. Ces châtimens font trembler. Mais tout ce que Dieu exerce de rigueur & de vangeance ſur la terre, n'eſt qu'une ombre à comparaiſon des rigueurs du ſiecle futur.
« C'eſt une choſe horrible de tomber entre les *Hebr. x. 31.*
« mains du Dieu vivant. Il vit éternellement, ſa colere eſt implacable, & toûjours vivante; ſa puiſſance eſt invincible ; il n'oublie jamais ; il ne ſe laſſe jamais ; rien ne luy échape.

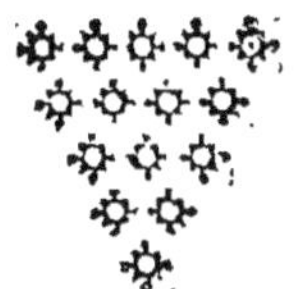

LIVRE CINQUIEME.

Quatriéme & dernier Caractere de l'autorité royale.

ARTICLE PREMIER.

Que l'autorité royale est soumise à la raison.

I. PROPOSITION.

Le gouvernement est un ouvrage de raison, & d'intelligence.

Ps. ii. 10. » MAINTENANT ô rois entendez ; soyez instruits juges de la » terre. Tous les hommes sont faits pour entendre ; mais vous principalement sur qui tout un grand peuple se repose ; qui devez être l'ame & l'intelligence d'un état, en qui se doit trouver la raison premiere de tous ses mouvemens ; moins vous avez à rendre de raison aux autres, plus vous devez avoir de raison & d'intelligence en vous mêmes. Le contraire d'agir par raison, c'est agir par passion, ou par humeur. Agir par humeur ainsi qu'agissoit Saül contre David, ou poussé par jalousie, ou possedé par sa melancolie noire, entraîne toute sorte d'irregularité, d'inconstance, d'inegalité, de bizarerie, d'injustice, d'étourdissement dans la conduite. N'eût-on qu'un cheval à gouverner, & des troupeaux à conduire, on ne le peut faire sans raison : combien plus en a-t-on besoin pour mener les hommes, & un troupeau raisonnable? « Le Seigneur a pris « David comme il menoit les brebis, pour « luy donner à conduire Jacob son serviteur, « & Israël son heritage : & il les a conduits « dans l'innocence de son cœur, d'une main « habile & intelligente. » *Psalm. lxxvii. 70.71.72.* « Tout se fait parmi les hommes par l'intelligence, & par le conseil. « Les maisons se bâtissent par la sagesse, & s'affermissent par la prudence. « L'habileté remplit les greniers, & amasse « les richesses. L'homme sage est courageux : « l'homme habile est robuste & fort, parce « que la guerre se fait par conduite, & par « industrie : Et le salut se trouve où il y a « beaucoup de conseil. » *Prov. xxiv. 3. 4. 5. 6.* « La sagesse dit elle même : C'est par moy que les rois regnent, par « moy les legislateurs prescrivent ce qui est « juste. » *Prov. viii. 15.* Elle est tellement née pour commander, qu'elle donne l'empire à qui est né dans la servitude. « Le sage serviteur commandera aux enfans de la maison qui ne « sont pas sages, & il fera leurs partages. » *Prov. xvii. 2.* Et encore : « Les personnes libres s'assujettiront à un serviteur sensé. » *Ecli. x. 2.8.* Dieu en installant Josué luy ordonne d'étudier la loy de Moïse, qui étoit la loy du royaume : « Afin, « dit-il, que vous entendiez tout ce que vous « faites. Et encore : Alors vous conduirez vos « desseins, & vous entendrez ce que vous faites. » *Jos. i. 7. 8.* David en dit autant à Salomon, dans les dernieres instructions qu'il luy donna en mourant. « Prenez garde à observer la loy de *3. Reg. ii. 3.*

» Dieu, afin que vous entendiez ce que vous
» faites, & de quel côté vous aurez à vous
» tourner. Qu'on ne vous tourne point, tournez-vous vous-mêmes avec connoissance; que la raison dirige tous vos mouvemens : sçachez ce que vous faites, & pourquoy vous le faites. Salomon avoit appris de Dieu même, combien la sagesse étoit necessaire pour gouverner un grand peuple.

3. Reg. iii. 5. 6. 7. &c. 2. Par. i. 7. 8. &c.

» Dieu luy apparut en songe durant la nuit,
» & luy dit : Demandez-moy ce que vous vou-
» drez : Salomon répondit : ô Seigneur ! vous
» avez usé d'une grande misericorde envers
» mon pere David : comme il a marché de-
» vant vous en justice & en verité & d'un
» cœur droit, vous luy avez aussi gardé vos
» grandes misericordes, & vous luy avez don-
» né un fils assis sur son trône : & mainte-
» nant ô Seigneur Dieu ! vous avez fait re-
» gner vôtre serviteur à la place de David son
» pere : & moy je suis un jeune homme qui
» ne sçais pas encore entrer ni sortir. (C'est-
» à dire, qui ne sçais pas me conduire : qui
ne sçais pas par où commencer, ni finir
» les affaires.) Et je me trouve au milieu du
» peuple que vous avez choisi, peuple infini
» & innombrable. Donnez donc à vôtre ser-
» viteur la sagesse, & l'intelligence, & un
» cœur docile; afin qu'il puisse juger & gou-
» verner vôtre peuple, & discerner entre le
» bien & le mal. Car qui pourra gouverner
» & juger ce peuple immense ? La demande
» de Salomon plût au Seigneur : Et il luy dit:
» Parce que vous avez demandé cette chose;
» & que vous n'avez point demandé une lon-
» gue vie, ni de grandes richesses, ou de vous
» vanger de vos ennemis; mais que vous avez
» demandé la sagesse pour juger avec discer-

stement : J'ai fait selon vos paroles, & je «
vous ai donné un cœur sage & intelligent, «
ensorte qu'il n'y eut jamais, ni jamais il «
n'y aura un homme si sage que vous. Mais «
je vous ai encore donné ce que vous ne «
m'avez pas demandé, c'est-à-dire, les ri- «
chesses & la gloire; & jamais il n'y a eu «
roy qui en eut tant que vous en aurez. Ce «
songe de Salomon étoit une extase, où l'esprit de ce grand roy separé des sens & uni à Dieu, joüissoit de la veritable intelligence. Il vit en cet état, que la sagesse est la seule grace qu'un prince devoit demander à Dieu. Il vit le poids des affaires, & la multitude immense du peuple qu'il avoit à conduire. Tant d'humeurs; tant d'interêts; tant d'artifices; tant de passions; tant de surprises à craindre; tant de choses à considerer; tant de monde de tous côtez à écouter, & à connoître; quel esprit y peut suffire? Je suis jeune, dit-il, & je ne sçais pas encore me conduire. L'esprit ne luy manquoit pas, non plus que la resolution. Car il avoit déja parlé d'un ton de maître à son frere Adonias : & dés le commencement de son regne il avoit pris son parti dans une conjoncture decisive, avec autant de prudence qu'on en pouvoit desirer : & toutefois il tremble encore, quand il voit cette suite immense de soins, & d'affaires qui accompagnent la royauté: & il voit bien qu'il n'en peut sortir, que par une sagesse consommée. Il la demande à Dieu, & Dieu la luy donne : mais en même temps il luy donne tout le reste qu'il n'avoit pas demandé : c'est à-dire, les richesses, & la gloire. Il apprend aux rois, que rien ne leur manque quand ils ont la

sagesse, & qu'elle seule leur attire tous les
autres biens.

Sap. vii. 8.9.&c. » Nous trouvons un beau commentaire de
» la priere de Salomon dans le livre de la sa-
» gesse, qui fait parler ainsi ce sage roy. J'ai
» desiré le bon sens, & il m'a été donné;
» j'ai invoqué l'esprit de sagesse, & il est ve-
» nu sur moy. J'ai preferé la sagesse aux
» royaumes & aux trônes; au prix de la sa-
» gesse les richesses m'ont paru comme rien:
» devant elle l'or m'a semblé un grain de sa-
» ble, & l'argent comme de la boue: elle
» est plus aimable que la santé, & la bonne
» grace. Je l'ai mise devant moy comme un
» flambeau, parce que sa lumiere ne s'éteint
» jamais. Tous les biens me sont venus avec
» elle, & j'ai reçu de ses mains la gloire, &
» des richesses immenses.

II. PROPOSITION.

La veritable fermeté est le fruit de l'intelligence.

Prov. iv. 25.26. » Considerez ce qui est droit, & que vos
» yeux precedent vos pas, dressez-vous un
» chemin & toutes vos démarches seront fer-
» mes. Qui voit devant soy marche sûre-
» ment. Autant donc que la fermeté est necessaire au gouvernement, autant a-t-il besoin de la sagesse. Le caractere de la sa-
Eccl. xxvii. 12. » gesse est d'avoir une conduite suivie. L'hom-
» me sage est permanent comme le soleil; le
» fol change comme la lune. Le plus sage de
Prov. viii. 14. » tous les rois fait dire ces paroles à la sagesse:
» A moy appartient le conseil & l'équité, à moy
» la prudence, à moy la force. Ces choses, à
Prov. xxiv. 5. » le bien prendre, sont inseparables. L'homme

sage est courageux, l'homme habile est robuste & fort. Les brutaux n'ont qu'une
fausse hardiesse. Nabal étoit imperieux, & *1. Reg.*
personne n'osoit luy parler dans sa maison. *xxv. 17.*
Tant qu'il crut n'avoir rien à craindre de
David, il disoit insolemment : Qu'ai-je af- *Ibid. 10.*
faire de David, qui est le fils d'Isai ? Aussi-tôt qu'il eut appris que David avoit juré
sa perte, quoiqu'on luy eût dit que sa femme l'avoit appaisé : Le cœur luy manqua, *Ibid. 37.*
il demeura comme une pierre, & mourut *38.*
au bout de dix jours. Roboam est mepri- *Eccl.*
sé par son peu de sens. Salomon laissa aprés *xlvii. 27.*
luy la folie de sa nation ; Roboam, qui *28.*
manquoit de prudence, & qui divisa le
peuple par les mauvais conseils qu'il suivit. Comme il n'avoit point de sagesse il
n'avoit point de fermeté, & son propre
fils est contraint de dire : Roboam étoit un *2. Par.*
homme mal habile, & d'un courage trem- *xiii. 7.*
blant, & il n'eut pas la force de resister
aux rebelles. Au lieu de mal habile & de
courage tremblant ; l'Hebreu porte : C'é-
toit un enfant tendre de cœur. Ce n'est *2. Par.*
pas qu'il ne leur ait fait la guerre. Ro- *xii. 15.*
boam & Jeroboam eurent toûjours la guer-
re entre eux. Il n'est point accusé d'avoir
manqué de courage militaire ; mais c'est
qu'il n'avoit pas cette force qui fait prendre, & suivre avec resolution un bon conseil. A voir pourtant de quel ton il parla
à tout le peuple, on le croiroit ferme & resolu. Mais il n'étoit ferme qu'en paroles,
& au premier mouvement de la sedition,
on luy voit honteusement prendre la fuite.
Roboam envoya Aduram qui avoit la char- *2. Par.*
ge de lever les tributs, & les enfans d'Is- *x. 18. 19.*
raël le lapiderent. Ce que Roboam n'eut

» pas plûtôt sçû, qu'il se pressa de monter
» dans son chariot, & s'enfuit en Jerusalem;
» & le peuple d'Israël se separa de la maison
» de David. Voilà l'homme qui se vantoit
d'être plus puissant que Salomon : il parle
superbement, quand il croit qu'il fera peur
à un peuple suppliant. A la premiere émeute, il tremble luy-même, & il affermit les
2. *Reg.* rebelles par sa fuite precipitée. Ce n'est pas
xv. 14. 15. ainsi qu'avoit fait son ayeul David. Quand
17. 18. 28. il apprit la revolte d'Absalon, il vit ce
qu'il y avoit à craindre, & se retira promptement, mais en bon ordre & sans trop de pré-
» cipitation : Marchant à pied avec ses gar-
» des, & ce qu'il avoit de meilleures trou-
» pes, & se posta dans un lieu desert & de
» difficile accés : en attendant qu'il eût des
» nouvelles de ceux qu'il avoit laissés pour
» observer les mouvemens du peuple. Il est
Ibid. 30. » vrai qu'il alloit en signe de douleur : Nuds
» pieds, & la tête couverte, luy & tout le
» peuple pleurant. Cela étoit d'un bon roy,
& d'un bon pere, qui voyoit son fils bien-aimé à la tête des rebelles, & combien de
sang il falloit répandre; & que c'étoit son
peché qui attiroit tous ces malheurs sur sa
maison, & sur son peuple. Il s'abaissoit
sous la main de Dieu, attendant l'évene-
Ibid. 25. » ment avec un courage inebranlable : Si je
26. » suis agreable à Dieu, il me rétablira dans
» Jerusalem : Que s'il me dit : Tu ne me
» plais pas : Il est le maître; qu'il fasse ce
» qu'il trouvera le meilleur. Etant donc ainsi
resolu, il pourvoyoit à tout avec une pru-
Ibid. 33. dence d'esprit admirable; & il trouva sans
34. hesiter ce beau moyen qui dissipa les conseils
d'Absalon, & d'Achitophel. Et quant aprés
la victoire, il vit Seba, fils de Bochri, qui
ramassoit

ramassoit les restes des seditieux ; il ne se reposa pas sur l'avantage qu'il venoit de remporter. Et il dit à Abisaï : Seba nous fera « plus de peine qu'Absalon : prenez donc tout « ce qu'il y a ici de gens de guerre, de peur « qu'il ne se jette dans quelque ville forte, & « ne nous échape. Par cet ordre il assura le « repos public, & étouffa la sedition dans sa naissance. Voilà une homme vraiment fort, qui sçait craindre où il faut ; & qui sçait prendre à propos les bons conseils.

2. Reg. xx. 6.

III. PROPOSITION.

La sagesse du prince rend le peuple heureux.

Le roy insensé perdra son peuple : les « villes seront habitées par la prudence de « leurs princes. Voici les fruits bienheureux « du sage gouvernement de Salomon. Le peu- « ple de Juda & d'Israël étoit innombrable ; « ils bûvoient, ils mangeoient, & ils vi- « voient à leur aise : Et ils demeuroient sans « rien craindre chacun dans sa vigne, & sous « son figuier. L'or & l'argent étoient com- « muns en Jerusalem comme les pierres : & « les cedres naissoient dans les vallées en aussi « grande quantité que les sycomores. Sous « un prince sage tout abonde ; les hommes, les biens de la terre, l'or & l'argent. Le bon ordre amene tous les biens. La même chose arriva sous Simon le Machabée. Son caractere étoit la sagesse. Parmi les Machabées, enfans de Mathatias, Judas étoit le fort : & Simon étoit le sage. Mathatias « l'avoit bien connu, lorsqu'il parle ainsi à « ses enfans : Vôtre frere Simon est homme «

Eccli. x. 3.

3. Reg. iv. 20. 25.

3. Reg. x. 27.

2. Par. i. 15.

1. Mach. ii. 66.

Ibid. 65.

» de bon conseil : Ecoutez-le en toutes cho-
» ses, & regardez-le comme vôtre pere. Nous
avons déja vû comme le peuple fut heureux
sous sa conduite ; mais il faut voir le particulier. Il avoit trouvé les affaires en mau-
1. Mach. xiii. 41. » vais état ; Sous luy les Juifs furent affran-
» chis du joug des gentils. Toute la terre de
1. Mach. xiv. 4. 5. 6. &c. » Juda étoit en repos durant les jours de Si-
» mon : il chercha le bien de ses citoyens ;
» aussi prenoient-ils plaisir à voir sa gloire &
» sa grandeur. Il prit Joppe, & y fit un
» port, & il s'ouvrit un passage dans les
» les isles de la mer. Il étendit les bornes de
» sa nation, & fit beaucoup de conquêtes.
» Personne ne luy pouvoit resister. Chacun
» cultivoit sa terre en paix ; la terre de Juda
» & les terres produisoient leurs fruits : les
» vieillards assis dans les places publiques ne
» parloient que de l'abondance où on vivoit :
» la jeunesse prenoit plaisir à se parer de ri-
» ches habillemens, & portoit l'habit mili-
» taire. Il pourvoyoit à la subsistance des vil-
» les, & les fortifioit : la paix étoit sur la
» terre, & Israël vivoit en grande joye, cha-
» cun dans sa vigne & sous son figuier sans
» avoir aucune crainte : personne ne les atta-
» quoit ; les rois ennemis étoient abattus : il
» protegeoit les foibles ; il faisoit observer la
» loy : il ôtoit les méchans de dessus la terre ;
» il ornoit le temple & augmentoit les vais-
Ibid. 35. » seaux sacrez. Enfin il faisoit justice ; il
» gardoit la foy ; & ne songeoit qu'au bon-
» heur, & à la grandeur de son peuple. Que
ne fait point un sage prince ? Sous luy les
guerres réüssissent ; la paix s'établit ; la justice regne ; les loix gouvernent ; la religion
fleurit ; le commerce & la navigation enri-
chissent le païs ; la terre même semble pro-

duire les fruits plus volontiers. Tels sont effets de la sagesse. Le Sage n'avoit-il pas raison de dire : « Tous les biens me sont venus avec elle. » *Sap. vii. 11.* Qu'on doive tant de biens aux soins & à la prudence d'un seul homme ? peut-on l'aimer assez ? Nous voyons aussi que la grandeur de Simon faisoit les delices du peuple. Il n'y a rien qu'ils ne luy accordent. *Mach. xiv. 14. 35. 46.* Quand Dieu veut rendre un peuple heureux, il luy envoye un prince sage. Hiram admirant Salomon qui sçavoit tout faire à propos, luy écrivoit : « Parce que Dieu a aimé son peuple, il vous a fait roy : Et il ajoûtoit : Beni soit le Dieu d'Israël qui a fait le ciel & la terre, & qui a donné à David un fils sage, habile, sensé & prudent. » *2. Par. ii. 11. 12.* « Heureux vos sujets & vos domestiques, qui sont tous les jours devant vous, & écoutent vôtre sagesse : s'écrioit la reine de Saba. Beni soit le Seigneur vôtre Dieu à qui vous avez plû ; qui vous a fait roy d'Israël, parce qu'il aimoit ce peuple d'un amour eternel ; & vous a établi pour y faire justice, & jugement. » *3. Reg. x. 8. 9.*

IV. PROPOSITION.

La sagesse sauve les états plûtôt que la force.

« Il y avoit une petite ville, & peu de monde dedans. Un grand roy est venu contre elle ; il l'a enceinte de tranchées, où il a bâti des forts de tous côtez, & il a formé un siege devant cette place. Il s'est trouvé un homme pauvre & sage, & il a délivré sa ville par sa sagesse. Et j'ai dit en moy-même : Que la sagesse vaut mieux que *Eccli. ix. 14. 15. 16.*

la force. C'est ainsi que Salomon nous explique les effets de la sagesse. Et il repete encore une fois : La sagesse vaut mieux que les armes ; mais qui manque en une chose, perd de grands biens. Les combats sont hazardeux ; la guerre est fâcheuse pour les deux partis : la sagesse qui prend garde à tout & ne neglige rien, a des voyes non-seulement plus douces & plus raisonnables, mais encore plus sures. Dans la revolte de Seba contre David, le rebelle se retira dans Abela, ville importante, où Joab ne tarda pas à l'assieger par ordre de David. Pendant qu'on en ruinoit les murailles, une femme de la ville demanda à parler à Joab, & luy tint ce discours au nom de la ville qu'elle introduisoit comme luy parlant. Il y a un certain proverbe, que qui veut sçavoir la verité la demande à Abela. (Cette ville étoit en reputation d'avoir beaucoup de sages citoyens qu'on venoit consulter de tous côtez.) C'est moy qui réponds la verité aux Israëlites ; cependant vous voulez me détruire & ruiner une mere en Israël ? (c'est-à dire, une ville capitale.) Pourquoy renversez-vous l'heritage du Seigneur, & une ville qu'il a donnée à son peuple ? A Dieu ne plaise, répondit Joab, que je veüille la renverser ; mais Seba s'est soulevé contre le roy, livrez-le tout seul, & nous laisserons la ville en repos. La femme luy répondit : On vous jettera sa tête du haut de la muraille. Elle parla au peuple assemblé & discourut sagement ; de sorte qu'on resolut de faire ce qu'elle avoit dit, & Joab renvoya l'armée. Voila une ville sauvée par la sagesse. La sagesse finit tout à coup, sans rien hazarder, & en ne perdant que le seul cou-

Ibid. 18.

2. *Reg.* xx. 14. &c.

Ibid. 18. &c.

pable, une guerre qui avoit donné tant d'apprehension à David. Bethulie assiegée par Holopherne, est sauvée par les conseils de Judith, qui empêche premierement qu'on ne suive la pernicieuse resolution de se rendre déja prise dans le conseil : & ensuite fait perir les ennemis par une conduite aussi sage que hardie. Aussi on voit que la sagesse est la plus sure défense des états. « La guerre met tout en hazard. « L'empire du sage est stable. « La sagesse fortifie le sage plus que s'il étoit soutenu par les principaux de la ville.

Judith. viii. 9. 10. 28. ix. &c.

Eccli. x. 1.

Eccli. vii. 20.

V. PROPOSITION.

Les sages sont craints, & respectez.

David étoit vaillant, & sçavoit parfaitement l'art de la guerre. Ce n'est pas ce qui donnoit le plus de crainte à Saül. « Mais il le craignoit, parce qu'il étoit tres-prudent en toutes choses. David luy-même craignoit plus le seul Achitophel, que tout le peuple qui étoit avec Absalon ; parce qu'en ce temps : « On consultoit Achitophel comme « si c'eût été un Dieu. C'étoit autant la sagesse que la puissance de Salomon, qui tenoit en crainte ses voisins, & conservoit son royaume dans une paix profonde. Parce que Josaphat étoit sage, instruit de la loy, & prenant soin d'en faire instruire le peuple, tous ses voisins le craignoient. « Le Seigneur « répandit la terreur sur les royaumes voi- « sins, & ils n'osoient faire la guerre à Josa- « phat : les Philistins luy apportoient des pre- « sens, & les Arabes luy payoient tribut. Josaphat étoit belliqueux : mais l'écriture

1. Reg. xviii.

2. Reg. xvi. 23.

2. Par. xvii. 7. 8. &c.

Ibid. 10. 11.

attribuë tous ces beaux effets à la pieté, & à la sagesse de ce roy, qui n'avoit pas encore fait la guerre, dans le temps qu'il étoit si redouté de ses voisins. Si la sagesse fait respecter le prince au dehors, il ne faut pas s'étonner qu'elle le fasse respecter au dedans. Quand Salomon eut rendu ce jugement memorable, où il montra un si
3. *Reg. iii.* 28. » grand discernement : Tout Israël entendit
» la sentence que le roy avoit prononcée, &
» ils craignirent le roy, voyant que la sagesse
» de Dieu étoit en luy. Il y a quelque chose de divin à ne se tromper pas, & rien n'inspire tant de respect ni tant de crainte. Et voyez comme l'écriture marque exactement l'effet naturel de chaque chose. La bonne grace de Salomon lui avoit déja attiré l'amour des
1. *Paral. xxix.* 23. » peuples. Il parut dans le trône de son pe-
» re, & il plut à tous. Voici quelque chose de plus grand. Il montra un discernement exquis, & on le craignit de cette crainte respectueuse, qui tient tout le monde dans le
Sap. vi. 1. » devoir. C'est donc avec raison qu'on luy
» fait dire : La sagesse vaut mieux que les for-
» ces, & l'homme prudent est au dessus de
» l'homme fort.

VI. PROPOSITION.

C'est Dieu qui donne la sagesse.

Eccli. i. 1. 2. 3. 4. *&c.* » Toute sagesse vient du Seigneur ; elle a
» été avec luy devant tous les siecles, & y se-
» ra à jamais. Qui a compté le sable de la
» mer, & les goutes de pluye, & les jours
» du monde ? Qui a mesuré la hauteur des
» cieux, & la largeur de la terre ; & les pro-
» fondeurs de l'abîme ? Qui a penetré cette

sagesse de Dieu qui a precedé toutes choses ? La sagesse a été produite la premiere ; l'intelligence est engendrée devant tous les siecles. A qui a été connuë la source de la sagesse, & qui a découvert toutes ses adresses ? Il n'y a qu'un seul sage, un seul redoutable : C'est le Seigneur assis sur le trône de la sagesse. C'est luy qui l'a creée par son Esprit, & qui l'a connuë, & qui l'a comptée, & qui en sçait toutes les mesures. Il l'a répanduë sur tous ses ouvrages, & sur toute chair, à chacun selon qu'il luy a plu, & il l'a donnée à ceux qui l'aiment. C'est par où commence l'Ecclesiastique. Dieu est le seul sage; en luy est la source de la sagesse, & c'est luy seul qui la donne. C'est à luy que la demande le Sage. O Dieu de mes peres ! ô Seigneur misericordieux qui avez tout fait par vôtre parole ! Donnez-moy la sagesse qui est toûjours auprès de vôtre trône. Vous m'avez fait roy, & vous m'avez ordonné de vous bâtir un temple. Vôtre sagesse est avec vous ; elle entend tous vos ouvrages : elle étoit avec vous quand vous avez fait le monde ; elle sçavoit ce qui vous plaisoit, & ce qui étoit droit dans tous vos commandemens : Envoyez la moy des cieux, du trône sublime où vous êtes assis plein de gloire & de majesté ; afin qu'elle soit toûjours & travaille toûjours avec moy, & que je connoisse ce qui vous est agréable : car elle sçait tout : elle me fera observer une juste mediocrité dans toutes mes actions, & me gardera par sa puissance. Et ma conduite vous plaira, & je gouvernerai vôtre peuple avec justice ; & je serai digne du trône de mon pere. Qui desire ainsi la

Sap. ix. 1. 4. 7. 8. &c.

sagesse, & qui la demande à Dieu avec cette ardeur, ne manque jamais de l'obtenir.
3. Reg. iii. 12. » Je t'ai donné un cœur sage, & intelligent.
» Et encore : Dieu donna la sagesse à Salo-
3 Reg. iv. 29. » mon, & une prudence exquise, & une étenduë de cœur, (c'est-à dire, d'intelligence,) comme le sable de la mer. Il luy a donné la sagesse, pour l'intelligence de la loy & des maximes; la prudence pour l'application; l'étenduë de connoissance, c'est-à-dire; une grande capacité, pour comprendre les difficultez, & toutes les minuties des affaires. Dieu seul donne tout cela.

VII. PROPOSITION.

Il faut étudier la sagesse.

Dieu la donne, il est vrai; mais Dieu la donne à ceux qui la cherchent.
Prov. viii. 17. » J'aime ceux qui m'aiment, dit la Sagesse elle-même, & qui me cherche du matin me trouve.
Sap. vi. 18. » Le commencement de la sagesse est un veritable desir de la sçavoir.
Ibid. 12. » Aimez mes discours, dit-elle, & desirez de les entendre, & vous aurez la science.
Ibid. 13. 14. 15. 16. 17. » La sagesse se laisse voir facilement à ceux qui l'aiment, & se laisse trouver à ceux qui la cherchent : elle prévient ceux qui la desirent, & se montre la premiere à eux : qui s'éveille du matin pour penser à elle, ne sera pas rebuté, il la trouvera à sa porte. Y penser, c'est la perfection : qui veille pour l'obtenir sera bien-tôt content : car elle tourne de tous côtez pour se donner à ceux qui sont dignes d'elle; elle leur apparoît avec un visage agreable, & n'oublie rien pour aller à leur rencontre. Elle est bonne, elle est

est accessible : mais il faut l'aimer, & travailler pour l'avoir. Il ne faut pas plaindre les peines qu'on prendra à cette recherche, on en est bien-tôt recompensé. Mon « fils, faites-vous instruire dés vôtre jeunesse, « & la sagesse vous suivra jusqu'aux cheveux « gris : cultivez-la avec soin comme celuy « qui laboure & qui seme, & attendez ses « bons fruits. Vous travaillerez un peu « pour l'acquerir, & vous ne tarderez pas à « manger ses fruits : Mettez vos pieds dans « ses entraves, vôtre col dans ses liens, vôtre épaule sous son joug. A la fin vous y « trouverez le repos, & elle vous tournera en « plaisir. «

Eccli. vi. 18. 19. 20.

Ibid. 25. 26. 27.

VIII. PROPOSITION.

Le prince doit étudier & faire étudier les choses utiles : Quelle doit être son étude.

Il ne faut pas s'imaginer le prince un livre à la main, avec un front soucieux, & des yeux profondement attachez à la lecture. Son livre principal est le monde : son étude c'est d'être attentif à ce qui se passe devant luy pour en profiter. Ce n'est pas que la lecture ne luy soit utile, & le plus sage des rois ne l'a pas negligée. Comme « l'Ecclesiaste, (c'est Salomon,) étoit tres- « sage, il a instruit son peuple, & il a re- « cherché les sages sentences. L'Ecclesiaste a « étudié pour trouver des discours utiles, « & il a écrit des choses droites, des paro- « les veritables, Les discours des sages sont « comme un aiguillon dans le cœur ; les maî- « tres qui les ont ramassez étoient conduits «

Eccli. xii. 9. 10. 11.

par un seul pasteur. C'étoit le roy, qui prenoit soin & de chercher par luy-même, & de faire chercher aux autres les discours
Ibid. 12. » utiles à la vie. Mon fils n'en desirez pas » davantage. C'est-à-dire, renfermez-vous dans les choses profitables. Laissez les li- » vres de curiosité : On multiplie les livres » sans fin, & de trop longues speculations » épuisent le corps. Les vraies études sont celles qui apprennent les choses utiles à la vie humaine. Il y en a qui sont dignes de l'application du prince habile. Dans les autres, c'est assez pour luy d'exciter l'industrie des sçavans par les recompenses; dont la principale est toûjours aux esprits bien-faits l'agrément & l'estime d'un maître entendu. Il ne convient pas au prince de se fatiguer par de longues & curieuses lectures. Qu'il lise peu de livres, qu'il lise comme Salomon les discours sensez & utiles. Sur tout qu'il lise l'évangile, & qu'il le medite. C'est là sa loy, & la volonté du Seigneur.

IX. PROPOSITION.

Le prince doit sçavoir la loy.

Il est fait pour juger, & c'est la premiere
1. Reg. viii. 5. 20. » institution de la royauté. Faites-nous un » roy qui nous juge. Et encore : Nous vou- » lons être comme les autres nations, & avoir » un roy qui nous juge. Aussi avons-nous
Deut. xvii. 18. 19. vû que Dieu commande aux rois d'écrire la loy de Moïse, d'en avoir toûjours avec eux un exemplaire autentique, & de la lire tous les jours de leur vie. C'est pour cela que dans leur sacre on la leur mettoit en main,

Ils amenerent au temple le fils du roy, & luy « 2. *Paral.*
mirent le diadême, & la marque royale sur « *xxiii.* 11.
la tête : ils luy mirent aussi la loy à la main, «
& le firent roy. Le pontife Joïada & ses «
enfans le sacrerent, & tout le peuple s'écria : «
Vive le roy. Le prince doit croire aussi que «
dans la nouvelle alliance il reçoit l'évangile de la main de Dieu, pour se regler par cette lecture. Le peuple doit sçavoir la loy, sans doute ; du moins dans ses principaux points ; & se faire instruire du reste dans les occurrences ; car il la doit pratiquer. Mais le prince qui outre cela la doit faire pratiquer aux autres, & juger selon ses decrets, la doit sçavoir beaucoup davantage.

On ne sçait ce qu'on fait, quand on va sans regle, & qu'on n'a pas la loy pour guide : la surprise, la prévention, l'interêt, & les passions offusquent tout. Le prince « *Prov.*
ignorant opprime sans y penser plusieurs « *xxviii.*
personnes, & fait triompher la calomnie. « 16.

Mais le commandement est un flambeau « *Prov. vi.*
devant les yeux ; la loy est une lumiere. Le « 23.
prince qui la suit voit clair, & tout l'état est éclairé. Que si l'œil de l'état, (c'est- « *Matth.*
à-dire, le prince,) est obscurci, que seront « *vi.* 23.
les tenebres même, & combien tenebreux «
sera tout le corps ? Qu'il sçache donc le «
fond de la loy par laquelle il doit gouverner. Et s'il ne peut pas descendre à toutes les ordonnances particulieres, que les affaires font naître tous les jours, qu'il sçache du moins les grands principes de la justice, pour n'être jamais surpris. C'étoit le Deuteronome, & le fondement de la loy, que Dieu l'obligeoit d'étudier & de sçavoir. Que la vie du prince est serieuse ! il doit sans cesse mediter la loy. Aussi n'y a-t-il

rien parmi les hommes de plus serieux, ni de plus grave, que l'office de la royauté.

X. PROPOSITION.

Le prince doit sçavoir les affaires.

Jud. xi. 15. &c. Sup. p. 75. &c. » Ainsi a-t-on vû Jephté élu prince du » peuple de Dieu, prouver par la discus- » sion des droits de ce peuple, que le roy » des Ammonites leur faisoit injustement la » guerre. On voit l'affaire discutée avec toute l'exactitude possible. Dans cette discussion les principes du droit sont joints par Jephté avec la recherche des faits, & la connoissance des antiquitez. C'est ce qu'on appelle sçavoir les affaires. Le prince qui sçait ces choses, met visiblement la raison de son côté : ses peuples sont encouragez à soutenir la guerre, par l'assurance de leur bon droit : ses ennemis sont rallentis : les voisins n'ont rien à dire. Une semblable

1. Mach. xv. 28. &c. » discussion fit beaucoup d'honneur à Simon » le Machabée. Le roy d'Asie luy envoya » redemander par Athenobius la citadelle de » Jerusalem, avec Joppé & Gazara, places » importantes qu'il soûtenoit être de son royau- » me. Simon sur cette demande fait premierement les distinctions necessaires. Il distingue les anciennes terres qui appartenoient de tout temps aux Juifs, d'avec celles qu'ils

Ibid. 33. 34. » avoient conquises depuis peu. Nous n'a- » vons, dit-il, rien usurpé sur nos voisins, » & ne possedons rien du bien d'autrui; mais » l'heritage de nos peres, que nos ennemis ont » possedé quelque temps injustement, dans le- » quel nous sommes rentrez aussi-tôt que nous » en avons trouvé l'occasion : & nous ne

faisons que revendiquer l'heritage de nos peres. On a vû les offres qu'il fit pour Joppé, & pour Gazara, encore qu'il les eût prises par une bonne & juste guerre : & il se mit si bien à la raison : Qu'Atenobius envoyé du roy d'Asie n'eut rien à répondre. Ibid. 35.
Il est beau, & utile, que les affaires d'une certaine importance soient discutées autant qu'il se peut par le prince même avec un si grand raisonnement. Quand il s'en fie tout-à-fait aux autres, il s'expose à être trompé, ou à voir ses droits negligez. Personne ne penetre plus dans les affaires, que celuy qui y a le principal interest.

XI. PROPOSITION.

Le prince doit sçavoir connoître les occasions, & les temps.

C'est une des principales parties de la science des affaires, qui toutes dépendent de là. Chaque chose a son temps, & tout passe sous le ciel dans l'espace qui luy est marqué. Il y a le temps de naître, & le temps de mourir; le temps de planter, le temps d'arracher; le temps de blesser, & le temps de guerir; le temps de bâtir & le temps d'abattre, le temps de pleurer, & le temps de rire; le temps d'amasser, & le temps de répandre; le temps de couper, & le temps de coudre; (c'est à dire, le temps de s'unir, & le temps de rompre,) le temps de parler, & le temps de se taire; le temps de guerre, & le temps de paix. Dieu même fait tout en certains temps. Si toutes choses dépendent du temps, la science des temps est donc la vraie science des affaires, & le

Eccli. iii. 1. 2. &c.

vrai ouvrage du sage. Aussi est-il écrit:
Eccli. viii. 5. » Que le cœur du sage connoît le temps, &
» regle sur cela son jugement. C'est pour-
quoy il faut dans les affaires beaucoup d'ap-
Ibid. 6. 7. & » plication, & de travail. Chaque affaire a
» son temps, & son occasion; & la vie de
» l'homme est pleine d'affliction, parce qu'il
» ne sçait point le passé, & il n'a point de
» messager qui luy annonce l'avenir. Il ne
» peut rien sur les vents; il n'a point de pou-
» voir sur la mort; il ne peut differer quand
» on vient luy faire la guerre. Nul ne fait
ce qu'il veut : une force majeure domine par
tout : les momens passent rapidement, &
avec une extrême précipitation : qui les
manque manque tout. Cette science des
temps a fait la principale loüange de la sa-
1. Par. ii. 12. » gesse de Salomon. Beni soit le Dieu d'Is-
» raël qui a donné à David un fils habile,
» avisé, sage & prudent pour bâtir un tem-
» ple au Seigneur, & un palais pour sa per-
» sonne. Dans une profonde paix, dans une
grande abondance, aprés les préparatifs
faits par son pere. C'étoit le temps d'entreprendre de si grands ouvrages. Parce que
les Machabées prirent bien leur temps, ils
engagerent les Romains à les proteger, &
ils s'affranchirent des rois de Syrie qui les
1. Mach. xii. 1. » opprimoient. Jonathas vit que le temps
» étoit favorable, & il envoya renouveller
» l'alliance avec les Romains. Il faudroit
transcrire toutes les histoires saintes, &
profanes, pour marquer ce que peuvent dans
les affaires les temps, & les contre-temps. Il y
a encore dans les choses certains temps à observer, pour garder les bien-seances, & entre-
Eccli. iv. 23. » tenir l'ordre. Mon fils observez les temps,
» & évitez le mal. Les temps reglent toutes

les actions jusqu'aux moindres, Malheur « à toy terre dont les rois se gouvernent en « enfans, & mangent dés le matin. Heu- « reuse la terre dont le roy n'a que de gran- « des pensées; dont les princes mangent dans « le temps, pour la necessité, & non pour la « delicatesse. C'est une espece de similitude « pour montrer que le temps gouverne tout : & que chaque chose a un temps propre.

Eccli. x. 16. 17.

XII. PROPOSITION.

Le prince doit connoître les hommes.

C'est-là, sans doute sa plus grande affaire, de sçavoir ce qu'il faut croire des hommes, & à quoy ils sont propres. Il faut avant toutes choses qu'il connoisse le naturel de son peuple : & c'est ce que le Sage luy prescrit en la figure d'un pasteur : Con- « noissez, dit-il, la face de vôtre brebis, & « considerez vôtre troupeau. Sans regarder « aux conditions, il doit juger de chacun, parce qu'il est dans son fond. Ne mepri- « sez pas le pauvre, qui est homme de bien : « n'élevez pas le riche à cause qu'il est puis- « sant. Et encore : Ne loüez, ni ne méprisez « l'homme par ce qui paroît à la vûë : l'a- « beille est petite, & il n'y a rien de plus « doux que ce qu'elle fait. Il faut sur tout « qu'il connoisse ses courtisans. Prenez gar- « de à ceux qui vous environnent, & tenez « conseil avec les sages. Autrement tout ira « au hazard dans un état, & il y arrivera ce que déplore le Sage. J'ai vû sous le so- « leil qu'on ne confie pas la course au plus « vîte, ni la guerre au plus vaillant : que ce « n'est point aux sages qu'on donne du pain, «

Prov. xxv.i. 23.

Eccli. x. 26.

Eccli. xi. 2. 3.

Eccli. ix. 21.

Eccli. ix. 11.

» ni aux plus habiles qu'on donne les richesses ;
» & que ce ne sont pas les plus intelligens qui
» plaisent le plus. Mais, que la rencontre & le ha-
» zard font tout sur la terre. C'est ce qui arrive sous un prince inconsideré, qui ne sçait pas choisir les hommes ; mais qui prend ceux que le hazard & l'occasion, ou son humeur lui presentent. La surprise & l'erreur con-
Eccli. x. 5. 6. » fondent tout dans un tel regne. J'ay vû sous
» le soleil un mal, où le prince se laisse aller
» par surprise : un fol tient les hautes places,
» & les grands sont à ses pieds. Le prince, qui choisit mal, est puni par son propre choix.
Prov. xxvi. 6. » Celui qui envoye porter des paroles par un fol,
» sera condamné par ses propres œuvres. David pour avoir bien connu les hommes sauva ses affaires dans la revolte d'Absalon. Il vit que toute la force du parti rebelle étoit dans les conseils d'Achitophel, & tourna tout son esprit à les détruire. Il connut la capacité, & la fidelité de Chusai. C'étoit un sage vieillard qui le voyant contraint de prendre
2 Reg. xv. 32. 33. 34. » la fuite : Vint à lui la tête couverte de pous-
» siere, & les habits déchirez. David lui dit :
» Si vous venez avec moy, vous me serez à
» charge : Si vous faites semblant de suivre le
» party d'Absalon, vous dissiperez le conseil d'Achitophel. Il ne se trompa point dans sa
2. Reg. xvii. 7. &c. pensée. Chusai empêcha Absalon de suivre un conseil d'Achitophel, qui ruinoit David
Ibid. 23. sans ressource. Achitophel sentit aussi-tôt que les affaires étoient perduës, & se fit perir par un cordeau. David non content d'envoyer Chusai, luy donna des personnes affidées. Il ne falloit pas s'y tromper ; car au moindre faux pas, le precipice étoit inévitable. Voici donc ce que David dit à
» Chusai. Tout ce que vous apprendrez des

desseins d'Absalon, dites-le aux prêtres 2. Reg.
Sadoc & Abiathar : ils ont deux enfans par xv. 35. 36.
qui vous me manderez toutes les nouvelles.
Chusai n'y manqua pas. Aprés avoir rompu 2. Reg.
les desseins d'Achitopel, il manda à David xvii. 15.
par ces deux hommes tout ce qui s'étoit &c.
passé, & lui donna un avis qui sauva l'état.
Ainsi David pour avoir connu les hommes
dont il se servoit, reprit le dessus ; & rétablit ses affaires presque desesperées. Au contraire Roboam pour avoir mal connu l'humeur de son peuple, & l'esprit de Jeroboam qui le soulevoit, perdit dix tribus : c'est-à-dire, plus de la moitié de son royaume. Le prince qui s'habituë à bien connoître les hommes, paroît en tout inspiré d'enhaut : tant il donne droit au but. Joab avoit envoyé une femme habile pour insinuer quelque
chose à David. Ce prince connut d'abord 2. Reg.
de qui venoit le conseil. Il répondit à cette xiv. 18.
femme : Dites-moy la verité ; n'est-ce pas 19. 20.
Joab qui vous envoye me parler ? Seigneur ! lui dit-elle, par le salut de vôtre ame, vous ne vous êtes détourné ny à droit, ny à gauche. Vôtre serviteur Joab m'a mis à la bouche toutes les paroles que j'ay dites : Mais vous, Seigneur, vous êtes sage comme un ange de Dieu, & il n'y a rien sur la terre que vous ne sçachiez. C'est ce que
vouloit dire Salomon dans cette belle sen- Prov.
tence. La prophétie est dans les lévres du xvi. 10.
roy ; il ne se trompe point dans son jugement. Ce sage roy l'avoit éprouvé, dans ce jugement memorable qu'il rendit entre ces deux meres. Parce qu'il connut la nature, & les effets des passions, la malice & la dissimulation ne put se cacher à ses yeux :
Et tout le peuple connut que la sagesse de 3. Reg.
iij. 28.

» Dieu étoit en luy. Outre que la grande experience, & la connoissance des hommes, donnent à un prince appliqué un discernement delicat ; Dieu l'aide en effet quand il » s'applique : Car le cœur du Roy est entre » ses mains. C'est Dieu qui mit dans le cœur de David, ces salutaires conseils qui luy » remirent la couronne sur la tête. Ce ne fut » pas la prudence de David ; ce fut le Seigneur » luy-même, qui dissipa les conseils utiles » d'Achitophel. Aussi s'étoit-il d'abord tourné » à Dieu. O Seigneur ! confondez le conseil d'Achitophel. Voilà donc deux choses que le prince doit faire : Premierement s'appliquer de toute sa force à bien connoître les hommes. Secondement, dans cette application attendre les lumieres d'enhaut, & les demander avec ardeur ; car la chose est delicate, & enveloppée. Il ne se peut rien ajoûter à ce que dit sur ce sujet l'Ecclesiastique. Je rapporterai son discours comme il est porté dans le grec bien plus clair » que nôtre version latine : Tout conseiller » vante son conseil : mais il y en a qui con» seillent pour eux-mêmes : Gardez-vous » donc d'un conseiller, & regardez avant tou» tes choses quel besoin vous en avez, & quels » sont ses interêts. Car souvent il conseillera » pour lui-même, & hasardera vos affaires » pour faire les siennes. Il vous dira : vous » faites bien, & il prendra garde cependant à » ce qui vous arrivera pour en profiter. Ne » consultez donc pas avec un homme suspect. » Regardez les vûës d'un chacun. Ne prenez » pas l'avis d'une femme sur celle dont elle est » jalouse, ny d'un homme timide sur la guerre, » ny du marchand sur la difficulté des voitures, » ny du vendeur sur le prix de ses marchandi-

Prov. xxi. 1.

2. Reg. xvii. 14.

2. Reg. xv. 31.

Eccl. xxxvii. 8. 9. &c.

ses. [chacun se fera valoir, & regardera son profit.] Ne consultez non plus l'envieux sur la récompense des services : ny celui dont le cœur est dur sur les liberalitez, & sur les graces : ny l'homme lent sur quelque entreprise que ce soit : ny le mercenaire que vous avez à vôtre service, sur la fin de l'ouvrage qu'il a entrepris : [car il a interêt de le faire durer le plus qu'il pourra :] ny un serviteur paresseux sur les travaux qu'il faut entreprendre. Ne prenez point de tels conseils : Mais ayez auprés de vous un homme religieux qui garde les commandemens ; dont l'esprit revienne au vôtre, & qui compatisse à vos maux quand vous tomberez. Et faites-vous un conseil dans vôtre cœur ; car vous n'en trouverez point de plus fidéle. L'esprit d'un homme luy rapporte plus de nouvelles que sept sentinelles mises sur de hauts lieux pour découvrir, & pour observer. Et par dessus tout cela, priez le Seigneur, afin qu'il conduise vos voyes.

XIII. PROPOSITION.

Le prince doit se connoître luy-méme.

Eccli. xxxvij. 30.

Mais, de tous les hommes que le prince doit connoître, celui qui luy importe plus de bien connoître, c'est luy-même. Mon fils, éprouvez vôtre ame dans toute vôtre vie ; & si elle vous semble mauvaise, ne luy donnez pas de pouvoir. C'est-à-dire, ne vous laissez pas aller à ses desirs. Le grec porte : Mon fils, éprouvez vôtre ame ; connoissez ce qui luy est mauvais, & gardez-vous de luy donner. Tout ne convient pas à tous ; il faut sçavoir à quoy on est propre. Tel hom-

me qui seroit grand employé à certaines
choses, se rend méprisable ; parce qu'il se
donne à celles où il n'est pas propre. Connoître ses défauts est une grande science. Car
on les corrige, ou on y supplée par d'au-
Psalm. xviii. 3. tres moyens. Mais, qui connoît ses fautes ?
» dit le Psalmiste. Nul ne les connoît par luy-
» même, il faut avoir quelque amy fidéle qui
vous les montre. Le Sage nous le conseille.
Prov. xii. 1. » Qui aime à sçavoir, aime à être enseigné ;
» qui hait d'être repris, est insensé. En effet
c'est un caractere de folie d'adorer toutes ses
pensées ; de croire être sans défaut, & de ne
Ecc. x. 3. » pouvoir souffrir d'en être averti. L'insensé
» marchant dans sa voye trouve tous les autres
Eccli. viii. 20. » fols. Et encore : Ne conferez point avec le
» fol, qui ne peut aimer que ce qui lui plaît.
Eccli. xxiii. 2. 3. » Le Sage dit au contraire : Qui donnera un
» coup de foüet à mes pensées, & une sage
» instruction à mon cœur ; afin que je ne m'e-
» pargne pas moy-même, & que je connoisse
» mes défauts : de peur que mes ignorances &
» mes fautes ne se multiplient, & que je ne
» donne de la joye à mes ennemis qui me ver-
» ront tomber à leurs pieds. Voilà ce qui arrive à l'insensé qui ne veut pas connoître ses
fautes. Les princes accoûtumez à la flaterie
sont sujets plus que tous les autres hommes
à ce défaut. Parmi une infinité d'exemples
je n'en rapporterai qu'un seul. Achab ne vouloit point entendre le seul prophéte qui lui
disoit la verité parce qu'il la disoit sans
3. Reg. xxii. 7. 8 » flaterie. Josaphat Roy de Juda dit à Achab
» Roy d'Israël : N'y a-t-il pas icy quelque
2. Paralip. xviii. 6. 7. » prophéte du Seigneur ? Il nous en reste en-
» core un, répondit le Roy d'Israël, qui s'ap-
» pelle Michée, fils de Jemla ; mais je le hai,
» parce qu'il ne me prophétise que du mal, &

jamais du bien. Il le reprenoit de ses crimes, & l'avertissoit des justes jugemens de Dieu, afin qu'il les évitât. Achab ne pouvoit souffrir ses discours. Il aimoit mieux être environné d'une troupe de prophétes flateurs, qui ne lui chantoient que ses loüanges, & des triomphes imaginaires. Il voulut être trompé, & il le fut. Dieu le livra à l'esprit d'erreur, qui remplit le cœur de ses prophétes de flateries, & d'illusions, ausquelles il crut pour son malheur ; & il perit dans la guerre, où ses prophétes lui annonçoient tant d'heureux succés. Au contraire le pieux roy Josaphat reprend le roy d'Israël, qui ne vouloit pas qu'on écoutât ce prophete de malheurs. Ne *Ibid.*
parlez pas ainsi, roy d'Israël. Il faut écouter ceux qui nous montrent de la part de Dieu, *2. Par.*
& nos fautes, & ses jugemens. Le même *xxix.*
roy Josaphat au retour de la guerre où il *2. 3.*
avoit été avec Achab, écouta avec soumission le prophete Jehu qui lui dit : Vous donnez secours à un impie, & vous faites amitié avec les ennemis de Dieu : vous meritiez sa colere ; mais il s'est trouvé en vous de bon- *2. Reg.*
nes œuvres. Il marchoit en tout sur les pas *xii. &*
de son pere David, qui recevant avec respect *xxiv.*
les justes reprehensions des Prophetes Nathan & Gad, reconnut ses fautes, & en obtint le pardon. Ce ne sont pas seulement les prophetes qu'il faut oüir : le sage regarde tous ceux qui lui découvrent ses fautes avec prudence, comme des hommes envoyez de Dieu pour l'éclairer. Il ne faut point avoir égard aux conditions : la verité conserve toûjours son autorité naturelle dans quelque *Eccli.*
bouche qu'elle soit. Les hommes libres *x. 28.*
obéïssent aux serviteurs sensez ; l'homme prudent & instruit ne murmure pas étant

repris. L'homme qui peut souffrir qu'on le
» reprenne est vraiment maître de lui-même.
Prov. xv. 31. 32. » Qui méprise l'instruction, méprise son ame :
» qui acquiesce aux reprehensions, est maître
de son cœur.

XIV. PROPOSITION.

Le prince doit sçavoir ce qui se passe au dedans, & au dehors de son royaume.

Sous un prince habile & bien averti, personne n'ose mal faire. On croit toûjours l'avoir present, & même qu'il devine les
Ecc. x. 20. » pensées. Ne dites rien contre le roy dans
» vôtre pensée ; ne parlez point contre lui dans
» vôtre cabinet : car les oiseaux du ciel rapor-
» teront vos discours. Les avis volent à lui de toutes parts ; il en sçait faire le discernement, & rien n'échappe à sa connoissance. Ce soldat à qui Joab son general comman-
2. Reg. xviii. 12. 13. » doit quelque chose contre les ordres du roy,
» lui répondit : Quelque somme que vous me
» donnassiez, je ne ferois pas ce que vous me
» dites. Car le roy l'a défendu : & quand je
» ne craindrois pas ma propre conscience, le
» roy le sçauroit, & pourriez-vous me prote-
3. Reg. i. 11. 12. » ger ? Nathan vint à Bethsabée, mere de
» Salomon, & lui dit : Ne sçavez-vous pas
» qu'Adonias fils d'Haggith s'est fait recon-
» noître roy ; & le roy nôtre maître l'ignore
» encore ? sauvez vôtre vie & celle de Salomon ;
» allez promptement, & parlez au roy ! Un mal connu est à demi gueri : les playes cachées deviennent incurables. Voilà pour le dedans. Et pour le dehors : Amasias roy de Juda enflé de la victoire nouvellement remportée sur les Iduméens, voulut mesurer

ses forces avec le roy d'Israël plus puissant
que lui. Joas roy d'Israël lui fit dire : Le « 4. *Reg.*
chardon du Liban voulut marier son fils avec « *xiv.* 8. 9.
la fille du cedre ; & les bêtes qui étoient « 10. *&c.*
dans le bois de cette montagne, en passant «
écraserent le chardon. Vous avez défait les «
Iduméens, & vôtre cœur s'est élevé. Con- «
tentez-vous de la gloire que vous avez ac- «
quise, & demeurez en repos. Pourquoi vou «
lez-vous perir, vous & vôtre peuple ? Ama- «
sias n'acquiesça pas à ce conseil, il marcha «
contre Joas ; il fut battu & pris. Joas ab- «
batit quatre cent coudées des murailles de «
Jerusalem, & enleva les trésors de la maison «
du Seigneur, & de la maison du Roy. Si «
Amasias eût connu les forces de ses voisins ;
il n'auroit pas crû qu'il pût vaincre un roy
plus puissant que lui, parce qu'il en avoit
vaincu un plus foible : & cette ignorance
causa sa ruine. Au contraire Judas le Ma- 1. *Mach.*
chabée pour avoir parfaitement connu la *viii.* 1. 2.
conduite, & les conseils des Romains ; leur 3. *&c.*
puissance & leur maniere de faire la guerre :
enfin leurs secrettes jalousies contre les roys
de Syrie : s'en fit des protecteurs assurez,
qui donnérent moyen aux Juifs de secoüer
le joug des Gentils. Que le prince soit donc
averti, & n'épargne rien pour cela. C'est
à lui principalement que s'adresse cette pa- *Prov.*
role du Sage : Achetez la verité. Mais qu'il « *xxiii.* 23.
prenne donc garde à ne point payer des
trompeurs, & à ne pas acheter le mensonge.

XV. PROPOSITION.

Le prince doit sçavoir parler.

Eccli. ix. » Les ouvrages sont loüez par la main de
24. » l'ouvrier : & le prince du peuple est reconnu
» sage par ses discours. On n'attend de lui
que de grandes choses. Job sentoit en cela
son obligation, & l'attente des peuples, lors
Job.xxix. » qu'il disoit : On n'attendoit de ma bouche
21. 22. » que de belles sentences, & on se taisoit pour
» écouter mes conseils. On ne trouvoit rien à
» ajoûter à mes paroles. Ce n'est pas tout de
tenir de sages discours, ni de dire de bonnes
Eccli. » choses ; il les faut dire à propos. Les belles
xx. 22. » sentences sont rejettées dans la bouche de
» l'imprudent : car il ne les dit pas en leur
temps. C'est pourquoi le sage pense à ce
qu'il dit, pour ne parler que quand il faut.
Prov. » Le cœur du sage instruit sa bouche, & don-
xvi. 23. » ne grace à ses lévres. Des paroles bien or-
24. » données sont comme le miel ; la douceur en
Ecc. x. » est extrême. Les paroles du sage le rendront
12. 13. » agréable ; celles du fol l'engageront dans le
» precipice : il commence par une folie, & finit
» par une erreur insuportable. S'il n'y a rien
de plus agréable qu'un discours fait à propos,
il n'y a rien de plus choquant qu'un discours
Eccli. » inconsideré. Un homme desagréable ressem-
xx. 21. » ble à un discours hors de propos. Parler mal
à propos n'est pas seulement chose desagréa-
Prov. » ble ; mais nuisible. Le discoureur se blesse lui-
xii. 18. » même d'une épée ; la langue des sages est la
Ibid. » santé. Et encore : Qui garde sa bouche, garde
xiii. 3. » son ame ; le parleur inconsideré se perdra
Ecc. x. » lui-même. Le vain discoureur a un caractere
14. » de folie. L'insensé parle sans fin. Et encore :

Voyez

Voyez-vous cet homme prompt à parler ? « *Prov. xxix. 20.*
il y a plus à esperer d'un fol que de luy. La «
langue conduite par la sagesse est un instrument propre à tout. Voulez-vous adoucir un homme irrité ? Une douce réponse appaise la « *Prov. xv. 1.*
colere ; mais une parole rude excite la fureur. «
Et encore : Une langue douce est l'arbre de «
vie ; une langue emportée accable l'esprit. « *Ibid. 4.*
Voulez-vous gagner quelqu'un qui soit mécontent ? la parole vous y sert plus que les «
dons. La rosée rafraîchit l'ardeur ; & une « *Eccli. xviii. 16.*
parole vaut mieux qu'un present. Il faut donc «
être maître de sa langue. Le cœur du sage «
instruit sa bouche : comme nous venons de «
voir. Et encore : Le cœur des fols est en la « *Eccli. xxi. 29.*
puissance de leur bouche ; & la bouche des «
sages est en la puissance de leur cœur. La «
démangeaison de parler, emporte l'un ; la circonspection mesure toutes les paroles de l'autre : l'un s'échauffe en discourant, & s'engage ; l'autre pese tout dans une balance juste, & ne dit que ce qu'il veut.

XVI. PROPOSITION.

Le prince doit sçavoir se taire : le secret est l'ame des conseils.

Il est bon de cacher le secret du roy. Le « *Tob. xiii. 7.*
secret des conseils est une imitation de la
sagesse profonde & impénetrable de Dieu. «
On ne peut connoître la hauteur des cieux ni « *Prov. xxv. 3.*
la profondeur de la terre, ni le cœur des «
rois. Il n'y a point de force où il n'y a point de secret. Celui qui ne peut retenir sa « *Ibid. 28.*
langue, est une ville ouverte & sans muraille. «
On l'attaque, on l'enfonce de toutes parts. «
Si trop parler est un caractere de folie : sçavoir

(*Prov. xvii. 28.*) » se taire est un caractere de sagesse. Le fol mê- » me s'il sçait se taire passera pour sage. Le (*Eccli. xxxii. 11.*) » Sage interroge plus qu'il ne parle : Faites » semblant de ne pas sçavoir beaucoup de cho- » ses, & écoutez en vous taisant, & en inter- » rogeant. Ainsi sans vous découvrir, vous découvrirez les autres. Le desir de montrer qu'on sçait, empêche de penetrer & de sça- (*Prov. xxix. 11.*) » voir beaucoup de choses. Il faut donc parler » avec mesure. L'insensé dit d'abord tout ce » qu'il a dans l'esprit : le sage reserve toûjours (*Eccli. xx. 7.*) » quelque chose pour l'avenir : il ne se taît pas » toûjours ; mais il se taît jusqu'au temps pro- » pre. L'insolent, & l'impudent ne connoissent (*Ibid. 6.*) » pas le temps. Il y en a qui se taisent, parce » qu'ils ne sçavent pas parler ; & il y en a » qui se taisent, parce qu'ils connoissent le » temps. Tant de grands rois, à qui des paroles temerairement échapées ont causé tant d'in- (*Prov. xxi. 23.*) » quietude, justifient cette parole du Sage : Qui » garde sa bouche & sa langue, garde son » ame de grands embarras, & de grands cha- (*Eccli. xxii. 33.*) » grins. Qui mettra un sceau sur mes lévres, » & une garde autour de ma bouche, afin que » ma langue ne me perde point ?

XVII. PROPOSITION.

Le prince doit prévoir.

» Ce n'est pas assez au prince de voir, il (*Prov. xxii. 3.*) » faut qu'il prévoye. L'habile homme a vû le » mal qui le menaçoit, & s'est mis à couvert : » le mal-habile a passé outre, & a fait une (*Eccli. vii. 15.*) » grande perte. Joüissez des biens dans les » temps heureux ; mais donnez-vous garde du » temps fâcheux : car le Seigneur a fait l'un » & l'autre. Il ne faut point avoir une pré-

voyance pleine de soucy & d'inquietude, qui vous trouble dans la bonne fortune : mais il faut avoir une prévoyance pleine de précaution, qui empêche que la mauvaise fortune ne nous prenne au dépourvû. Dans l'abondance souvenez-vous de la famine : pensez à la pauvreté & au besoin parmy les richesses : le temps change du matin au soir. *Eccli. xviii. 25. 26.*
Nous avons vû David pour avoir prévû l'avenir, ruïner le party d'Absalon, & étouffer la rebellion de Seba dans sa naissance. *2. Reg. xv. 20.*
Roboam, Amasias, & les autres dont nous avons vû les égaremens n'ont rien prévû, & sont tombez. Les exemples de l'un & l'autre évenement sont innombrables. Il n'y a gueres d'homme qui ne soit touché d'un grand mal present, & ne fasse des efforts pour s'en tirer : ainsi toute la sagesse est à prévoir. L'homme prévoyant prend garde aux petites choses, parce qu'il voit que de celles-là dépendent les grandes. Qui méprise les petites choses tombera peu à peu. *Eccli. xix. 1.* Dans la plûpart des affaires ce n'est pas tant la chose, que la consequence qui est à craindre : qui n'entend pas cela n'entend rien. La santé dépend plus des précautions que des remedes : Apprenez avant que de parler ; prenez le remede avant la maladie. *Eccli. xviii. 19. 20.* Que les particuliers ayent des vûës courtes, cela peut être supportable. Le prince doit toûjours regarder au loin, & ne se pas renfermer dans son siecle. La vie de l'homme a des jours contez ; mais les jours d'Israël sont innombrables. *Eccli. xxxvii. 28.*

O prince ! regardez donc la posterité. Vous mourrez ; mais vôtre état doit être immortel.

XVIII. PROPOSITION.

Le prince doit être capable d'instruire ses ministres.

C'est-à-dire que la raison doit être dans la tête. Le prince habile fait les ministres habiles, & les forme sur ses maximes. C'est
Eccli. x. 1. » ce que vouloit dire l'Ecclesiastique. Le sage
» juge, c'est-à-dire, le sage prince, instruira
» son peuple : & le gouvernement de l'hom-
» me sensé sera durable. Et encore : L'hom-
Eccli. xxxvii. 26. » me sage instruit son peuple, & les fruits de
» la sagesse ne sont pas trompeurs. L'exem-
» ple de Josaphat également sage, vaillant, &
» pieux, nous apprendra ce qu'il faut faire.
2. Paralip. xvii. 7. 8. 9. » Dans la troisiéme année de son regne, il en-
» voya cinq des seigneurs de la cour pour in-
» struire le peuple dans les villes de Juda, &
» avec eux huit levites, & deux prêtres. Ils
» enseignoient le peuple de Juda, ayant en main
» le livre de la loy du Seigneur ; & ils parcou-
» roient toutes les villes de Juda, & ils instrui-
» soient le peuple. Remarquez toûjours que la loy du Seigneur étoit la loy du royaume, dont le peuple étoit instruit ; & le roy prend soin de l'en faire instruire. Comme cette loy contenoit ensemble les choses religieuses, & politiques, aussi pour enseigner le peuple il envoya des prêtres avec des seigneurs. Mais voyons la suite. Il établit des juges par toutes les villes fortes de Juda, leur disant :
2. Paral. xix. 5. 6. 7. » Prenez garde à ce que vous avez à faire : car
» ce n'est pas le jugement des hommes que vous
» exercez, mais le jugement du Seigneur : &
» tout ce que vous jugerez retombera sur vous.
» Que la crainte du Seigneur soit donc avec

vous : & faites tout avec soin ; car il n'y a « point d'iniquité dans le Seigneur vôtre Dieu, « ni d'acception de personnes, ni de desir d'a- « voir des presens. Outre ces tribunaux érigez dans les villes de Juda, il erigea un tribunal plus auguste dans la capitale du royaume. Il établit dans Jerusalem des levites & des prê- « tres, & les chefs de famille pour juger le ju- « gement du Seigneur, & terminer toutes les « causes en son nom : & il leur dit : Vous « ferez ainsi, & ainsi, dans la crainte du Sei- « gneur avec fidelité, & d'un cœur parfait. « Dans toute cause de vos freres qui viendra à « vous, où il sera question de la loy, des com- « mandemens, des ordonnances, & de la ju- « stice, apprenez-leur à ne point offenser Dieu, « de peur que la colere de Dieu ne vienne sur « vous, & sur eux : En faisant ainsi vous ne « pecherez pas. «

Ibid. 8. 9. 10.

Un prince habile donne ordre que le peuple soit bien instruit des loix ; & luy-même il instruit ses ministres, afin qu'ils agissent selon la regle.

ARTICLE II.

Moyens à un prince d'acquerir les connoissances necessaires.

I. PROPOSITION.

Premier moyen : Aimer la verité, & déclarer qu'on la veut sçavoir.

NOUS avons montré au prince par la parole de Dieu, combien il doit être

instruit, & de combien de choses : donnons-luy les moyens d'acquerir les connoissances necessaires, en suivant toûjours cette divine parole comme nôtre guide. Le premier moyen qu'a le prince pour connoître la verité, est de l'aimer ardemment, & de témoigner qu'il l'aime : ainsi elle lui viendra de tous côtez, parce qu'on croira luy faire plaisir de la luy di-
Eccli. xxvii. 10. » re. Les oiseaux de même espece s'assemblent,
» & la verité retourne à celuy qui la recherche.
Les veritables cherchent les veritables : la verité vient aisément à un esprit disposé à la recevoir par l'amour qu'il a pour elle. Au contraire toute leur cour sera remplie d'erreur, & de flaterie, s'ils sont de l'humeur de ceux :
Is. xxx. 10. » Qui disent aux voyans, ne voyez pas : & à
» ceux qui regardent, ne regardez pas pour
» nous ce qui est droit : dites-nous des choses
» agreables, voyez pour nous des illusions. Peu disent cela de bouche ; beaucoup le disent de cœur. Le monde est rempli de ces insensez
Prov. xviii. 2. » dont parle le Sage : L'insensé n'écoute pas
» les discours prudens, ni ne prête l'oreille, si
» vous ne luy parlez suivant ses pensées. Il ne suffit pas au prince de dire en general qu'il veut sçavoir la verité, & de demander com-
Joan. xviii. 38. » me fit Pilate à nôtre Seigneur : Qu'est-ce
» que la verité ? puis s'en aller tout à coup sans attendre la réponse. Il faut & le dire, & le faire de bonne foy. Les uns s'informent de la verité par maniere d'acquit, & en passant seulement, comme il semble que Pilate fit en ce lieu. Les autres sans se soucier de la sçavoir s'en informent par ostentation, & pour se faire honneur de cette recherche. Tel étoit Achab roy d'Israël, dans lequel nous voyons tous les caracteres de ce dernier genre d'hommes. Au fond il n'aimoit que la flaterie, &

craignoit la verité. C'est pourquoy : Il haïssoit Michée par cette seule raison, qu'il ne luy prophetisoit que des malheurs. Repris de cette aversion injuste par Josaphat roy de Juda, il n'ose luy refuser d'écouter ce prophete veritable : mais en l'envoyant querir par un courtisan flateur, il luy fit dire sous main, comme nous avons déja vû : Tous les prophetes annoncent unanimement au roy des succés heureux, tenez-luy un même langage. Cependant quand il paroît devant Josaphat, & devant le monde, il fait semblant de vouloir sçavoir la verité. Michée, dit Achab, entreprendrons-nous cette guerre ? Je vous demande encore une fois au nom de Dieu de ne me dire que la verité. Mais aussitôt que le saint prophete commence à la luy expliquer, il s'en fâche ; & à la fin de son discours il le fait mettre en prison. Ne vous avois-je pas bien dit, qu'il ne vous prophetiseroit que des malheurs. C'est ainsi qu'il parla à Josaphat, aussi-tôt presque que Michée eut ouvert la bouche. Et quand il eut tout dit : Le roy d'Israël donna cet ordre : Enlevez-moy Michée, & menez-le au gouverneur de la ville, & à Joas fils d'Amalech ; & dites-leur : Le roy commande qu'on mette cet homme en prison, & qu'on le nourrisse au pain & à l'eau en petite quantité, jusqu'à ce qu'il revienne en paix. Voilà à quoy aboutit ce beau semblant que fit Achab de vouloir sçavoir la verité. Aussi Michée le jugeant indigne de la sçavoir, luy répondit d'abord d'un ton ironique : Allez, tout vous réüssira. Enfin pressé au nom de Dieu de dire la verité, le prophete exposa devant tout le monde cette terrible vision : J'ay vû le Seigneur assis dans son trône, & toute l'armée du ciel à droit &

3. Reg. xxii. 8. 2. Paral. xviii. 7.

3. Reg. xxii. 13. 2. Paral. xviii. 12.

3. Reg. xxii. 15. 16. 2. Paral. xviii. 14. 15.

3. Reg. xxii. 18. 2. Paral. xviii. 17.

3. Reg. xxii. 26. 27. 2. Paral. xviii. 25. 26.

3. Reg. xxii. 15. 2. Paral. xviii. 14.

3. Reg. xxii. 19. &c.

2. Paral. xviii. 18. &c. » à gauche. Et le Seigneur dit : Qui trompera
» Achab roy d'Israël, afin qu'il assiege Ra-
» moth-Galaab, & qu'il y perisse ? L'un disoit
» d'une façon, & l'autre d'une autre. Un es-
» prit s'avança au milieu de l'assemblée, & dit
» au Seigneur : Je le tromperai. En quoy le
» tromperas-tu, dit le Seigneur : Et il répon-
» dit : Je serai esprit menteur dans la bouche
» de tous les prophetes. Le Seigneur luy dit :
» Tu le tromperas, & tu prévaudras : va, &
» fais comme tu dis. Maintenant donc, pour-
» suivit Michée, le Seigneur a mis l'esprit de
» mensonge dans la bouche de tous vos pro-
» phetes, & il a résolu vôtre perte.

Qui ne tremblera en voyant de si terribles jugemens ? Mais qui n'en admirera la justice ? Dieu punit par la flaterie les rois qui aiment la flaterie : & livre à l'esprit de mensonge les rois qui cherchent le mensonge, & de fausses complaisances.

Achab fut tué ; & Dieu fit voir que qui cherche à être trompé trouve la tromperie
Psalm. cxviii. 137. » pour sa perte. Vous êtes juste, ô Seigneur !
» & tous vos jugemens sont droits.

II. PROPOSITION.

Second moyen : Etre attentif, & consideré.

On a beau avoir la verité devant les yeux, qui ne les ouvre pas, ne la voit pas. Ouvrir
Eccli. ii. 14. » les yeux à l'ame, c'est être attentif. Les
» yeux du sage sont en sa tête ; le fol marche
» dans les tenebres. On demande à l'imprudent & au temeraire : Insensé à quoy pensiez-vous ? où aviez-vous les yeux ? Vous ne les aviez pas à la tête, ni devant vous : vous ne voyiez pas devant vos pieds : C'est-à-dire, vous

vous ne pensiez à rien ; vous n'aviez aucune
attention. C'est comme si on n'avoit point
d'yeux, ni d'oreille. Ce peuple ne voit pas « *Is. vi. 10.*
de ses yeux, & n'écoute pas des oreilles. Ou «
comme traduit saint Paul : Vous écouterez, « *Act.*
& n'entendrez pas ; vous verrez, & ne con- « *xxviii.*
cevrez pas. C'est pourquoy le Sage nous dit : « *26.*
Qu'il y a un œil qui voit, & une oreille qui « *Prov.*
écoute : & c'est, dit-il, le Seigneur qui fait « *xx. 12.*
l'un & l'autre. Ce don de Dieu n'est pas fait «
pour ceux qui dorment, & qui ne pensent à
rien. Il faut s'exciter soy-même, & conside- «
rer. Que vos yeux considerent ce qui est droit; « *Prov.*
que vos paupieres précedent vos pas. Dres- « *iv. 25.*
sez-vous vous-même un chemin, & vos dé- « *26.*
marches seront fermes. Regardez avant que
de marcher : soyez attentif à ce que vous faites. Il ne faut jamais rien précipiter. Où il « *Prov.*
n'y a point d'intelligence, il n'y a point de « *xix. 2. 3.*
bien : qui se précipite, chopera : la folie des «
hommes les fait tomber, & puis ils s'en pren- «
nent à Dieu dans leur cœur. Soyez donc at- «
tentif & consideré en toutes choses. Devant « *Eccli.*
que de juger ayez la justice devant les yeux : « *xviii. 19.*
apprenez avant que de parler : prenez la me- « *20.*
decine devant la maladie : examinez-vous «
vous-même, avant que de prononcer un ju- «
gement : & Dieu vous sera propice. L'at- «
tention en tout, c'est ce qui nous sauve. Le « *Prov.*
conseil & l'attention vous garderont, la pru- « *ii. 11. 12.*
dence vous sauvera des mauvaises voyes : « *13.*
vous serez délivré de l'homme qui parle ma- «
licieusement, qui laisse le droit chemin, & «
marche par des voyes tenebreuses. Au milieu «
des déguisemens, & des artifices qui regnent
parmi les hommes ; il n'y a que l'attention
& la vigilance, qui nous puisse sauver des
surprises. Qui considere les hommes attenti-

vement, y est rarement trompé. Jacob connut au visage de Laban, que les dispositions
Genes. » de son cœur étoient changées. Il vit que le
xxxi. 2. 5. » visage de Laban étoit autre qu'à l'accoûtu-
» mée. Et sur cela il prit la résolution de se re-
Eccli. » tirer. Car comme dit l'Ecclesiastique selon
xviii. 24. » les Septantes : On connoît les desseins de
» vengeance dans le changement du visage. Et
Eccli. » encore : Le cœur de l'homme change son vi-
xiii. 31. » sage, soit pour le bien, soit pour le mal.
Mais cela n'est pas aisé à découvrir, il y faut
Ibid. 32. » une grande application. On trouve difficile-
» ment & avec travail les vestiges d'un cœur
» bien disposé, & un bon visage.

Que le prince considere donc attentivement toutes choses : mais sur tout qu'il considere attentivement les hommes. La nature
a imprimé sur le dehors une image du de-
Eccli. » dans. L'homme se connoît à la vûë : on re-
xix. 26. » marque un homme sensé à la rencontre :
27. » l'habit, le ris, la démarche découvrent
» l'homme.

Il ne faut pourtant pas en croire les premieres impressions. Il y a des apparences
trompeuses : il y a de profondes dissimulations. Le plus sûr est d'observer tout : mais
Matth. » de n'en croire que les œuvres. Vous les con-
vii. 15. » noîtrez par leurs fruits, c'est-à-dire, par
20. » leurs œuvres, dit la Verité même. Et ail-
Matth. » leurs : L'arbre se connoît par son fruit. En-
xii. 33. core faut-il prendre garde à ce que dit l'Ec-
Eccli. » clesiastique. Il y en a qui manquent, mais
xix. 16. » ce n'est pas de dessein. Qui ne peche point
17. » dans ses paroles ! Comme s'il disoit : Ne prenez pas garde à quelque parole, & à quel-
que faute qui échape. C'est en regardant la
suite des paroles, & des actions, que vous
porterez un jugement droit. Il n'y a rien de

moins attentif, ni de moins consideré que
les enfans. Le Sage nous veut tirer de cet
état, & nous rendre plus serieux, quand il
nous dit : Laissez l'enfance ; & vivez & mar- « *Prov.*
chez par les voyes de la prudence. L'homme « *ix. 6.*
qui n'est point attentif, tombe dans l'un de
ces deux défauts : ou il est égaré, ou il est
comme assoupi dans une profonde létargie.
Le premier de ces défauts fait les étourdis ;
l'autre fait les stupides ; états qui poussez à
un certain point sont deux especes de folie.
Voici en deux paroles deux tableaux qui sont
faits de la main du Sage. La sagesse reluit « *Prov.*
sur le visage de l'homme sensé : les yeux du « *xvii. 24.*
fol regardent aux extremitez de la terre. «
Voyez comme l'un est posé : l'autre pendant
qu'on luy parle, jette deçà & de là ses regards inconsiderez : son esprit est loin de
vous ; il ne vous écoute pas ; il ne s'écoute
pas luy-même : il n'a rien de suivi ; & ses
regards égarez font voir combien ses pensées sont vagues. Mais voici un autre caractere qui n'est pas moins mauvais, ni moins
vivement representé. C'est parler avec un « *Eccli.*
homme endormi, que de discourir avec l'in- « *xxii. 9.*
sensé, qui à la fin du discours demande : «
De quoy parle-t-on ? Que ce sommeil est «
frequent parmi les hommes ? Qu'il y en a
peu qui soient attentifs ; & aussi qu'il y a
peu de sages ? C'est pourquoy JESUS- *Matth.*
CHRIST trouvant tout le genre humain *vi. 2.*
assoupi, le réveille par cette parole qu'il re- *xxiv. 42.*
pete si souvent : Veillez, soyez attentifs, « *43. xxv.*
pensez à vous-mêmes. Voyez, veillez, priez. « *13. xxvi.*
Veillez encore une fois. Et ce que je vous dis, « *38. 41.*
je le dis à tous, veillez. Vous ne sçavez « *Luc. xvii.*
pas à quelle heure viendra le voleur. Qui « *3. xxi. 34.*
ne veille pas est toûjours surpris. Quelle *Marc.*
xiii. 33.
35. 37.

erreur au prince qui veut autour de luy des sentinelles qui veillent : & qui laisse dormir en luy-même son attention, sans laquelle il n'y a nulle garde qui soit sûre. Le prince est luy-même une sentinelle établie pour garder son état : Il doit veiller plus que tous
Is. lvi. les autres. Peuple malheureux ! Tes senti-
10. 11. 12. » nelles, (tes princes, tes magistrats, tes
» pontifes, en un mot tous tes pasteurs qui
» doivent veiller à ta conduite.) Tes senti-
» nelles, dis-je, sont tous aveugles ; ils sont
» tous ignorans ; chiens muets qui ne sça-
» vent point japper : ils ne voyent que des
» choses vaines : ils dorment, ils aiment les
» songes : ce sont des chiens imprudens, &
» insatiables. Les pasteurs mêmes n'entendent
» rien : chacun songe à son interêt : chacun
» suit son avarice, depuis le premier jusqu'au
» dernier. Venez, disent-ils, bûvons, eni-
» vrons-nous ; il sera demain comme aujour-
» d'hui, & cela durera long-temps. Voilà le langage de ceux qui croyent que les affaires se font toutes seules, & que ce qui a duré durera de luy-même sans qu'on y pense. Vient cependant tout à coup le moment fa-
Dan. v. » tal. Mané, Thecel, Pharez. Dieu a compté
25. 26. » les jours de ton regne, & le nombre en est
&c. » complet. Tu as été mis dans la balance ;
» & tu as été trouvé leger. Ton royaume a
» été divisé, & il a été donné aux Medes &
» aux Perses. Et la même nuit Baltazar roy
» des Chaldéens fut tué, & Darius le Mede
» eut son royaume.

III. PROPOSITION.

Troisiéme moyen : Prendre conseil, & donner toute liberté à ses conseillers.

Ne soyez point sage en vous-même. Ne « croyez pas que vos yeux vous suffisent pour « tout voir. La voye de l'insensé est droite à ses yeux. (Il croit toûjours avec raison.) « Le sage écoute conseil. Un prince présomp- « tueux, qui n'écoute pas conseil, & n'en croit que ses propres pensées, devient intraitable, cruel, & furieux. Il vaut mieux ren- « contrer une ourse à qui on enleve ses petits, « qu'un fol qui se confie dans sa folie. Le « fol qui se confie dans sa folie, & le présomptueux qui ne trouve bon que ce qu'il pense, est déja défini par ces paroles du Sage : Le fol n'écoute pas les discours pru- « dens, si vous luy parlez selon sa pensée. « Qu'il est beau d'entendre parler ainsi Salomon, le plus sage roy qui fut jamais ! Qu'il se montre vrayement sage, en reconnoissant que sa sagesse ne luy suffit pas. Aussi voyons-nous qu'en demandant à Dieu la sagesse, il demande un cœur docile. Donnez, « dit-il, ô mon Dieu ! à vôtre serviteur un « cœur docile : (un cœur capable de con- « seil, point superbe, point prévenu, point aheurté ;) afin qu'il puisse gouverner vô- « tre peuple. Qui est incapable de conseil, « est incapable de gouvernement. Avoir le cœur docile, c'est n'être point entêté de ses pensées ; c'est être capable d'entrer dans celles des autres ; selon cette parole de l'Ecclesiastique : Soyez avec les vieillards pru- « dens, & unissez-vous de tout vôtre cœur à «

Prov. iii. 7. *Prov. xii. 15.* *Prov. xvii. 12.* *Prov. xviii. 2.* *3. Reg. iii. 9.* *Eccli. vi. 35.*

» leur sageſſe. Ainſi faiſoit David. Nous avons vû combien il étoit prudent : nous le voyons auſſi écoutant toûjours, & entrant dans la penſée des autres, point aheurté à la ſienne. Il écoute avec patience cette femme ſage de la ville de Thecué, qui oſa bien luy venir parler des plus grandes affaires de ſon

2. Reg. xiv. 12. &c. » état, & de ſa famille. Qu'il me ſoit permis, dit-elle, de parler au roy monſeigneur : » Et il luy dit, parlez. Elle pourſuivit : Pourquoi le roy monſeigneur offenſe-t-il le peuple de Dieu ? & pourquoi fait-il cette faute de ne vouloir pas rappeller Abſalon qu'il a chaſſé ? David l'écouta paiſiblement, & trouva qu'elle avoit raiſon. Quand Abſalon abuſant de la bonté de David eut peri dans ſa rebellion ; ce bon pere s'abandonnoit à la douleur. Joab luy vint repreſenter, de quelle conſequence il luy étoit de ne point témoigner tant d'affliction de la mort de ce rebelle.

2. Reg. xix. 5. &c. » Vous avez, dit-il, couvert de confuſion les viſages de vos fidelles ſerviteurs qui ont expoſé leur vie pour vôtre ſalut, & de toute vôtre famille : vous aimez ceux qui vous haïſſent, & vous haïſſez ceux qui vous aiment : vous nous faites bien paroître que vous ne vous ſouciez pas de vos capitaines, ni de vos ſerviteurs : & je voy bien que ſi Abſalon vivoit, & que nous fuſſions tous perdus, vous en auriez de la joye. Levez-vous donc, paroiſſez, & contentez vos ſerviteurs par des paroles honnêtes : ſinon je vous jure en verité, qu'il ne demeurera pas un ſeul homme auprés de vous ; & le mal qui vous arrivera ſera le plus grand de tous ceux que vous aurez jamais éprouvez depuis vôtre premiere jeuneſſe juſqu'à preſent. David tout occupé qu'il étoit de ſa douleur,

entre dans la pensée d'un homme qui en apparence le traitoit mal, mais qui en effet le conseilloit bien : & en le croyant il sauva l'état.

C'est donc en prenant conseil, & en donnant toute liberté à ses conseillers, qu'on découvre la verité, & qu'on acquiert la veritable sagesse. Moy, sagesse, j'ai ma de- *Prov.*
meure dans le conseil, & je me trouve au *viii. 12.*
milieu des déliberations sensées. Et encore :
La guerre se fait par adresse, & le salut est *Prov.*
dans la multitude des conseils. C'est là que *xxiv. 6.*
se trouvent avec abondance les expediens. La *Eccli.*
science du sage est une inondation, & son *xxi. 16.*
conseil est une source inépuisable. C'est
pourquoy : Le commencement de tout ou- *Eccli. xxxvii. 20.*
vrage est la parole, & le conseil doit marcher avant toutes les actions. Où il n'y a *Prov.*
point de conseil les pensées se dissipent ; où *xv. 22.*
il y a plusieurs conseillers elles se confirment. Mon fils, ne faites rien sans conseil, *Eccli.*
& vous ne vous repentirez point de vos en- *xxxii. 24.*
treprises. Outre que les choses ordinairement réüssissent par les bons conseils, on a cette consolation qu'on ne s'impute rien quand on les a pris. C'est une chose admirable de voir ce que deviennent les petites choses conduites par les bons conseils. Mathatias n'avoit à opposer que sa famille & un petit nombre de ses amis à la puissance redoutable d'Antiochus roy de Syrie, qui opprimoit la Judée. Mais parce qu'il regle d'abord les affaires, & les conseils, il pose les fondemens de la délivrance du peuple. Si- *1. Mach.*
mon vôtre frere est homme de conseil : Ecou- *ii. 65. 66.*
tez-le, & il sera vôtre pere. Judas homme de guerre commandera les troupes, & fera la guerre pour le peuple. Vous attirerez

» avec vous ceux qui ſont zelez pour la loy » de Dieu. Combattez, & deffendez vôtre peuple. Un bon deſſein, un bon conſeil, un bon capitaine pour executer, eſt un moyen aſſûré d'attirer du monde dans le parti. Voilà un gouvernement reglé, & un petit commencement d'une grande choſe.

IV. PROPOSITION.

Quatriéme moyen : Choiſir ſon conſeil.

Eccli. viij. 22. » Ne decouvrez pas vôtre cœur à tout le » monde. Et encore : Que pluſieurs perſonnes *Ibid. vi. 6.* » ſoient bien avec vous ; mais choiſiſſez pour » conſeiller un entre mille. C'eſt pourquoi les conſeils doivent être réduits à peu de perſonnes. *Esther. i. 13.* Les rois de Perſe n'avoient que ſept conſeillers, ou ſept principaux miniſtres. » Nous avons vû : Qu'ils étoient toûjours » auprés du roy, & qu'il faiſoit tout par leur *1. Par. xxvij. 32. 33. 34.* » conſeil. David en avoit encore moins. Jonatham oncle de David, homme ſage & » ſçavant, étoit ſon conſeiller. Luy, & Jahiel » fils de Hachamoni étoient avec les enfans » du roy. Achitophel étoit auſſi conſeiller du » roy, & Chuſai étoit ſon principal amy. » Aprés Achitophel Joïadas fils de Banaïas, » & Abiathar furent appellez aux conſeils. » Joab avoit le commandement des armées. » Et c'étoit avec luy que David traitoit des affaires de la guerre.

Il faut donc pluſieurs conſeillers, car ils s'éclairent l'un l'autre, & un ſeul ne peut pas tout voir : mais il ſe faut reduire à un petit nombre.

Judith. xi. 2. » Premierement, parce que l'ame des conſeils » eſt le ſecret. Nabuchodonoſor aſſembla les ſe-

nateurs & les capitaines, & tint avec eux le « Tob. xij.
secret de son conseil. C'est un ange qui dit à « 7.
Tobie : Il est bon de cacher le secret du roy : «
mais il est bon de découvrir les œuvres de «
Dieu. Le conseil des roys est un mystere ; leur secret qui regarde le salut de tout l'état a quelque chose de religieux & de sacré, aussi-bien que leur personne, & leur mynistere. C'est pourquoi l'interprête latin a traduit secret par le mot de mystere, & de sacrement ; pour nous montrer combien le secret des conseils du prince doit être religieusement gardé. Au reste quand l'ange dit : Qu'il est bon de cacher le secret du roy ; mais qu'il est bon de découvrir les œuvres de Dieu. C'est que les conseils des rois peuvent être détournez étant découverts ; mais la puissance de Dieu ne trouve point d'obstacle à ses desseins ; & Dieu ne les cache point par crainte, ou par précaution ; mais parce que les hommes ne sont pas dignes de les sçavoir, ni capables de les porter. Que le conseil du prince soit donc secret ; & pour cela qu'il soit entre tres-peu de personnes. Car les paroles échapent aisément, & passent trop rapidement d'une bouche à l'autre. Ne
tenez point conseil avec le fol qui ne sçaura « Eccli.
pas cacher vôtre secret. Une autre raison « viij. 20.
oblige le prince à reduire son conseil à peu de « sec. 70.
personnes : c'est que le nombre de ceux qui sont capables d'une telle charge est rare. Il y faut premierement une sagesse profonde, chose rare parmi les hommes : une sagesse qui pénetre les secrets desseins, & qui deterre, pour ainsi dire ce qu'il y a de plus caché. Les
desseins qu'un homme forme dans son cœur « Prov.
sont un abîme profond : un homme sage les « xx. 5.
épuisera. Cet homme sage ne se trouve pas

aisément. Mais je ne sçay s'il n'est pas encore plus rare, & plus difficile de trouver des hommes fidéles. Heureux qui a trouvé un véritable amy. Et encore : Un amy fidéle est une deffense invincible, qui l'a trouvé, a trouvé un trésor : rien ne lui peut être comparé ; l'or & l'argent ne sont rien au prix de sa fidélité. La difficulté est de connoître ces vrais & ces sages amis. Il y a des hommes rusez qui conseillent les autres, & ne peuvent pas se servir eux-mêmes : Il y a des raffineurs qui se rendent odieux à tout le monde. Il y en a qui sont sages pour eux-mêmes, & les fruits de leur sagesse sont fidéles dans leur bouche. C'est-à-dire, leurs conseils sont salutaires. Pour les faux amis, ils sont innombrables. Tout amy dit ; je suis bon amy : mais il y a des amis qui ne sont amis que de nom. N'est-ce pas dequoy s'affliger jusqu'à la mort quand on voit qu'un amy devient ennemy ? O malheureuse pensée ! pourquoy viens-tu couvrir toute la terre de tromperie ? Il y a des amis de plaisir qui nous quittent dans l'affliction. Il y a des amis de table & de bonne chere ; ce sont des lâches qui abandonneront leur bouclier dans le combat. Et encore : Il y a des amis qui cherchent leur temps & leurs interêts, ils vous quitteront dans la mauvaise fortune : Il y a des amis qui découvriront les paroles d'emportement, qui vous seront échapées dans vôtre colere. Il y a des amis de table que vous ne trouverez pas dans le besoin : Dans la prosperité un tel amy sera comme un autre vous-même, & il agira hardiment dans vôtre maison : Si vous tombez, il se mettra contre vous, & se retirera. Parmi tant de faux sages, & de faux amis, il faut faire un choix

Eccli. xxv. 12.

Eccli. vi. 14. 15.

Eccl. xxxvij. 21.

Ibid. 23.

Ibid. 25.

Ibid. 1. 2. 3. 4. 5.

Eccli. vi. 8. 10. 11. 12.

prudent, & ne se fier qu'à peu de personnes. Il n'y a point de plus seur lien d'amitié, que la crainte de Dieu. Celui qui craint Dieu, *Eccli. vi. 17.* sera amy fidéle; & son amy lui sera comme lui-même. Et de-là vient le sage conseil: *Eccli. xxxvii. 15. 16.* Ayez toûjours avec vous un homme saint, que vous connoîtrez craignant Dieu, dont l'ame s'accorde avec la vôtre, & qui compatisse à vos secrets défauts. Prenez garde dans tous ces preceptes, que le sage vous marque toûjours un choix exquis: & qu'il faut se renfermer dans le petit nombre. Mais il faut sur tout consulter Dieu. Qui a Dieu pour amy; Dieu lui donnera des amis. *Eccli. vi. 16.* Un amy fidéle est un remede pour nous assurer la vie & l'immortalité. Ceux qui craignent Dieu le trouveront.

V. PROPOSITION.

Cinquiéme moyen: Ecouter & s'informer.

Autres sont les personnes qu'il faut consulter ordinairement dans ses affaires: autres celles qu'il faut écouter. Le prince doit tenir conseil avec tres peu de personnes. Mais il ne doit pas renfermer dans ce petit nombre tous ceux qu'il écoute: autrement s'il arrivoit qu'il y eût de justes plaintes contre ses conseillers, ou des choses qu'ils ne sçûssent pas, ou qu'ils resolussent de lui taire, il n'en sçauroit jamais rien Nous avons vû David écouter sur des affaires importantes jusqu'à une femme, & suivre ses conseils: tant il aimoit la raison & la verité de quelque côté qu'elle lui vint. Il faut que le prince écoute, & s'informe de toutes parts s'il la veut sçavoir. Ce sont deux choses: Il faut qu'il écoute, & remarque ce qui vient à luy : & qu'il s'informe avec soin de tout ce qui n'y

Eccli. vi. 4.

» vient pas assez clairement. Si vous prêtez » l'oreille, vous serez instruit ; si vous aimez à » écouter, vous serez sage. Aprés tant d'instructions tirées des auteurs sacrez, ne refusons pas d'écouter un prince infidéle ; mais

Flavius. Vop. Aureli.

» habile & grand politique. C'est Diocletien » qui disoit : Il n'y a rien de plus difficile que » de bien gouverner : quatre ou cinq hommes » s'unissent, & se concertent pour tromper » l'empereur. Lui qui est enfermé dans ses » cabinets ne sçait pas la verité. Il ne peut » sçavoir que ce que lui disent ces quatre ou » cinq hommes qui l'approchent. Il met dans » les charges des hommes incapables. Il en » éloigne les gens de mérite. C'est ainsi, disoit » ce prince, qu'un bon empereur, un empereur » vigilant, & qui prend garde à luy, est vendu. *Bonus, cautus, optimus venditur imperator.* Oüy sans doute, quand il n'écoute que peu de personnes, & ne daigne pas s'informer de ce qui se passe.

VI. PROPOSITION.

Sixiéme moyen : Prendre garde à qui on croit, & punir les faux rapports.

Dans cette facilité de recevoir des avis de plusieurs endroits : Il faut craindre : Premierement, que le prince ne se rabaisse en écoutant des personnes indignes. Cette femme

2. Reg. xiv. 2.

que David écouta si tranquillement, étoit une femme sage, & connuë pour telle. L'Ecclesiastique qui recommande tant d'écouter, veut que ceux qu'on écoute, soient des vieillards honorables, & des hommes sensez.

Soyez avec les sages vieillards, & unissez « Eccli. vi. vôtre cœur à leurs sages pensées : Si vous « 35. 36. voyez un homme sensé, frequentez souvent « sa maison, ou l'appellez dans la vôtre. «

Secondement : Il faut craindre que le prince qui écoute trop ne se charge de faux avis, & ne se laisse surprendre aux mauvais rapports. Qui croit aisément, a le cœur « Eccli. leger, & se dégrade luy-même. Ne croyez « xix. 4. donc pas à toute parole. Pesez tout dans une « Ibid. 16. juste balance. Comptez, & pesez : dit l'Ec- « Eccli. xlij. 7. clesiastique. Il faut entendre, & non pas croire : c'est-à dire, peser les raisons, & non pas croire le premier venu sur sa parole : « Le simple croit tout ce qu'on luy dit, le sage « Prov. entend ses voyes. Salomon qui parle ainsi, xiv. 15. avoit profité de ce sage avis du roy son pere : Prenez garde que vous entendiez tout ce que « 3. Reg. vous faites, & de quel côté vous aurez à « ij. 3. vous tourner. Comme s'il disoit : Tournez- « vous de plus d'un côté, car la verité veut être cherchée en plusieurs endroits : les affaires humaines veulent être aussi tentées par divers moyens ; mais de quelque côté que vous vous tourniez, tournez-vous avec connoissance, & ne croyez pas sans raison. Sur tout prenez garde aux faux rapports. Le « Prov. prince qui prend plaisir à écouter les men- « xxix. 12. songes, n'a que des méchans pour ses mi- « nistres. On jugera de vous par les personnes à qui vous croyez. Le méchant écoute la « Prov. méchante langue ; le trompeur écoute les « xvij. 4. lévres trompeuses. Plûtôt un voleur, dit le « Eccli. Sage, que la conversation du menteur. Le « xx. 27. menteur vous dérobe par ses artifices le plus grand de tous les trésors, qui est la connoissance de la verité ; sans quoy vous ne sçauriez faire justice ; ni aucun bon choix ;

ni en un mot aucun bien. Prenez garde que le menteur qui a aiguisé sa langue, & préparé son discours pour couper la gorge à quelqu'un, ne manque pas de couvrir ses mauvais desseins sous un apparence de zéle.

2. Reg. xvi. 1. 2. Miphiboseth, fils de Jonathas, zelé pour David, est trahi par Siba son serviteur ; qui voulant le perdre pour avoir ses biens, vient au devant de David avec des rafraîchissemens pendant qu'il fuyoit devant Absalon.

Ibid. 3. » Où est le fils de vôtre Maître ? lui dit David : » Il est demeuré, répondit le traître, à Jerusa- » lem disant : Que Dieu lui rendroit le royau- » me de son pere. Voilà comme on prepare la voye aux calomnies les plus noires par une demonstration de zele. La malice prend

Prov. xviij. 8. » quelquefois d'autres couvertures. Elle fait la » simple & la sincere. Les paroles du fourbe » paroissent simples, mais elles percent le cœur. Elle fait aussi la plaisante, & s'insinuë par des mocqueries. Mais de-là naissent des que-

Prov. xxij 10. » relles dangereuses : Chassez le mocqueur : les » querelles, les procez, & les injustices se » retireront avec lui. En quelque forme que la médisance paroisse, craignez-la comme

Eccli. x. 11. » un serpent. Si la couleuvre mord en secret ; » le medisant qui se cache n'a rien de moins » odieux. Le remede souverain contre les faux raports, est de les punir. Si vous voulez sçavoir la verité, O prince ! Qu'on ne vous mente pas impunément. Nul ne manque plus de respect pour vous, que celui qui ose porter des mensonges & des calomnies à vos oreilles sacrées. On ne ment pas aisément à celui qui sçait s'informer, & punir ceux qui le trompent. La punition que je vous demande pour les faux rapports ; c'est d'ôter toute croyance à ceux qui les font, & de les chasser

d'auprés de vous. Eloignez la mauvaise lan- *Prov.*
gue ; & ne laissez point approcher les lévres *iv. 24.*
médisantes. Ecouter les médisans, ou seulement les souffrir ; c'est participer à leur crime. N'ayez rien à demêler avec le discou- *Eccli.*
reur, & ne jettez point de bois dans son feu. *viij. 4.*
N'entretenez point les médisances en les écoutant, & en les souffrant. Et encore : N'allu-
mez point le feu du pecheur, de peur que sa *Ibid. 18.*
flamme ne vous devore. Ce n'est pas seule- *sec. 70.*
ment les médisances qui sont à craindre ; les
fausses loüanges ne sont pas moins dangereuses, & les traîtres qui vendent les princes
ont des gens apostez pour se faire loüer devant eux. Toutes les malices auprés des
grands se font sous pretexte de zele. Tobie
l'Ammonite qui vouloit perdre Nehemias,
lui faisoit donner des avis en apparence im-
portants : Il y a des desseins contre vôtre *2. Esd.*
vie ; ils vous veulent tuer cette nuit : en- *vi. 10.*
tendez-vous avec moy ; tenons conseil dans
le temple au lieu le plus retiré : Et je com- *Ibid. 12.*
pris, dit Nehemias, que Semajas étoit ga- *Ibid. 17.*
gné par Tobie & Sanaballat. Tobie entre- *18. 19.*
tenoit de secrets commerces dans la Judée ;
il avoit plusieurs grands dans ses interêts,
qui le loüoient devant moy, & lui rappor-
toient toutes mes paroles. O Dieu ! comment se sauver parmi tant de pieges, si on
ne sçait se garder des discours artificieux, &
parler avec precaution ? Mettez une haye
d'épines autour de vos oreilles, n'y laissez *Eccli.*
pas entrer toute sorte de discours : n'écoutez *xxviij.*
pas la mauvaise langue : faites une porte, & *18. 29.*
une serrure à vôtre bouche : pesez toutes vos
paroles. O prince ! sans ces précautions vos
affaires pourront souffrir : mais quand vôtre
puissance vous sauveroit de ces maux, c'est

pour vous le plus grand de tous les maux de faire souffrir les innocens, contre qui les méchantes langues vous auront irrité.

Qu'il est beau d'entendre David chanter sur sa lyre : J'étois dans ma maison avec un cœur simple ; je ne me proposois point de mauvais desseins ; je haissois les esprits artificieux. Le cœur malin ne trouvoit point d'accez auprés de moy : je persecutois celui qui médisoit en secret contre son prochain ; je ne pouvois vivre avec le superbe & le hautain ; mes yeux se tournoient vers les gens de bien pour les faire demeurer avec moy. Celui qui vit sans reproche étoit le seul que je jugeois digne de me servir ; le menteur ne me plaisoit pas. Dés le matin je pensois à exterminer les impies, & je ne pouvois souffrir les méchans dans la cité de mon Dieu. La belle cour où l'on voit tant de simplicité, & tant d'innocence ; & tout ensemble tant de courage, tant d'habileté, & tant de sagesse !

Psal. c.

VII. PROPOSITION.

Septiéme moyen : Consulter les temps passez, & ses propres experiences.

En toutes choses le temps est un excellent conseiller. Le temps découvre les secrets : le temps fait naître les occasions : le temps confirme les bons conseils. Sur tout qui veut bien juger de l'avenir, doit consulter les temps passez. Si vous voulez sçavoir ce qui fera du bien & du mal aux siecles futurs, regardez ce qui en a fait aux siecles passez. Il n'y a rien de meilleur que les choses éprouvées. N'outrepassez point les bornes posées par

Prov. xxij. 28.

par vos ancêtres. Gardez les anciennes ma- «
ximes sur lesquelles la monarchie a été fondée, & soûtenuë. Imitez les rois de Perse
qui avoient toûjours auprés d'eux : Ces sa- « *Est. i. 13.*
ges conseillers instruits des loix : & des «
maximes anciennes. De là les registres de *Est. vi. 1.*
ces rois, & les annales és siecles passez
qu'Assuerus se faisoit apporter pendant la
nuit, quand il ne pouvoit dormir. Toutes
les anciennes monarchies, celles des Egyptiens, celle des Hebreux, tenoient de pareils
registres. Les Romains les ont imitez. Tous
les peuples enfin qui ont voulu avoir des
conseils suivis, ont marqué soigneusement
les choses passées pour les consulter dans le
besoin. Qu'est-ce qui sera ? Ce qui a été. « *Ecc. 1. 9.*
Qu'est-ce qui a été fait ? ce qu'on fera. Rien « *10.*
n'est nouveau sous le soleil, & personne ne «
peut dire : Cela n'a jamais été vû : car il a «
déja precedé dans les siecles qui sont devant «
nous. C'est pourquoi comme il est écrit dans
la Sagesse : Qui sçait le passé, peut conje- « *Sap. viij.*
cturer l'avenir. L'insensé ne met point de « *8.*
fin à ses discours ; l'homme ne sçait pas ce « *Ecc. x. 14.*
qui a été devant lui ; qui luy pourra dé- «
couvrir ce qui viendra aprés ; N'écoutez pas «
les vains, & infinis raisonnemens, qui ne
sont pas fondez sur l'experience. Il n'y a que
le passé qui puisse vous apprendre, & vous
garentir l'avenir. De là vient que l'écriture
appelle toûjours aux conseils les vieillards
experimentez. Les passages en sont innombrables. En voici un digne de remarque.
Ne vous éloignez point du sentiment des « *Eccl. viij.*
vieillards ; écoutez ce qu'ils vous racontent ; « *1. 12.*
car ils l'ont appris de leurs peres. Vous « *1.*
trouverez l'intelligence dans leurs conseils, «
& vous apprendrez à repondre comme le «

besoin des affaires le demandera. Job déplo-
rant l'ignorance humaine, nous fait voir
que s'il y a parmi nous quelque étincelle
de sagesse, c'est dans les vieillards qu'elle se
Job. » trouve. Où reside la sagesse, dit il, & d'où
xxiij. 20. » nous vient l'intelligence ? Elle est cachée aux
21. 22. » yeux de tous les vivans ; elle est même in-
» connûë aux oiseaux du ciel. (C'est-à-dire,
» aux esprits les plus élevez.) La mort, &
» la corruption ont dit : Nous en avons oüi
» quelque bruit. Les vieillards experimentez
qu'un grand âge approche du tombeau, en
ont oüi dire quelque chose. Job avoit dit la
Job. xij. » même chose en d'autres paroles : La sagesse
12. » est dans les vieillards, & la prudence vient
» avec le temps. C'est donc par l'experience
Ecc. x. 10. » que les esprits se raffinent. Comme le fer
» émoussé s'éguise avec grand travail, ainsi la
Prov. ix » sagesse suit le travail, & l'application. Em-
9. » ployez le sage, & vous augmenterez sa sa-
» gesse. L'usage, & l'experience le fortifiera.
Par l'experience, on profite même de ses fau-
Eccli. » tes. Qui n'a point été éprouvé, que sçait-
xxxix. » il ? L'homme qui a beauçoup vû, pense-
9. 10. » ra beaucoup : qui a beaucoup appris, rai-
12. vers » sonnera bien. Qui n'a point d'experience,
70. » sçait peu de chose. Celui qui a été trompé se
» raffine, & met le comble à sa sagesse. J'ay
» beaucoup appris dans mes fautes & dans mes
» voyages : l'intelligence que j'y ay acquise,
» a passé tous mes raisonnemens : je me suis
» trouvé dans de grands perils, & mes expe-
» riences m'ont sauvé. C'est ainsi que la sagesse se forme : nos fautes mêmes nous
éclairent, & qui sçait en profiter est assez
sçavant. Travaillez donc, ô prince ! à vous
remplir de sagesse. L'experience toute seule
vous la donnera, pourvû que vous soyez at-

tentif à ce qui se passera devant vos yeux. Mais appliquez-vous de bonne heure : Autrement vous vous trouverez aussi peu avancé dans un grand âge, que vous l'avez été
dans vôtre enfance. Pensez-vous trouver dans « *Eccli.*
vôtre vieillesse ce que vous n'aurez point « *xxv. 5.*
amassé dans vôtre jeune âge ? Laissez l'en- « *Prov.*
fance, & vivez : & marchez par les voyes « *ix. 6.*
de la prudence. «

VIII. PROPOSITION.

Huitiéme moyen : S'accoûtumer à se resoudre par soy-même.

Il y a icy deux choses. La premiere, qu'il faut scavoir se resoudre. La seconde, qu'il faut scavoir se resoudre par soy-même. C'est à ces deux choses qu'il se faut accoûtumer de bonne heure. Il faut donc premierement, scavoir se resoudre. Ecouter, s'informer, prendre conseil, choisir son conseil, & toutes les autres choses que nous avons vûës, ne sont que pour celles cy : c'est-à-dire, pour se resoudre. Il ne faut donc point être de ceux qui à force d'écouter, de chercher, de deliberer, se confondent dans leurs pensées & ne scavent à quoy se déterminer : gens de grandes deliberations & de grandes propositions ; mais de nulle execution. A la fin tout
leur manquera. Où il y a beaucoup de dis- « *Prov.*
cours, beaucoup de propositions, des raison- « *xiv. 23.*
nemens infinis, la pauvreté y sera. L'abon- «
dance est dans l'ouvrage. Il faut conclure &
agir. Ne soyez pas prompt à parler, & « *Eccli. iv.*
languissant à faire. Ne soyez point de ces « *34.*
discoureurs qui ont à la bouche de belles maximes, dont ils ne scavent pas faire l'ap-

plication : & de beaux raisonnemens politiques, dont ils ne font aucun usage. Prenez vôtre parti, & tournez-vous à l'action. Ne
Ecc. vij. 17. » soyez donc point trop juste, ni trop sage, de » peur qu'à la fin vous ne soyez comme un » stupide Immobile dans l'action, incapable » de prendre un dessein. Cet homme trop juste & trop sage, est un homme qui par foiblesse, & pour ne pouvoir se resoudre, fait scrupule de tout, & trouve des difficultez infinies en toutes choses. Il y a un certain sens droit, qui fait qu'on prend son parti
Ibid. 30. nettement. Dieu a fait l'homme droit, & il s'est embarrassé de questions infinies. Il reste à nôtre nature même aprés sa chute, quelque chose de cette droiture : c'est par-là qu'il faut se resoudre, & ne point toûjours s'aban-
Ecc. xi. 4. « donner à de nouveaux doutes. Qui observe « le vent ne semera point ; qui considere les » nuées ne fera jamais sa moisson. Qui veut trop s'assurer, & trop prévoir ne fera rien. Il n'est pas donné aux hommes de trouver l'assurance entiere dans leurs conseils, & dans leurs affaires. Aprés avoir raisonnablement consideré les choses, il faut prendre le meilleur parti, & abandonner le surplus à la providence. Au reste quand on a vû clair, & qu'on s'est determiné par des raisons solides, il ne faut pas aisément changer. Nous l'a- » vons déja vû. Ne tournez pas à tout vent &
Eccli. v. 9. 10. vers. 70. » ne marchez point en toute voye. Le pecheur, » (celui qui se conduit mal) a une double » langue. Il dit & se dedit : il resout d'une » façon, & execute de l'autre. Soyez ferme » dans vôtre intelligence ; & que vôtre discours » soit un. Quand je dis qu'il faut sçavoir prendre sa resolution, c'est à-dire, qu'il la faut prendre par soi-même : autrement nous ne

là prenons pas, on nous la donne : Ce n'est pas nous qui nous tournons, on nous tourne. Revenons toûjours à cette parole de David à Salomon. Prenez garde, mon fils, que vous « entendiez tout ce que vous faites ; & de quel « côté vous aurez à vous tourner. Le sage en « tend ses voyes. Il a son but, il a ses desseins, « il regarde si les moyens qu'on lui propose vont à sa fin. L'imprudence des fols est er- « rante. Faute d'avoir un but arrêté, ils ne « sçavent où aller ; & ils vont comme on les pousse. Qui se laisse ainsi mener ne voit rien ; c'est un aveugle qui suit son guide. Que vos « yeux precédent vos pas, nous a déja dit le sage. Vos yeux & non ceux des autres Faites-vous tout expliquer ; faites-vous tout dire : ouvrez les yeux & marchez ; n'avancez que par raison. Ecoutez donc vos amis, & vos conseillers ; mais ne vous abandonnez pas à eux. Le conseil de l'Ecclesiastique est admirable : Separez vous de vos ennemis, prenez « garde à vos amis. Prenez garde qu'ils ne se « trompent : prenez garde qu'ils ne vous trompent. Que si vous suivez à l'aveugle quelqu'un qui aura l'adresse de vous prendre par vôtre foible, & de s'emparer de vôtre esprit ; ce ne sera pas vous qui regnerez : ce sera vôtre serviteur, & vôtre ministre. Et ce que « dit le Sage vous arrivera : Trois choses « émeuvent la terre : la premiere est un servi- « teur qui regne. Dans quelle reputation s'étoit mis ce roy de Judée, dont il est écrit dans « les Actes : Herode étoit en colere contre les « Tyriens, & les Sydoniens : ils vinrent à luy « tous ensemble ; & ayant gagné Blastus « Chambellan du roy, ils obtinrent ce qu'ils « voulurent.

3. Reg. ij. 3.

Prov. xiv. 8.

Prov. iv. 25.

Eccli. vi. 13.

Prov. xxx. 21. 22.

Act. xij. 20.

On vient au prince par ceremonie ; en effet

on traite avec le ministre. Le prince a les reverences ; le ministre a l'autorité effective. On rougit encore pour Assuerus roy de Perse, quand on lit dans l'histoire la facilité avec laquelle il se laisse mener par Aman son favori. Etablissez vous donc un conseil en vôtre cœur : car vous n'en trouverez point de plus fidéle. L'esprit d'un homme attentif à ses affaires, luy rapporte plus de nouvelles que sept sentinelles posées dans des lieux éminens. On ne peut trop vous repeter ce conseil du Sage. Il est mal-aisé dans vôtre jeunesse que vous ne croyez quelqu'un ; car l'experience manque dans cet âge : les passions y sont trop impetueuses ; les deliberations y sont trop promptes. Mais si vous voulez devenir bien-tôt capable d'agir par vous même, croyez de telle maniere que vous vous fassiez expliquer les raisons de tout ; accoûtumez-vous à goûter les bonnes. Faites-vous instruire dans vôtre jeunesse : & jusqu'aux cheveux blancs vôtre sagesse croîtra. Et remarquez icy que la veritable sagesse doit toûjours croître : mais elle doit commencer par la docilité. C'est pourquoy nous avons oüy Salomon au commencement de son regne, & dans sa premiere jeunesse, demander un cœur docile. Et le livre de la sagesse lui fait dire : J'étois un enfant ingenieux, & j'avois eu en partage une bonne ame. C'est-à-dire, portée au bien, & capable de prendre conseil. Il parvint en peu de temps par ce moyen au plus haut degré de sagesse. Il vous en arrivera autant. Si vous écoutez au commencement, bien-tôt vous mériterez qu'on vous écoute. Si vous êtes quelque temps docile, vous deviendrez bien-tôt maître & docteur.

Esth. iij. 8.

Eccli. xxxvij. 17. 18 vers. 7c.

Eccli. vi. 18.

Sap. viij. 19.

IX. PROPOSITION.

Neuviéme moyen : Eviter les mauvaises finesses.

Nous en avons déja vû une belle idée dans
ces mots de l'Ecclesiastique : Il y a des hom- « *Eccli.*
mes rusez & artificieux, qui se mêlent d'en- « *xxxvij.*
seigner les autres ; & qui sont inutiles à eux- « 19. 20.
mêmes : il y a des rafineurs odieux dans leurs « *vers.* 70.
discours, & à qui tout manque. A force de «
rafiner ils sortent du bon sens, & tout leur
échappe. Ce que j'appelle icy mauvaises finesses, ce ne sont pas seulement les finesses grossieres, ou les rafinemens trop subtils : mais en general toutes les finesses qui usent de mauvais moyens. Elles ne manquent jamais d'embarasser celuy qui s'en sert. Qui « *Prov.*
marche droitement se sauvera, qui cherche « *xxviij.*
les voyes détournées, tombera dans quel- « 18.
qu'une. Dit le plus sage des roys. Il n'y a
rien qui se decouvre plutôt que les mauvai- « *Prov. x.*
ses finesses. Celui qui marche simplement, « 9.
marche en assurance : Celui qui pervertit ses «
voyes, sera bien-tôt découvert. Le trompeur
ne manque jamais d'être le premier trompé. « *Prov.*
Les voyes du méchant le tromperont : le « *xii.* 26.
trompeur ne gagnera rien. Et encore : Qui « 27.
creuse une fosse tombera dedans : Qui rompt « *Ecc. x.* 8.
une haye, un serpent le mord. Ecoutez la
vive peinture que nous fait le Sage du fourbe,
& de l'imposteur. Le fourbe & l'infidéle a « *Prov. vi.*
des paroles trompeuses : il cligne les yeux : « 12. 13.
il marche sur les pieds : il fait signe des « 14. 15.
doigts : (il a des intelligences secretes avec «
tout le monde :) son cœur perverti machine «
toûjours quelques tromperies ; il fait mille «

» querelles & broüille les meilleurs amis. Il
» perira bientôt, une chute precipitée le bri-
» sera, & il n'y aura plus de remede. Si une telle conduite est odieuse dans les particuliers : combien plus est elle indigne du prince, qui est le protecteur de la bonne foy. Souvenez-vous de cette parole vraiment noble & vrayment royale du roy Jean, qui sollicité de violer un traité, répondit : Si la bonne foy étoit perie par toute la terre, elle devroit se retrouver dans le cœur, & dans la bouche
Prov. xvi. 12. 13. » des rois. Les méchans sont abominables aux
» rois ; les trônes sont affermis par la justice.
» Les lévres justes sont les délices des rois ;
» qui parle sincerement en sera aimé.

Voilà comme agit un roy quand il songe à ce qu'il est, & qu'il veut agir en roy.

X. PROPOSITION.

Modele de la finesse ; & de la sagesse veritable ; dans la conduite de Saül & de David : pour servir de preuve, & d'exemple à la proposition precedente.

Nous pouvons connoître la difference des sages veritables, d'avec les trompeurs ; par l'exemple de Saül, & de David. Les commencemens de Saül sont magnifiques ; il craignoit le fardeau de la royauté ; il étoit caché dans sa maison, & à peine le pût-on trouver quand on l'élut. Aprés son élection, il y vivoit dans la même simplicité, & appliqué aux mêmes travaux qu'auparavant. Le besoin de l'état l'oblige à user d'autorité ; il se fait obéir par son peuple ; il défait les ennemis, son cœur s'enfle ; il oublie Dieu. La jalousie s'empare de son esprit. Il avoit aimé

1. Reg. x. 21. &c. xi. 1.

Ibid. xi. xii. xiii. xiv. xv.

Ibid. xvi.

aimé David. Il ne le peut plus souffrir, aprés que ses services lui ont acquis beaucoup de gloire. Il n'ose chasser de la cour un si grand homme, de peur de faire crier contre luy-même : mais il l'éloigne sous pretexte de luy donner un commandement considerable. Par là il lui fait trouver les moyens d'augmenter sa reputation, & de lui rendre de nouveaux services. Enfin ce prince jaloux se resout à perdre David ; & il ne voit pas qu'il perd lui-même le meilleur serviteur qu'il ait dans tout son royaume. Sa jalousie luy fournit de noirs artifices pour réüssir dans ce dessein. Il lui promet sa fille : Mais afin qu'elle luy « soit une occasion de ruine : Il lui fait dire « par ses courtisans : Vous plaisez au roy & « tous ses ministres vous aiment. Mais tout « cela pour le perdre. Sous pretexte de lui faire honneur, il l'expose à des occasions hazardeuses ; & l'engage dans des perils presque inévitables. Vous serez mon gendre, dit-il, « si vous tuez cent Philistins. David le fit, & « Saül luy donna sa fille. Mais il vit que le « Seigneur étoit avec David : Il le craignit, « & il le haït toute sa vie. Son fils Jonathas « qui aimoit David, fit ce qu'il pût pour appaiser son pere jaloux. Saül dissimule, & trompe son propre fils, pour mieux tromper David. Il le fait revenir à la cour. David se signale par de nouvelles victoires ; & la jalousie transporte de nouveau Saül. Pendant que David joüoit de la lyre devant luy, il le veut percer de sa lance. David s'enfuit, & il est contraint de se derober de la cour. Saül le rappelle par de nouvelles caresses, & luy tend toûjours de nouveaux pieges. David s'enfuit de nouveau. Le malheureux roy qui voyoit la gloire de David s'augmenter toû-

21. xviii. 7. 8. 9. 13. &c.

Ibid. xviii. 22.

Ibid. 25. 26. 27. 28. 29.

Ibid. xix.

Ibid. xx.

jours ; & que ses serviteurs, jusqu'à ses propres parens, & son fils même, aimoient un homme en effet si accompli, leur parla en
Ibid. xxii. 7. 8. » ces termes : Ecoutez enfans de Jemini, (il » étoit luy-même de cette race,) Est-ce le » fils d'Isaï qui vous donnera des champs & » des vignes ; ou qui vous fera capitaines, & » generaux des armées ? Pourquoi avez-vous » tous conjuré contre moy ; & que personne » ne m'avertit, où est le fils d'Isaï, avec qui » mon propre fils est lié d'amitié ? Aucun de » vous n'a pitié de moy, ni ne m'avertit de » ce qui se passe. On aime mieux servir mon » sujet rebelle, qui fait de continuelles entre» prises contre ma vie. Il ne pouvoit parler plus artificieusement, pour interesser tous ses serviteurs dans la perte de David. Il trouve des flateurs qui entrent dans ses injustes desseins. David tres-fidele au roy est traité » comme un ennemi public. Les Ziphéens vin-
Ibid. xxiii. 19. 20. 21. 22. 23. » rent avertir Saül que David étoit caché par» mi eux dans une forêt. Et Saül leur dit : » Benis soyez-vous de par le Seigneur, vous » qui avez seuls déploré mon sort. Allez, » préparez tout avec soin ; n'épargnez pas vos » peines : recherchez curieusement où il est, » & qui l'aura vû. Car c'est un homme rusé » qui sçait bien que je le haïs. Penetrez tou» tes ses retraites ; rapportez-moy des nouvel» les certaines, afin que j'aille avec vous. » Fût-il caché dans la terre, je l'en tirerai, & » je le poursuivrai dans tout le pays de Juda.

Que d'artifices, que de précautions, que de dissimulations, que d'accusations injustes ! Mais que d'ordres précis donnez, & avec combien d'attention & de vigilance ! Tout cela pour opprimer un sujet fidéle. Voilà ce qui s'appelle des finesses pernicieuses. Mais

nous allons voir en David, une sagesse veritable. Plus Saül tâchoit en le flatant de faire qu'il s'oubliât luy-même, & s'emportât
à des paroles orgueilleuses ; plus sa modestie naturelle lui en inspiroit de respectueuses. Qui suis-je ? & de quelle importance est « *2. Reg.*
ma vie ? Quelle est ma parenté en Israël, « *xviii.* 18.
afin que je puisse esperer d'être le gendre du «
roy ? Et encore : Vous semble-t-il que ce « *Ibid.* 23.
soit peu de chose, que d'être le gendre du «
roy ? Pour moy je suis un homme pau- «
vre, & ma fortune est basse. Il ne se dé- «
fendit jamais des malices de Saül par aucune voye violente. Il ne se rendoit redoutable que par sa prudence, qui lui faisoit
tout prévoir. Il agissoit prudemment dans « *Ibid.* 14.
toutes ses voyes, & le Seigneur étoit avec « 15.
luy. Saül vit qu'il étoit prudent, & il le «
craignoit. Il avoit des adresses innocentes, « *Ibid. xix.*
pour échaper des mains d'un ennemi si arti- 11. 12.
ficieux, & si puissant. Il se faisoit descen- *&c.*
dre secretement par une fenêtre ; & les sa-
tellites de Saül ne trouvoient dans son lit où
ils le cherchoient, qu'une statuë bien couverte, qui lui avoit servi à dérober sa fuite
à ses domestiques. S'il se servoit de sa prudence pour se précautionner contre la jalousie du roy, il s'en servoit encore contre les
ennemis de l'état. Quand les Philistins mar- « *Ibid.*
choient en campagne, David les observoit « *xviii.* 30.
mieux que tous les autres capitaines de Saül ; «
& son nom se rendoit celebre. Comme il «
étoit bon ami & reconnoissant, il se fit des
amis fidéles qui ne le tromperent jamais.
Samuel lui donna retraite dans la maison des *Ibid. xix.*
prophetes. Achimelech le grand prêtre ayant 18 19. 20.
été tué pour avoir servi David innocemment,
il sauva son fils Abiathar. Demeurez avec « *Ibid. xxii.* 23.

» moy, lui dit-il, j'aurai le même soin de
» vôtre vie que de la mienne, & nous nous
» sauverons tous deux ensemble. Abiathar gagné par un traitement si honnête, ne man-
Ibid. xix. & xx. qua jamais à David. Son habileté & sa valeur lui gagnerent tellement Jonathas fils de
Saül, que loin de vouloir entrer dans les desseins sanguinaires du roy son pere; il n'oublia jamais rien pour sauver David. En quoi
il rendoit service à Saül même, qu'il empêchoit de tremper ses mains dans le sang innocent. Quoiqu'il sçût que Jonathas ne le
trompoit pas; comme il connoissoit mieux
Saül que luy, il ne se reposoit pas tout à fait
sur les assurances que lui donnoit son ami.
Ibid. xx. 2. 3. » Jonathas lui dit: Vous ne mourrez point;
» mon pere ne fera ni grande, ni petite chose,
» qu'il ne me la découvre; m'auroit-il caché
» ce seul dessein? cela ne sera pas. Mais David
» lui dit: Vôtre pere sçait que vous m'hono-
» rez de vôtre bien-veillance: & il dit en luy-
» même: Je ne me découvrirai point à Jona-
» thas, de peur de le contrister. Vive le Sei-
» gneur, & vive vôtre ame. Il n'y a qu'un
» petit espace entre moy, & la mort. Afin
Ibid. 5. 6. 20. 21. 22. donc de ne se point tromper dans les desseins
de Saül, il donna des moyens à Jonathas
pour les découvrir; & ils convinrent entr'eux
d'un signal que Jonathas donneroit à David
dans le peril. Comme il vit qu'il n'y avoit
rien à esperer de Saül, il pourvût à la sureté de son pere, & de sa mere, qu'il mit
Ibid. xxii 3. 4. » entre les mains du roy de Moab: Jusqu'à ce
» que je sçache, dit-il, ce que Dieu aura or-
» donné de moy. Voi à un homme qui pense
à tout, & qui choisit bien ses protecteurs.
Car le roy de Moab ne le trompa point. Par
ce moyen il n'eut plus à penser qu'à luy-

même. Et il n'y a rien de plus industrieux, ni de plus innocent que fut alors toute sa conduite. Contraint de se refugier dans les terres d'Achis roy des Philistins, les satrapes vinrent dire au roy : Voilà David ce « grand homme, qui a défait tant de Philis- « tins. David fit reflexion sur ces discours ; « & sçut si bien faire l'insensé, qu'Achis au lieu de le craindre & de l'arrêter, le fit chasser de sa presence, & lui donna moyen de se sauver. Environné trois & quatre fois par toute l'armée de Saül, il trouve moyen de se dégager, & d'avoir deux fois Saül entre ses mains. Alors se verifia ce que David a luy-même si souvent chanté dans ses pseaumes : Le méchant est tombé dans la fosse « qu'il a creusée : il a été pris dans les lacets « qu'il a tendus. Quand ce fidéle se vit maî- « tre de la vie de son roy, il n'en tira autre avantage, que celui de lui faire connoître combien profondément il le respectoit, & de confondre les calomnies de ses ennemis. Il lui cria de loin : Mon seigneur, & mon « roy, pourquoi écoutez-vous les paroles des « méchans qui vous disent : David attente « contre vôtre vie ? Ne voyez-vous pas vous- « même, que le Seigneur vous a mis entre mes « mains ? Et j'ai dit : A Dieu ne plaise, que « j'étende ma main sur l'oint du Seigneur. « Reconnoissez donc, ô mon roy ! que je n'ai « point de mauvais dessein ; & que je n'ai « manqué en rien à ce que je vous dois. C'est « vous qui voulez me perdre. Que le Seigneur « juge entre vous & moy, & qu'il me fasse « justice quand il lui plaira ? Mais à Dieu ne « plaise que ma main attente sur vôtre per- « sonne. Contre qui vous acharnez-vous, « roy d'Israël ? contre qui vous acharnez-vous ? «

Ibid. xxi. 11. 12. &c.

Ibid. xxiv. & xxvi.

Psal. vii. 16. xix. 10. &c.

Ibid. xxiv. 10. 11. 12. 13. 15. 16.

» contre un chien mort, contre un ver de ter-
» re. Que le Seigneur soit juge entre vous &
» moy, & qu'il protege ma cause, & me dé-
» livre de vos mains. Par cette sage & irré-
prochable conduite, il contraignit son enne-
Ibid. 18. » mi à reconnoître sa faute. Vous êtes plus
» juste que moy, lui dit Saül. La colere de
ce roy injuste ne s'appaisa pas pour cela.
Ibid. » David toûjours poursuivi, dit en luy-même :
xxvii. 1. » Je tomberai un jour entre les mains de Saül ;
» il vaut mieux que je me sauve en la terre des
» Philistins ; & que Saül desespérant de me
» trouver dans le royaume d'Israël, se tienne
Ibid. » en repos. Enfin il fit son traité avec Achis
xxvii. & xxviii. roy de Geth ; & se ménagea tellement, que sans jamais rien faire contre son roy, & contre son peuple, il s'entretint toûjours dans les bonnes graces d'Achis. Vous voyez Saül, & David, tous deux avisez, & habiles ; mais d'une maniere bien differente. D'un côté, une intention perverse : de l'autre, une intention droite. D'un côté, Saül un grand roy, qui ne donnant nulles bornes à sa malice, employe tout sans reserve pour perdre un bon serviteur, dont il est jaloux. De l'autre côté, David un particulier abandonné, & trahi, se fait une necessité de ne se défendre que par les moyens licites ; sans manquer à ce qu'il doit à son prince, & à son pays. Et cependant la sagesse veritable renfermée dans des bornes si étroites, est superieure à la fausse, qui n'oublie rien pour se satisfaire.

ARTICLE III.

Des curiositez, & connoissances dangereuses : Et de la confiance qu'on doit mettre en Dieu.

I. PROPOSITION.

Le prince doit éviter les consultations curieuses, & superstitieuses.

TELLES sont les consultations des devins, & des astrologues : chose que l'ambition, & la foiblesse des grands leur fait si souvent rechercher. Qu'il ne se trouve personne parmi vous qui consulte les devins, ni qui croye aux songes & aux augures. Qu'il n'y ait ni enchanteur, ni devin, ni aucun qui se mêle d'évoquer les morts. Le Seigneur a toutes ces choses en execration. Il a détruit pour ces crimes, les peuples qu'il a livrez entre vos mains. Soyez parfaits & sans tache devant le Seigneur vôtre Dieu. Les nations que vous détruirez écoutent les devins, & ceux qui tirent des augures. Mais pour vous, vous avez été instruits autrement par le Seigneur vôtre Dieu. Il veut que vous ne sçachiez la verité que par luy seul : & s'il ne veut pas vous la découvrir, il n'y a qu'à s'abandonner à sa providence. Les astrologues sont compris dans ces maledictions de Dieu. Voici comme il parle aux Chaldéens inventeurs de l'astrologie, en laquelle ils se glorifioient. Le glaive de Dieu sur les Chaldéens,

Deut. xviii. 10. 11. 12. 13. 14.

Jer. L. 35. 36. 37.

» dit le Seigneur, & sur les habitans de Ba-
» bylone : sur leurs princes, & sur leurs sa-
» ges. Le glaive de Dieu sur leurs devins qui
» deviendront fols : le glaive sur leurs braves
» qui trembleront : le glaive sur leurs che-
» vaux, sur leurs chariots, & sur tout le peu-
» ple : ils seront tous comme des femmes : le
» glaive sur leurs trésors qui seront pillez. Il
n'y a rien de plus foible, ni de plus timide, que ceux qui se fient aux pronostics : trompez dans leurs vains présages, ils perdent cœur, & demeurent sans défense. Ainsi perit Babylone la mere des astrologues, au milieu de ses réjoüissances, & des triomphes que luy chantoient ses devins. Isaïe prévoyant sa prise, luy parle en ces termes :

Is. xlvii. 12. 13. 14.

» Viens, dit-il, avec tes enchantemens & tes
» malefices, dans lesquels tu t'es exercée dés
» ta jeunesse, pour voir s'ils te serviront, ou
» te rendront plus puissante : Te voila à bout
» de tous tes conseils, que tu fondois sur des
» pronostics. Appelle tous tes devins, qui ob-
» servoient sans cesse le ciel ; qui contemploient
» les astres ; qui comptoient les mois, & fai-
» soient des supputations si exactes pour t'an-
» noncer l'avenir. Qu'ils te sauvent des mains
» de tes ennemis ? Ils sont comme de la paille
» que le feu devore ; ils ne peuvent se sauver
» eux-mêmes de la flamme. Ceux qui se van-
tent de prédire les évenemens incertains, se font semblables à Dieu. Car écoutez com-

Isa. xli. 4.

» me il parle. Qui est celuy qui appelle, &
» qui compte au commencement toutes les ra-
» ces futures ? Moy le Seigneur, qui suis le
» premier & le dernier : qui suis devant &

Ibid. 21. 22. 23.

» aprés. Amenez-moi vos Dieux, ô gentils,
» dit le Seigneur, que je leur fasse leur procés.
» Parlez si vous avez quelque chose à dire, dit le

roy de Jacob ; qu'ils viennent, & qu'ils vous « annoncent l'avenir. Découvrez-nous les cho- « ſes futures, & nous vous tiendrons pour des « Dieux. Et encore : Ecoutez, maiſon d'Iſraël : « *Jer. x. 1. 2. 3.* Voici ce que dit le Seigneur : Ne marchez « point dans les voyes des gentils ; ne craignez « point les ſignes du ciel que les gentils crai- « gnent : la loy de ces peuples eſt vaine. «

Les gentils ignorans adoroient les planetes, & les autres aſtres ; leur attribuoient des empires, des vertus, & des influences divines, par leſquelles ils dominoient ſur le monde, & en regloient les évenemens : leur aſſignoient des temps, & des lieux, où ils exerçoient leur domination. L'aſtrologie judiciaire eſt un reſte de cette doctrine, autant impie que fabuleuſe. Ne craignez donc ni les éclipſes, ni les cometes, ni les planetes, ni les conſtellations que les hommes ont compoſées à leur fantaiſie, ni ces conjonctions eſtimées les fata, ni les lignes formées ſur les mains ou ſur le viſage, & les images nommées Taliſmans impregnées des vertus celeſtes. Ne craignez ni les figures, ni les horoſcopes, ni les préſages qui en ſont tirez. Toutes ces choſes, où l'on n'allegue pour toute raiſon que des paroles pompeuſes, au fond ſont des réveries que les affronteurs vendent cher aux ignorans.

Ces ſciences curieuſes qui ſervent de couverture aux ſortileges, & aux malefices, ſont condamnées dans tous les états, & neanmoins ſouvent recherchées par les princes qui les défendent. Malheur à eux, malheur encore une fois. Ils veulent ſçavoir l'avenir, c'eſt-à-dire, penetrer le ſecret de Dieu. Ils tomberont dans la malediction de Saül. Ce roy avoit défendu les devins, & il les conſulte. Une femme devinereſſe luy « *1. Reg.*

xxviii. 9. 10. &c. » dit sans le connoître : Vous sçavez que Saül
» a exterminé les devins, & vous venez me
» tenter pour me perdre ? Vive le Seigneur, ré-
» pondit Saül, il ne vous arrivera aucun mal.
» La femme luy dit : Qui voulez-vous que je
» vous évoque ? Evoquez moy Samuel, ré-
» pondit Saül. La femme ayant vû Samuel,
» s'écria de toute sa force : Pourquoi m'avez-
» vous trompée ? Vous êtes Saül. Saül luy
» dit : Ne craignez rien : Qu'avez-vous vû ?
» Je voy quelque chose de divin qui s'éleve de
» terre. Saül répliqua : Quelle est sa figure ?
» Un vieillard s'éleve, dit-elle, revêtu d'un
» manteau. Il comprit que c'étoit Samuel,
» & se prosterna la face contre terre. Alors
» Samuel dit à Saül : Pourquoi troublez-vous
» mon repos en m'évoquant ? Et que vous
» sert de m'interroger, aprés que le Seigneur
» s'est retiré de vous, pour aller à celuy que
» vous enviez ? Le Seigneur fera suivant que
» je vous l'ai dit de sa part : Il vous ôtera
» vôtre royaume, & le donnera à David ;
» parce que vous n'avez pas obéï à la parole
» du Seigneur, & n'avez pas satisfait sa juste
» colere contre Amalec. C'est la cause de tous
» les maux qui vous arrivent aujourd'hui. Et
» le Seigneur livrera avec vous le peuple d'Is-
» raël aux Philistins : demain vous & vos en-
» fans serez avec moy. C'est-à-dire, vous se-
» rez parmi les morts.

Ibid. 20. 21. A cette terrible sentence Saül tomba de frayeur, & il étoit hors de luy-même. Et le lendemain la prédiction fut accomplie. Il n'étoit pas au pouvoir d'une enchanteresse d'évoquer une ame sainte : ni au pouvoir du demon, qui a paru selon quelques-uns sous la forme de Samuel, de dire si precisément l'avenir. Dieu conduisoit cet évenement ; &

1. *Reg.* xxxii.

vouloit nous apprendre, que quand il luy plaît, il permet qu'on trouve la verité par des moyens illicites, pour la juste punition de ceux qui s'en servent. Ne vous étonnez donc pas de voir arriver quelquefois ce qu'ont prédit les astrologues. Car sans recourir au hasard, parce que ce qui est hasard à l'égard des hommes, est dessein à l'égard de Dieu; songez que par un terrible jugement, Dieu même livre à la séduction ceux qui la cherchent. Il abandonne le monde, c'est-à-dire, ceux qui aiment le monde, à des esprits séducteurs, dont les hommes ambitieux & vainement curieux sont le joüet. Ces esprits trompeurs & malins amusent & déçoivent par mille illusions les âmes curieuses, & par là crédules. Un de leurs secrets est l'astrologie, & les autres genres de divinations, qui réüssissent quelquefois selon que Dieu trouve juste de livrer ou à l'erreur, ou à de justes supplices, une folle curiosité. C'est ainsi que Saül trouva dans sa curiosité la sentence de sa mort. C'est ainsi que Dieu doubla son supplice, le punissant non-seulement par le mal même qui luy arriva; mais encore par la prévoyance. Si c'est un genre de punition de livrer les hommes curieux à des terreurs furieuses, c'en est une autre de les livrer à de flateuses esperances. Enfin leur crédulité qui fait qu'ils se fient à d'autres qu'à Dieu, merite d'être punie de plusieurs manieres; c'est-à-dire, non-seulement par le mensonge, mais encore par la verité : afin que leur temeraire curiosité leur tourne à mal en toutes façons. C'est ce qu'enseigne saint Augustin fondé sur les écritures, dans le cinquiéme livre de la doctrine chrétienne, chap. 20. & suivans.

Gardez-vous bien, ô rois, ô grands de la terre ! d'approcher de vous ces trompeurs & ces ignorans, que l'on appelle devins :
Prov. xxiii. 6. » Qui vous font des raisonnemens, & vous » donnent des décisions de ce qu'ils ignorent. » Dit le plus sage des rois. Ne cherchez point parmi eux des interpretes de vos son-
Eccli. xxxiv. 1. 2. 3. 4. 5. 6. 7. » ges, comme s'ils étoient mysterieux. Celuy » qui s'y fie est un insensé : une vaine espe- » rance, & le mensonge, est son partage. Ce- » luy qui s'arrête à ces trompeuses visions, » ressemble à l'homme qui embrasse une om- » bre ; & qui court aprés le vent. Un hom- » me croit voir un autre homme devant luy » dans son sommeil : & prend pour verité, » une creuse & vaine ressemblance : (ce ne sont que vapeurs impures, qui s'élevent dans le cerveau d'une nourriture mal dige- » rée.) Esperez-vous épurer vos pensées par » ce mélange confus d'imaginations, ou que » le mensonge vous instruise de la verité ? La » divination est une erreur ; les augures une » tromperie, & les songes un mensonge & » une illusion. Il n'appartient qu'au Tres- » Haut d'envoyer de veritables visions : & » tout le reste ressemble aux fantaisies qu'une » femme enceinte se met dans l'esprit. N'y » mettez point vôtre cœur, si vous ne voulez » être le joüet d'une honteuse foiblesse, d'une » folle crédulité, & d'une esperance trom- » peuse.

II. PROPOSITION.

On ne doit pas présumer des conseils humains, ni de leur sagesse.

Ecc x. 14. » L'homme sçait à peine les choses pas-

ſées ; qui luy découvrira les choſes futu-
res ? Ainſi qui ſe fie en ſon cœur eſt fol. *Prov. xxviii. 26.*
Et encore : Ne vous élevez pas dans vôtre
cœur comme un taureau furieux, de peur *Eccli. vi. 2. 3. sec. 70.*
que cette penſée ne vous dévore. Vos feüil-
les ſeront mangées, vos fruits tomberont ;
vous demeurerez un bois ſec ; vôtre gloire
& vôtre force s'évanoüiront.

Les Egyptiens ſe piquoient d'une ſageſſe
extraordinaire dans leurs conſeils. Voici
comme Dieu leur parle. Les princes de *Iſ. xx. 11. 12. &c.*
Tanis, ſages conſeillers de Pharaon, luy
ont donné des conſeils extravagans. Comment dites-vous à Pharaon ? Je ſuis le fils
des ſages, le fils de ces anciens rois re nom-
mez par leur prudence. Où ſont maintenant vos ſages ? Qu'ils vous diſent ce que
le Dieu des armées a ordonné de l'Egypte.
Les princes de Tanis ont perdu l'eſprit :
les princes de Memphis ſe ſont trompez,
& ils ont trompé l'Egypte, eux en qui elle
ſe fioit comme en ſes remparts. Le Seigneur
a répandu au milieu d'eux l'eſprit de vertige : la tête leur a tourné : & ils font errer
l'Egypte, comme un yvrogne qui chancelle,
& tournoye en vomiſſant. L'Egypte ne fera
plus rien : elle ne fera ni grandes, ni petites choſes. On la verra étonnée, & trem-
blante comme une femme. Tous ceux qui
la verront trembleront à la vûe des deſſeins
que Dieu a ſur elle.

Quand on voit ſes ennemis prendre de foibles conſeils, il ne faut pas pour cela s'en
orgueillir ; mais ſonger que c'eſt le Seigneur
qui leur envoye cet eſprit d'égarement pour
les punir, & craindre un ſemblable juge-
ment. S'il ſe retire, dit le ſaint prophete, *Iſ. xxix. 14.*
la ſageſſe des ſages perit, & l'intelligence

Is. xl. 23. » des prudens est obscurcie. C'est luy qui ré-
» duit à rien les conseils profonds, & qui rend
» inutiles les grands de la terre. Tremblez
donc devant luy, & gardez-vous de présumer de la sagesse humaine.

III. PROPOSITION.

Il faut consulter Dieu par la priere, & mettre en luy sa confiance, en faisant ce qu'on peut de son côté.

Nous avons vû que c'est Dieu qui donne la sagesse. Nous venons de voir que c'est Dieu qui l'ôte aux superbes. Il faut donc la luy demander humblement. C'est ce que nous enseigne l'Ecclesiastique, lorsqu'aprés nous avoir prescrit dans le chap. XXXVII. tant de fois cité, tout ce que peut faire la
Eccli. xxxvii. 19. » prudence, il conclut ainsi. Mais par dessus
» tout, priez le Seigneur, afin qu'il dirige vos
pas à la verité. Luy seul la connoît à fond : c'est à luy seul qu'il en faut demander l'intelligence. Mais qui demande à Dieu la sagesse, doit faire de son côté tout ce qu'il peut. C'est à cette condition qu'il permet de prendte confiance à sa puissance, & à sa bonté. Autrement c'est tenter Dieu ; & s'imaginer vainement qu'il envoyera ses anges pour nous soutenir, quand nous nous serons précipitez nous-mêmes : ainsi que satan osoit
Matth. iv. 6. 7. le conseiller à JESUS-CHRIST.

ARTICLE IV.

Consequences de la doctrine précedente : De la majesté, & de ses accompagnemens.

I. PROPOSITION.

Ce que c'est que la majesté.

JE n'appelle pas majesté, cette pompe qui environne les rois : ou cet éclat exterieur qui éblouït le vulgaire. C'est le réjaillissement de la majesté, & non pas la majesté elle-même. La majesté est l'image de la grandeur de Dieu dans le prince. Dieu est infini, Dieu est tout. Le prince en tant que prince n'est pas regardé comme un homme particulier : c'est un personnage public, tout l'état est en luy, la volonté de tout le peuple est renfermée dans la sienne. Comme en Dieu est réünie toute perfection, & toute vertu ; ainsi toute la puissance des particuliers est réünie en la personne du prince. Quelle grandeur qu'un seul homme en contienne tant ! La puissance de Dieu se fait sentir en un instant de l'extremité du monde à l'autre : la puissance royale agit en même temps dans tout le royaume : elle tient tout le royaume en état, comme Dieu y tient tout le monde. Que Dieu retire sa main, le monde retombera dans le neant : que l'autorité cesse dans le royaume, tout sera en confusion.

Considerez le prince dans son cabinet.

De là partent les ordres qui font aller de concert les magistrats, & les capitaines; les citoyens, & les soldats; les provinces, & les armées par mer & par terre. C'est l'image de Dieu, qui assis dans son trône au plus haut des cieux fait aller toute la nature. » Quel mouvement se fait, dit saint » Augustin, au seul commandement de l'Em» pereur? Il ne fait que remuer les lévres, il » n'y a point de plus leger mouvement, & » tout l'empire se remuë. C'est, dit-il, l'i» mage de Dieu qui fait tout par sa parole. » Il a dit, & les choses ont été faites; il a » commandé, & elles ont été créées. On admire ses œuvres: la nature est une ma» tiere de discourir aux curieux. Dieu leur » donne le monde à mediter: mais ils ne dé» couvriront jamais le secret de son ouvrage » depuis le commencement jusqu'à la fin. On » en voit quelque parcelle; mais le fond est » impenetrable. Ainsi est le secret du prince. Les desseins du prince ne sont bien connus que par l'execution. Ainsi se manifestent les conseils de Dieu: Jusques là, personne n'y entre, que ceux que Dieu y admet. Si la puissance de Dieu s'étend par tout, la magnificence l'accompagne. Il n'y a endroit de l'univers où il ne paroisse des marques éclatantes de sa bonté. Voyez l'ordre, voyez la justice, voyez la tranquillité dans tout le royaume. C'est l'effet naturel de l'autorité du prince. Il n'y a rien de plus majestueux que la bonté répanduë: & il n'y a point de plus grand avilissement de la majesté, que la misere du peuple causée par le prince. Les méchans ont beau se cacher, la lumiere de Dieu les suit par tout; son bras va les atteindre jusqu'au haut des cieux,

Aug. in Ps. cxlviii.

Ecc. iii. 11.

& jusqu'au fond des abîmes. Où irai-je « devant vôtre esprit, & où fuirai-je devant « vôtre face? Si je monte au ciel, vous y « êtes : si je me jette au fond des enfers, je « vous y trouve : si je me leve le matin, & « que j'aille me retirer sur les mers les plus « éloignées ; c'est vôtre main qui me mene là, « & vôtre main droite me tient. Et j'ai dit : « Peut-être que les tenebres me couvriront : « Mais la nuit a été un jour autour de moy. « Devant vous les tenebres ne sont pas tene- « bres : la nuit est éclairée comme le jour : « l'obscurité & la lumiere ne sont qu'une mê- « me chose. Les méchans trouvent Dieu par « tout, en haut & en bas ; nuit & jour ; quelque matin qu'ils se levent, il les prévient ; quelque loin qu'ils s'écartent, sa main est sur eux. Ainsi Dieu donne au prince de découvrir les trames les plus secretes. Il a des yeux & des mains par tout. Nous avons vû que les oiseaux du ciel luy rapportent ce qui se passe. Il a même reçu de Dieu par l'usage des affaires, une certaine penetration qui fait penser qu'il devine. A-t-il penetré l'intrigue? ses longs bras vont prendre ses ennemis aux extremitez du monde : ils vont les déterrer au fond des abîmes. Il n'y a point d'azile assuré contre une telle puissance. Enfin ramassez ensemble les choses si grandes, & si augustes que nous avons dites, sur l'autorité royale. Voyez un peuple immense réüni en une seule personne : voyez cette puissance sacrée, paternelle, & absoluë : voyez la raison secrete qui gouverne tout le corps de l'état renfermé dans une seule tête : vous voyez l'image de Dieu dans les rois, & vous avez l'idée de la majesté royale.

Psalm. cxxxviii. 7. 8. 9. &c.

Dieu est la sainteté même, la bonté même, la puissance même, la raison même. En ces choses, est la majesté de Dieu. En l'image de ces choses, est la majesté du prince. Elle est si grande cette majesté, qu'elle ne peut être dans le prince comme dans sa source ; elle est empruntée de Dieu, qui la luy donne pour le bien des peuples, à qui il est bon d'être contenu par une force superieure. Je ne sçai quoy de divin s'attache au prince, & inspire la crainte aux peuples. Que le roy ne s'oublie pas

Psalm. lxxxi. 6 7. » pour cela luy même. Je l'ai dit : C'est Dieu
» qui parle. Je l'ai dit : Vous êtes des Dieux,
» & vous êtes tous enfans du Tres-haut :
» mais vous mourrez comme des hommes, &
» vous tomberez comme les grands. Je l'ai
» dit : Vous êtes des Dieux : C'est-à dire : Vous avez dans vôtre autorité, vous portez sur vôtre front un caractere divin. Vous êtes les enfans du Tres-haut : C'est luy qui a établi vôtre puissance, pour le bien du genre humain. Mais, ô Dieux de chair & de sang : ô Dieux de boüe & de poussiere ! Vous mourrez comme des hommes, vous tomberez comme les grands. La grandeur separe les hommes pour un peu de temps ; une chute fatale à la fin les égale tous.

O rois ! Exercez donc hardiment vôtre puissance ; car elle est divine, & salutaire au genre humain : mais exercez-la avec humilité. Elle vous est appliquée par le dehors. Au fond, elle vous laisse foibles ; elle vous laisse mortels ; elle vous laisse pecheurs ; & vous charge devant Dieu d'un plus grand compte.

II. PROPOSITION.

La magnanimité, la magnificence, & toutes les grandes vertus conviennent à la majesté.

A la grandeur conviennent les choses grandes. A la grandeur la plus éminente, les choses les plus grandes, c'est-à-dire, les grandes vertus. Le prince doit pen- « *Is. xxxii. 8.*
ser de grandes choses. Le prince pensera «
des choses dignes d'un prince. Les pensées «
vulgaires deshonorent la majesté. Saül est élu roy, en même temps que Dieu qui l'a élu, luy change le cœur ; & il devint un « *1. Reg.*
autre homme. Taisez-vous pensées vulgai- « *x. 6. 9.*
res : cedez aux pensées royales. Les pensées royales sont celles qui regardent le bien general : les grands hommes ne sont pas nez pour eux-mêmes : les grandes puissances que tout le monde regarde, sont faites pour le bien de tout le monde.

Le prince est par sa charge entre tous les hommes, le plus au dessus des petits interêts ; le plus interessé au bien public : son vrai interêt est celuy de l'état. Il ne peut donc prendre des desseins trop nobles, ni trop au dessus des petites vûës, & des pensées particulieres. Ce Saül changé en un autre homme dans le temps qu'il fut fidéle à la grace de son ministere, étoit au dessus de tout. Au dessus de la royauté, dont il *1. Reg.*
appréhende le fardeau, & dont il méprise le *x. xi.*
faste. Nous l'avons déja vû. Au dessus des *1. Reg.*
sentimens de vengeance. A un jour de vic- *xi. 12. 13.*
toire, où tout le peuple lui veut immoler ses ennemis, il offre à Dieu un sacrifice de

1. *Reg.* clemence. Au dessus de luy-même, & de
xiv. 41. tous les sentimens que le sang inspire :
prêt à dévoüer pour le peuple sa propre personne, & celle de Jonathas son fils bien-aimé.
Que dirons-nous de David, à qui on don-
1. *Reg.* » ne cette belle & juste loüange. Le roy
xiv. 17. » monseigneur, ressemble à un ange de Dieu :
» il n'est ému ni du bien, ni du mal qu'on dit
» de luy. Il va toûjours au bien public ; soit
que les hommes ingrats blâment sa conduite ; soit qu'elle trouve les loüanges dont elle
est digne. Voilà la veritable magnanimité,
que les loüanges n'enflent point, que le blâ-
me n'abat point, que la seule verité touche.
On abandonne avec joye toute sa fortune à
2. *Reg* » la conduite d'un tel prince. Vous êtes com-
xix. 27. » me un ange de Dieu ; faites de moy tout ce
» qu'il vous plaira. Lui dit Miphiboseth,
petit-fils de Saül, trahi par Siba son serviteur. En effet, David n'étoit plein que de
grandes choses ; de Dieu, & du bien public. Nous avons vû que malgré les rebel-
lions & l'ingratitude de son peuple, il se
dévouë pour luy à la vengeance divine,
2. *Reg.* » comme étant le seul coupable. Frapez, Sei-
xxiv. 17. » gneur, frapez ce coupable, & épargnez
» le peuple innocent. Combien sincerement
avouë-t-il sa faute, chose si rare à un roy ?
Ibid. » Avec quel zele la repare-t-il ? J'ai peché,
» dit-il, d'avoir fait le dénombrement du peu-
» ple. O Seigneur ! pardonnez-moi, car j'ai
» agi trop follement. Nous lui avons vû mé-
priser sa vie en cent combats : & aprés
nous l'avons vû se mettre au dessus de la
gloire de combattre, en se conservant pour
son état. Mais combien est-il au dessus du
ressentiment & des injures ? Nous avons
admiré sa joye, quand Abigaïl l'empêcha

de se venger de sa propre main. Nous l'avons vû épargner, & défendre contre les siens Saül son persecuteur ; quoiqu'il sçût qu'en se vengeant il s'assuroit la couronne, dont la succession lui appartenoit. Quelle hauteur de courage de se mettre si aisément au dessus de la douceur de regner, & de celle de la vengeance ! Quand Saül & Jonathas furent tuez, David les pleure tous deux ; David chante leur loüange. Ce n'est pas seulement Jonathas, son intime amy, dont il déplore la perte : il pleure son persecuteur. « Saül & Jonathas tous deux aimables, & couverts de gloire, toûjours unis « dans leur vie, n'ont pas été séparez à la « mort. Filles d'Israël, pleurez Saül qui vous « habilloit de pourpre, par qui vous aviez « des parures d'or ; & le reste. « Il ne taît point les vertus d'un prédecesseur injuste, qui a fait tout ce qu'il a pû pour le perdre : il les celebre, il les immortalise par une poësie incomparable. Il ne pleure pas seulement Saül ; il le venge, & punit de mort celuy qui s'étoit vanté de l'avoir tué. « Je l'ai percé de mon épée, disoit ce traître, aprés lui « avoir ôté le diadême de dessus la tête, & « le brasselet qu'il avoit au bras ; pour vous « apporter ces marques royales, à vous mon- « seigneur. « Ces riches presens ne sauverent pas ce parricide. « Pourquoi n'as-tu pas craint de mettre la main sur l'oint du Seigneur ? « Que ce soit si vous voulez l'interêt de la royauté qui lui ait fait venger son prédecesseur : toûjours est-ce un sentiment au dessus des pensées vulgaires, que David banni, loin de témoigner de la joye d'une mort qui le délivroit d'un si puissant ennemi, & lui mettoit le diadême sur la tête, la venge sur

2. *Reg.* i. 17. 23. 24. &c.

2. *Reg.* i. 10.

Ibid. 14.

l'heure, & assure le repos public avec la vie des rois. Il avoit encore un redoutable ennemi ; c'étoit un fils de Saül qui partageoit le royaume : il sembloit que la politique le pouvoit porter à ménager davantage celuy qui le défit de Saül ; mais ce grand courage ne veut point être délivré de ses ennemis par des attentats, & par des crimes. En effet, quelque temps aprés des méchans lui apporterent la tête de ce second ennemi. Voilà, lui dirent-ils, la tête d'Isboseth, fils de Saül, qui en vouloit à vôtre vie ; mais le Seigneur vous en a vengé. David dit : Vive le Seigneur qui m'a délivré de tout peril ; j'ai fait mourir celuy qui croyoit m'apporter une nouvelle agreable, en m'annonçant la mort de Saül : il trouva la mort luy-même au lieu de la récompense qu'il esperoit : combien plus vous dois-je ôter de la terre, vous qui avez tué dans son lit un homme innocent ? Il les fit mourir aussi-tôt, & fit attacher en lieu public leurs mains sanguinaires, & leurs pieds qui avoient couru au meurtre : afin que tout Israël connût qu'il ne vouloit point de tels services. Et ce qui montre qu'il agit en tout par les motifs les plus nobles, c'est le soin qu'il prend des restes de la maison de Saül. Reste-t-il encore quelqu'un de la maison de Saül, afin que je lui fasse du bien pour l'amour de Jonathas ? Il trouva Miphiboseth fils de Jonathas, à qui il donna sa table aprés lui avoir rendu toutes les terres de sa maison. Au lieu que les rois d'une nouvelle famille ne songent qu'à affoiblir, & à détruire les restes des maisons qui ont été sur le trône devant eux ; David soutient, & releve la maison de Saül, & de Jonathas. En un mot, toutes les

2. Reg. IV. 8. 9. 10. 11. 12.

2. Reg. IX. 1. 7. 8. 9.

actions, & toutes les paroles de David respirent je ne sçai quoy de si grand, & par consequent de si royal, qu'il ne faut que lire sa vie, & écouter ses discours, pour prendre l'idée de la magnanimité. A la magnanimité répond la magnificence, qui joint les grandes dépenses aux grands desseins. David nous est encore un beau modele. Ses victoires étoient marquées par les dons magnifiques qu'il faisoit au sanctuaire, qu'il enrichissoit des dépoüilles des royaumes subjuguez. La belle chose de voir ce grand homme aprés avoir achevé glorieusement tant de guerres, passer sa vieillesse à faire les préparatifs, & les desseins de ce magnifique temple, que son fils bâtit aprés sa mort. « Il assembla à grands frais tout ce qu'il y avoit de plus excellens ouvriers ; il amassa des poids immenses de fer & d'airain ; les cedres qu'il fit venir n'avoient point de prix : il consacra à ce grand ouvrage cent mille talents d'or, & dix millions de talents d'argent ; le reste étoit innombrable. Salomon mon fils est jeune ; & la maison, disoit-il, que je veux bâtir doit être renommée par tout l'univers : ainsi je lui en veux préparer toute la dépense. » Aprés de si magnifiques préparatifs, il croyoit n'avoir rien fait. « J'ai offert, dit-il, à Dieu toutes ces choses dans ma pauvreté. » Il trouve pauvre tout ce qu'il a préparé, parce que cette dépense n'égaloit pas ses desirs, ni ses idées, tant il les avoit grandes. On parlera plus commodément en un autre endroit des magnificences de Salomon, & des autres grands rois de Juda. Et pour définir, en quoi consiste la magnificence : on verra qu'elle paroît dans les grands travaux consacrez à l'utilité publique : dans

2. *Reg.* viii. 11.
1. *Paral.* xviii. 11.
1. *Paral.* xxiii. 2. 3. 4. 5. 14.
Ibid. 14.

les ouvrages qui attirent de la gloire à la nation ; qui impriment du respect aux sujets, & aux étrangers ; & rendent immortels les noms des princes.

LIVRE SIXIEME.

Les devoirs des sujets envers le prince, établis par la doctrine précedente.

ARTICLE PREMIER.

Du service qu'on doit au prince.

I. PROPOSITION.

On doit au prince les mêmes services qu'à sa patrie.

ERSONNE n'en peut douter, aprés que nous avons vû, que tout l'état est en la personne du prince. En luy est la puissance. En luy est la volonté de tout le peuple. A luy seul appartient de faire tout conspirer au bien. Il faut faire concourir ensemble le service qu'on doit au prince, & celui qu'on doit à l'état, comme choses inséparables.

II. PROPOSITION.

Il faut servir l'état, comme le prince l'entend.

Car nous avons vû, qu'en luy réside la

raison qui conduit l'état. Ceux qui pensent servir l'état autrement qu'en servant le prince, & en lui obéïssant, s'attribuent une partie de l'autorité royale : ils troublent la paix publique, & le concours de tous les membres avec le chef. Tels étoient les enfans de Servia, qui par un faux zele vouloient perdre ceux à qui David avoit pardonné.
2. Reg. » Qu'y a-t-il entre vous & moy, en-
xix. 22. » fans de Servia ? Vous m'êtes aujourd'hui
» un satan.

Le prince voit de plus loin & de plus haut : on doit croire qu'il voit mieux ; & il faut obéïr sans murmure, puisque le murmure est une disposition à la sédition. Le prince sçait tout le secret & toute la suite des affaires : manquer d'un moment à ses ordres, c'est mettre tout en hazard. David dit à
2. Reg. » Amasa : Assemblez l'armée dans trois jours,
xx. 4. 5. 6. » & rendez-vous prés de moy en même temps.
» Amasa alla donc assembler l'armée, & de-
» meura plus que le roy n'avoit ordonné. Et
» David dit à Abisaï : Seba nous fera plus de
» mal qu'Absalon : Allez vîte avec les gens
» qui sont prés de ma personne, & poursui-
» vez-le sans relâche. Amasa n'avoit pas compris, que l'obéïssance consiste dans la ponctualité.

III. PROPOSITION.

Il n'y a que les ennemis publics, qui séparent l'interêt du prince de l'interêt de l'état.

Dans le stile ordinaire de l'écriture, les ennemis de l'état sont appellez aussi les ennemis du roy. Nous avons déja remarqué
1. Reg. xiv. 24.

que Saül appelle ses ennemis, les Philistins ennemis du peuple de Dieu. David ayant défait les Philistins : Dieu, dit-il, a défait « mes ennemis. Et il n'est pas besoin de rap- « porter plusieurs exemples d'une chose trop claire pour être prouvée.

2. Reg. v. 20.

Il ne faut donc point penser, ni qu'on puisse attaquer le peuple sans attaquer le roy, ni qu'on puisse attaquer le roy sans attaquer le peuple. C'étoit une illusion trop grossiere, que ce discours que faisoit Rabsacé, general de l'armée de Sennacherib roy d'Assyrie. Son maître l'avoit envoyé pour exterminer Jerusalem, & transporter les Juifs hors de leur pays. Il fait semblant d'avoir pitié du peuple réduit à l'extremité par la guerre, & tâche de le soulever contre son roy Ezechias. Voici comme il parle devant tout le peuple aux envoyez de ce prince. Ce n'est « pas à Ezechias vôtre maître que le roy mon « maître m'a envoyé : il m'a envoyé à ce pau- « vre peuple réduit à se nourrir de ses excre- « mens. Puis il cria à tout le peuple : Ecou- « tez les paroles du grand roy le roy d'Assy- « rie : Voici ce que dit le roy : Qu'Ezechias « ne vous trompe pas ; car il ne pourra vous « délivrer de ma main. Ne l'écoutez pas ; « mais écoutez ce que dit le roy des Assyriens : « faites ce qui vous est utile, & venez à moy. « Chacun de vous mangera de sa vigne & de « son figuier, & boira de l'eau de sa citerne, « jusqu'à ce que je vous transporte à une terre « aussi bonne & aussi fertile que la vôtre, « abondante en vin, en blé, en miel, en oli- « ves, & en toutes sortes de fruits : N'écou- « tez donc plus Ezechias qui vous trompe. « Flater le peuple pour le séparer des interêts de son roy, c'est lui faire la plus cruelle de

4. Reg. xviii 17. 28. 29. &c.

toutes les guerres, & ajoûter la sédition à ses autres maux. Que les peuples déteſtent donc les Rabſace, & tous ceux qui font ſemblant de les aimer, lorſqu'ils attaquent leur roy. On n'attaque jamais tant le corps, que quand on l'attaque dans la tête; quoi qu'on paroiſſe pour un temps flater les autres parties.

IV. PROPOSITION.

Le prince doit être aimé comme un bien public, & ſa vie eſt l'objet des vœux de tout le peuple.

De là, ce cry de, Vive le roy, qui a
paſſé du peuple de Dieu à tous les peuples
1. *Reg.* du monde. A l'élection de Saül, au cou-
x. 24. ronnement de Salomon, au ſacre de Joas,
3. *Reg. i.* » on entend ce cry de tout le peuple: Vive
31. 34 39. » le roy, vive le roy, vive le roy David, vi-
4. *Reg.* » ve le roy Salomon. Quand on abordoit les
xi. 12. » rois, on commençoit par ces vœux. O roy
2. *Eſdr.* » vivez à jamais. Dieu conſerve vôtre vie,
ii. 3. » ô roy monſeigneur. Le prophete Baruch
commande pendant la captivité à tout le
Baruc. i. » peuple: De prier pour la vie de Nabu-
11. » chodonoſor, & pour la vie de ſon fils Bal-
1. *Eſdr.* » tazar. Tout le peuple offroit des ſacrifices
vi. 10. » au Dieu du ciel, & prioit pour la vie du roy,
1. *Tim.* » & celle de ſes enfans. Saint Paul nous a
ii. 2. commandé de prier pour les puiſſances, &
a mis dans leur conſervation celle de la tranquillité. On juroit par la vie du roy, comme par une choſe ſacrée; & les chrétiens ſi religieux à ne point jurer par les creatures, ont reveré ce ſerment, adorant les ordres de Dieu dans le ſalut, & la vie des princes.

Nous en avons vû les passages. Le prince est un bien public, que chacun doit être jaloux de se conserver. Pourquoi nos freres de « Juda nous ont-ils dérobé le roy, comme si « c'étoit à eux seuls de le garder ? & le reste « que nous avons vû. De là ces paroles déja « remarquées. Le peuple dit à David : Vous « ne combattrez pas avec nous ; il vaut mieux « que vous demeuriez dans la ville pour nous « sauver tous. La vie du prince est regardée « comme le salut de tout le peuple : c'est pourquoi chacun est soigneux de la vie du prince ; comme de la sienne ; & plus que de la sienne. L'oint du Seigneur, que nous regardions « comme le souffle de nôtre bouche : « C'est-à-dire, qui nous étoit cher comme l'air que nous respirons. C'est ainsi que Jeremie parle du roy. Les gens de David lui dirent : Vous ne viendrez plus avec nous à « la guerre, pour ne point éteindre la lumiere « d'Israël. Voyez comme on aime le prince ; « il est la lumiere de tout le royaume. Qu'est-ce qu'on aime mieux que la lumiere ? Elle est la joye, & le plus grand bien de l'univers. Ainsi un bon sujet aime son prince, comme le bien public ; comme le salut de tout l'état ; comme l'air qu'il respire ; comme la lumiere de ses yeux ; comme sa vie, & plus que sa vie.

2. *Reg.* xix. 42. &c.

2. *Reg.* xviii. 3.

Jer. Lam. iv. 20.

2. *Reg.* xxi. 17.

V. PROPOSITION.

La mort du prince est une calamité publique : & les gens de bien la regardent, comme un châtiment de Dieu sur tout le peuple.

Quand la lumiere est éteinte, tout est

tenebres, tout est en deüil. C'est toûjours
un malheur public, lorsqu'un état change
de main ; à cause de la fermeté d'une autorité établie, & de la foiblesse d'un regne
naissant. C'est une punition de Dieu pour
un état, lorsqu'il change souvent de maître.
Prov. xxviii. 2. » Les pechez de la terre, dit le Sage, sont
» cause que les princes sont multipliez : la
» vie du conducteur est prolongée, afin que
» la sagesse & la science abonde. C'est un
malheur à un état d'être privé des conseils,
& de la sagesse d'un prince experimenté :
& d'être soumis à de nouveaux maîtres,
qui souvent n'apprennent à être sages qu'aux
dépens du peuple. Ainsi quand Josias eut
2. Paral. xxxv. 25. » été tué dans la bataille de Mageddo : Toute
la Judée & tout Jerusalem le pleurerent,
principalement Jeremie, dont tous les musi-
ciens & musiciennes chantent encore à present les lamentations sur la mort de Josias.
Et ce ne sont pas seulement les bons princes,
comme Josias, dont la mort est réputée un
malheur public ; le même Jeremie déplore
encore la mort de Sedecias ; de ce Sedecias
2. Paral. xxxvi. 12. » dont il est écrit : Qu'il avoit mal fait aux
» yeux du Seigneur ; & qu'il n'avoit pas res-
» pecté la face de Jeremie, qui lui parloit de
Jer. xxxvii. & xxxviii. » la part de Dieu. Loin de respecter ce saint
prophete, il l'avoit persecuté. Et toutefois
aprés la ruine de Jerusalem, où Sedecias
fait prisonnier eut les yeux crevez ; Jeremie
qui déplore les maux de son peuple, déplore comme un des plus grands malheurs, le
Jer. Lam. iv. 20. » malheur de Sedecias. L'oint du Seigneur
» qui étoit comme le souffle de nôtre bouche,
» a été pris pour nos pechez : luy à qui nous
» disions : Nous vivrons sous vôtre ombre
» parmi les gentils. Un roy captif, un roy

dépouillé de ses états, & même privé de la vie, est regardé comme le soutien & la consolation de son peuple captif avec luy. Ce reste de majesté sembloit encore répandre un certain éclat sur la nation désolée : & le peuple touché des malheurs de son prince, les déplore plus que les siens propres. Le « Seigneur, dit-il, a renversé sa maison ; il « a oublié les fêtes & les sabbats de Sion ; le « roy & le pontife ont été l'objet de sa fu- « reur. Les portes de Jerusalem sont abatuës : « Dieu a livré son roy & ses princes aux gen- « tils. Le prophete regarde le malheur du « prince comme un malheur public, & un châtiment de Dieu sur tout le peuple : même le malheur d'un prince méchant ; car il ne perd par ses crimes la qualité d'oint du Seigneur, & la sainte onction qui l'a consacré le rend toûjours venerable. C'est pourquoi David pleure avec tout le peuple la mort de Saül, quoi que méchant. Tes prin « ces sont morts sur tes montagnes, ô Israël ! « Comment les forts ont-ils été tuez ? Ne « portez point cétte nouvelle dans Geth : ne « l'annoncez point dans les ruës d'Ascalon, « de peur que les femmes des Philistins ne s'en « réjoüissent : de peur que ce ne soit un sujet « de joye aux filles des incirconcis. Monta- « gnes de Gelboë, que la rosée ni la pluye ne « distillent plus sur vous ; que vos champs « steriles ne portent plus de quoi offrir des « prémices, puisque sur vous sont tombez les « boucliers des forts, le bouclier de Saül, com- « me s'il n'avoit pas été oint de l'huile sa- « crée. Et le reste que nous avons déja ra- « porté. C'est ainsi que la mort du prince, « quoi que méchant, quoi que réprouvé, fait la joye des ennemis de l'état, & la douleur

Ibid. ii. 6. 9.

2. Reg. 19.20.21.

de ses sujets. Tout le pleure : tout est en deüil pour sa mort : & il faut que les choses les plus insensibles, comme les montagnes, & enfin que toute la nature s'en ressente.

VI. PROPOSITION.

Un homme de bien prefere la vie du prince à la sienne, & s'expose pour le sauver.

2. Reg. xviii. & xxi. Nous l'avons vû : le peuple va combat-
» tre ; il ne se soucie pas de son peril, pourvû
que le prince soit en sûreté. La maniere
dont on fait la garde autour du prince à la
ville & à la campagne, le fait voir. Quand
David entra de nuit dans la tente de Saül :
1. Reg. xxvi. 7. » Il fallut passer au travers d'Abner, & de
» tout le peuple qui reposoit autour de luy.
Ibid. 7. 12. Et David ayant pris la coupe du roy, & sa
pique, pour montrer qu'il avoit été maître
de sa vie, crie de loin à Abner & à tout le
Ibid. 14. 15. 16. » peuple : Abner, êtes-vous un homme ?
» pourquoi gardez-vous si mal le roy vôtre
» maître ? quelqu'un est entré dans sa tente
» pour le tuer. Vive le Seigneur, vous me-
» ritez tous la mort, vous tous qui gardez si
» mal le roy vôtre maître, l'oint du Seigneur ?
» Regardez où est sa pique & sa coupe. Le
peuple doit garder le prince ; le peuple cam-
pe autour de luy : il faut avoir enfoncé
tout le camp, avant qu'on puisse venir au
prince : on doit veiller, afin que le prince
repose en sûreté : qui neglige de le garder
est digne de mort. Quand le roy étoit à la
ville, le peuple, & les grands mêmes cou-
2. Reg. xi. 9. » choient à sa porte. Urie (quoiqu'il fût
» homme de commandement) couchoit à la

porte du palais royal, avec les autres ser- «
viteurs du roy son maître. Durant la re- «
bellion d'Absalon, Ethai-Getthéen marchoit
devant luy à la tête de six cens hommes de
Geth, tous braves soldats. C'étoit des troupes étrangeres, dont David vouloit éprou-
ver la fidelité; & il dit à Ethai : Pourquoi « 2. *Reg.*
venir avec nous? Retournez, & attachez- « *xv.* 19.
vous au nouveau roy. Vous êtes étranger, « 10.21.22.
& vous êtes sorti de vôtre pays : vous arri- «
vâtes hier, & dés aujourd'hui vous mar- «
cherez avec nous? Pour moy j'irai où je «
dois aller : mais vous allez, remenez vos «
freres, & le Seigneur récompensera la fide- «
lité & la reconnoissance que vous m'avez «
témoignée. Ethai répondit au roy : Vive «
le Seigneur, & vive le roy mon maître : «
En quelque lieu que vous soyez, ô roy mon- «
seigneur, j'y serai avec vous; & je ne vous «
quitterai ni à la vie, ni à la mort. David «
lui dit : Venez. A la réponse qu'il lui fit,
il le connut pour un homme qui sçavoit ce
que c'étoit de servir les rois.

ARTICLE II.

De l'obéïssance dûë au prince.

I. PROPOSITION.

Les sujets doivent au prince une entiere obéïssance.

SI le prince n'est ponctuellement obéï, l'ordre est renversé, & il n'y a plus d'unité : par consequent plus de concours, ni de paix dans un état. C'est pourquoi nous avons vû, que quiconque desobéït à la puissance publique, est jugé digne de mort.

Deut. xvii. 12. » Qui sera orgueilleux, & refusera d'obéïr au » commandement du pontife, & à l'ordonnan- » ce du juge, il mourra, & vous ôterez le mal » du milieu d'Israël. C'est pour empêcher ce desordre que Dieu a ordonné les puissances ; & nous avons oüy saint Paul en son

Rom. xiii. 12. » nom : Que toute ame soit soumise aux puis- » sances superieures ; car toute puissance est » de Dieu : il n'y en a point que Dieu n'ait

Tit. iii. 1. » ordonnée. Ainsi qui résiste à la puissance » résiste à l'ordre de Dieu. Avertissez-les d'ê- » tre soumis aux princes & aux puissances ; » de leur obéïr ponctuellement ; d'être prêts » à toute bonne œuvre. Dieu a fait les rois, & les princes ses lieutenans sur la terre, afin de rendre leur autorité sacrée & inviolable. C'est ce qui a fait dire au même saint Paul :

Rom. xiii. 4. » Qu'ils sont ministres de Dieu. Conformément à ce qui est dit dans le livre de la Sa-

Sap. vi. 5. » gesse : Que les princes sont ministres de son

Rom. xiii. 5. » royaume. De là saint Paul conclut : Qu'on » leur doit obéïr par necessité, non-seulement » par la crainte de la colere ; mais encore par » l'obligation de la conscience. Saint Pierre a

1. Petr. ii. 13. 14. 15. » dit aussi : Soyez soumis pour l'amour de » Dieu à l'ordre qui est établi parmi les hom- » mes : Soyez soumis au roy, comme à ce- » lui qui a la puissance suprême ; & aux gou- » verneurs, comme étant envoyez de luy, » parce que c'est la volonté de Dieu. A cela se rapporte, comme nous avons déja vû,

1. Petr. ii. 18. » ce que disent ces deux apôtres : Que les » serviteurs doivent obéïr à leurs maîtres, » quand même ils seroient durs & fâcheux.

Eph. vi. 5. » Non à l'œil, & pour plaire aux hommes ;

mais comme si c'étoit à Dieu. Tout ce que « Colos. iii. 22. 23.
nous avons vû pour montrer que la puissance des rois est sacrée, confirme la verité de ce que nous disons ici : & il n'y a rien de mieux fondé sur la parole de Dieu, que l'obéïssance qui est dûë par principe de religion, & de conscience, aux puissances legitimes. Au reste, quand JESUS-CHRIST dit aux Juifs : Rendez à Cesar, ce qui est « Matth. xxii. 21.
dû à Cesar : Il n'examina pas comment étoit établie la puissance des Cesars : c'est assez qu'il les trouvât établis, & regnans : il vouloit qu'on respectât dans leur autorité l'ordre de Dieu, & le fondement du repos public.

II. PROPOSITION.

Il n'y a qu'une exception à l'obéïssance qu'on doit au prince ; c'est quand il commande contre Dieu.

La subordination le demande ainsi. Obéïssez au roy, comme à celuy à qui appartient « I. Petr. ii. 13. 14.
l'autorité suprême ; & au gouverneur, comme à celuy qu'il vous envoye. Et encore : Il y a divers degrez, l'un est au dessus de « Ecc. v. 7. 8.
l'autre : le puissant a un plus puissant qui lui commande, & le roy commande à tous les sujets. L'obéïssance est dûë à chacun selon son degré ; & il ne faut point obéïr au gouverneur, au préjudice des ordres du prince. Au dessus de tous les empires est l'empire de Dieu. C'est à vrai dire le seul empire absolument souverain, dont tous les autres relevent ; & c'est de luy que viennent toutes les puissances. Comme donc on doit obéïr au gouverneur, si dans les ordres qu'il

donne il ne paroît rien de contraire aux ordres du roy ; ainsi doit-on obéïr aux ordres du roy, s'il n'y paroît rien de contraire aux ordres de Dieu. Mais par la même raison, comme on ne doit pas obéïr au gouverneur contre les ordres du roy, on doit encore moins obéïr au roy contre les ordres de Dieu.
Act. v. 29. C'est alors qu'a lieu seulement cette réponse
» que les apôtres font aux magistrats : Il faut
» obéïr à Dieu plûtôt qu'aux hommes.

III. PROPOSITION.

On doit le tribut au prince.

Si comme nous avons vû on doit exposer sa vie pour sa patrie, & pour son prince ; à plus forte raison doit-on donner une partie de son bien pour soutenir les charges publiques. Et c'est ce qu'on appelle ici le tri-
Luc. iii. 12. » but. Saint Jean-Baptiste l'enseigne. Les pu-
» blicains, (c'étoit eux qui recevoient les im-
» pôts & les revenus publics :) vinrent à luy
» pour être baptisez, & lui demandoient :
» Maître, que ferons-nous pour être sauvez ?
» Il ne leur dit pas : Quittez vos emplois,
Ibid. 13. » car ils sont mauvais & contre la conscien-
» ce : Mais il leur dit : N'éxigez pas plus
» qu'il ne vous est ordonné. Nôtre-Seigneur le décide : Les pharisiens croyoient que le tribut qu'on payoit par tête à Cesar dans la Judée ne lui étoit pas dû. Ils se fondoient sur un pretexte de religion, disant que le peuple de Dieu ne devoit point payer de tribut à un prince infidele. Ils voulurent voir ce que diroit Nôtre-Seigneur sur ce sujet : parce que s'il parloit pour Cesar, ce leur étoit un moyen de le décrier parmi le peu-

ple ; & s'il parloit contre Cesar, ils le déferoient aux Romains. Ainsi ils lui envoyérent leurs disciples, qui lui demanderent : Est-il permis de payer le tribut qu'on « *Matth.*
exige par tête pour Cesar. JESUS con- « *xxii.* 17.
noissant leur malice leur dit : Hypocrites, « 18 19. 20.
pourquoi tâchez-vous de me surprendre ? « 21.
Montrez moi une piece de monnoye. Ils lui « donnerent un denier. Et JESUS leur dit : « De qui est cette image, & cette inscription : « De Cesar, lui dirent-ils. Alors il leur dit : « Rendez donc à Cesar ce qui est à Cesar, & « à Dieu ce qui est à Dieu. Comme s'il eût « dit : Ne vous servez plus du pretexte de la religion, pour ne point payer le tribut. Dieu a ses droits separez de ceux du prince. Vous obéissez à Cesar ; la monnoye dont vous vous servez dans vôtre commerce, c'est Cesar qui la fait battre : s'il est vôtre souverain, reconnoissez sa souveraineté en lui payant le tribut qu'il impose. Ainsi les tributs qu'on paye au prince, sont une reconnoissance de l'autorité suprême ; & on ne les peut refuser sans rebellion. Saint Paul l'en- « *Rom.*
seigne expressément. Le prince est ministre « *xiii.* 4.
de Dieu ; vengeur des mauvaises actions. « 5. 6. 7.
Soyez-lui donc soumis par necessité ; non- « seulement par la crainte de la colere du prince, « mais encore par l'obligation de vôtre « conscience. C'est pourquoi vous lui payez « tribut : car ils sont ministres de Dieu servans « pour cela. Rendez donc à chacun ce « que vous lui devez : le tribut à qui est dû le « tribut : la taille à qui elle est dûë : la crainte « à qui elle est dûë : & l'honneur à qui est « dû l'honneur. On voit par ces paroles de « l'Apôtre, qu'on doit payer le tribut au prince religieusement, & en conscience : com-

me on lui doit rendre l'honneur, & la sujetion, qui est dûe à son ministere. Et la raison fait voir, que tout l'état doit contribuer aux necessitez publiques, ausquelles le prince doit pourvoir. Sans cela il ne peut ni soûtenir, ni défendre les particuliers, ni l'état même. Le royaume sera en proye, les particuliers periront dans la ruine de l'état. De sorte qu'à vrai dire, le tribut n'est autre chose, qu'une petite partie de son bien qu'on paye au prince, pour lui donner moyen de sauver le tout.

IV. PROPOSITION.

Le respect, la fidelité, & l'obéissance qu'on doit aux rois, ne doivent être alterées par aucun pretexte.

C'est-à-dire, qu'on les doit toûjours respecter, toûjours servir, quels qu'ils soient
1. Petr. ii. 18. » bons ou méchans. Obéissez à vos maîtres,
» non-seulement quand ils sont bons & mo-
» derez ; mais encore quand ils sont durs & fâ-
» cheux. L'état est en peril, & le repos public n'a plus rien de ferme, s'il est permis de s'élever pour quelque cause que ce soit contre les princes. La sainte onction est sur eux : & le haut ministere qu'ils exercent au nom de Dieu, les met à couvert de toute insulte. Nous avons vû David, non-seulement refuser d'attenter sur la mort de Saül ; mais trembler, pour avoir osé lui couper le bord de sa robe, quoique ce fût à bon des-
1. Reg. xxiv. 6. 7. » sein. Que j'ose lever ma main contre l'oint
» du Seigneur, à Dieu ne plaise. Et le cœur
» de David fut frapé, parce qu'il avoit coupé
» le bord de la cotte-d'armes de Saül. Les

paroles de saint Augustin sur ce passage sont remarquables. Vous m'objectez, dit-il à Petilien évêque de Donatiste : Que celui qui n'est pas innocent ne peut avoir la sainteté. Je vous demande, si Saül n'avoit pas la sainteté de son sacrement & de l'onction royale ; qu'est-ce qui causoit en luy de la veneration à David ? Car c'est à cause de cette onction sainte & sacrée, qu'il l'a honoré durant sa vie, & qu'il a vengé sa mort. Et son cœur frapé trembla, quand il coupa le bord de la robe de ce roy injuste. Vous voyez donc que Saül qui n'avoit pas l'innocence, ne laissoit pas d'avoir la sainteté ; non la sainteté de vie, mais la sainteté du sacrement divin, qui est saint même dans les hommes mauvais. Il appelle sacrement l'onction royale ; ou parce qu'avec tous les peres, il donne ce nom à toutes les ceremonies sacrées ; ou parce qu'en particulier l'onction royale des rois dans l'ancien peuple, étoit un signe sacré institué de Dieu, pour les rendre capables de leur charge, & pour figurer l'onction de JESUS-CHRIST même. Mais ce qu'il y a ici de plus important, c'est que saint Augustin reconnoît aprés l'écriture, une sainteté inherente au caractere royal, qui ne peut être effacée par aucun crime. C'est, dit-il, cette sainteté que David injustement poursuivi à mort par Saül ; David sacré luy-même pour lui succeder, a respectée dans un prince réprouvé de Dieu. Car il sçavoit, que c'étoit à Dieu à faire justice des princes ; & que c'est aux hommes à respecter le prince, tant qu'il plaît à Dieu de le conserver. Aussi voyons-nous que Samuel aprés avoir déclaré à Saül que Dieu l'avoit rejetté, ne laisse pas de l'honorer. J'ai mal

Lib. 2. cont. lit. Petil. cxlviii.

1. Reg. xv.

24. 25. » fait, lui dit Saül : mais je vous prie portez
26. 27. » mon péché, & retournez avec moy pour
28. 30. 31. » adorer le Seigneur. Samuel lui répondit :
» Je n'irai pas avec vous, parce que vous avez
» rejetté la parole du Seigneur, & le Seigneur
» vous a aussi rejetté : il ne veut plus que vous
» soyez roy. Samuel se tournoit pour se reti-
» rer, & Saül le prit par le haut de son man-
» teau qui se déchira. Sur quoi Samuel lui dit :
» Le Seigneur a séparé de vous le royaume
» d'Israël, & l'a donné à un plus homme de
» bien. Ce Dieu puissant, & victorieux, ne
» s'en dédira pas : car il n'est pas comme un
» homme pour se repentir de ses desseins. J'ai
» peché, répondit Saül : mais honorez-moi
» devant les senateurs de mon peuple, & de-
» vant tout Israël ; & retournez avec moy,
» afin que j'adore avec vous le Seigneur vôtre
» Dieu. Alors Samuel suivit Saül, & Saül
» adora le Seigneur. On ne peut donc pas déclarer plus clairement à un prince sa répro-
bation : mais Samuel à la fin se laisse fléchir, & consent à honorer Saül devant les
grands, & devant le peuple : nous montrant
par cet exemple, que le bien public ne permet
pas qu'on expose le prince au mépris. Roboam traita durement le peuple : mais la revolte de Jeroboam & des dix tribus qui le
suivirent, quoique permise de Dieu en punition des pechez de Salomon, ne laisse pas
d'être détestée dans toute l'écriture, qui dé-
2. *Paral.* clare : Qu'en se revoltant contre la maison
xiii. 5. 6. de David, ils se revoltoient contre Dieu qui
7. 8. regnoit par elle. Tous les prophetes qui ont
vêcu sous les méchans rois : Elie & Elisée
sous Achab, & sous Jesabel en Israël : Isaïe
sous Achas & sous Manassés : Jeremie sous
Joachim, sous Jechonias, sous Sedecias :
en

en un mot tous les prophetes sous tant de rois impies & méchans, n'ont jamais manqué à l'obéïssance, ni inspiré la revolte; mais toûjours la soumission, & le respect. Nous venons d'oüir Jeremie aprés la ruine de Jerusalem, & l'entier renversement du trône des rois de Juda, parler encore avec un respect profond de son roy Sedecias.
« L'oint du Seigneur que nous regardions com- *Jer. Lam.*
« me le souffle de nôtre bouche, a été pris *iv. 20.*
« pour nos pechez : lorsque nous lui disions :
« Nous vivrons sous vôtre ombre parmi les
« gentils. Les bons sujets ne se tenoient pas quittes du respect qu'ils devoient à leur roy, aprés même que son royaume fut renversé, & qu'il fut emmené comme un captif avec tout son peuple : Ils respectoient jusques dans les fers & aprés la ruine du royaume, le caractere sacré de l'autorité royale.

V. PROPOSITION.

L'impieté déclarée, & même la persecution, n'exemptent pas les sujets de l'obéïssance qu'ils doivent aux princes.

Le caractere royal est saint & sacré, même dans les princes infidéles; & nous avons vû que Cyrus est appellé « : L'oint du Seigneur. *Is. xlv. 1.* Nabuchodonosor étoit impie & orgueilleux, jusqu'à vouloir s'égaler à Dieu, & jusqu'à faire mourir ceux qui lui refusoient un culte sacrilege. Et neanmoins Daniel lui dit ces mots :
« Vous êtes le roy des
« rois, & le Dieu du ciel vous a donné le
« royaume, & la puissance, & l'empire, &
« la gloire. C'est pourquoi le peuple de Dieu *Baruch. i. 11.*
prioit pour la vie de Nabuchodonosor, de *I. Esdr. i. 11.*

3. *Reg.* de Baltazar, & d'Assuerus. Achab, & Je-
xix. 1. 10. sabel avoient fait mourir tous les prophetes
14. du Seigneur. Helie s'en plaint à Dieu ; mais
3. *Reg.* il demeure toûjours dans l'obéïssance. Les
xx. prophetes durant ce temps font des prodiges
étonnans, pour défendre le roy, & le royau-
4. *Reg.* me. Elisée en fit autant sous Joram fils
iii. vi. d'Achab, aussi impie que son pere. Rien
vii. n'a jamais égalé l'impieté de Manassés,
4. *Reg.* qui pecha & fit pecher Juda contre Dieu,
xxi. 2. 3. dont il tâcha d'abolir le culte ; persecutant
16. les fidéles serviteurs de Dieu, & faisant re-
gorger Jerusalem de leur sang. Et cependant Isaïe, & les saints prophetes qui le
reprenoient de ses crimes, jamais n'ont excité contre luy le moindre tumulte. Cette
doctrine s'est continuée dans la religion chrétienne. C'étoit sous Tibere, non-seulement
infidéle, mais encore méchant, que Nôtre-
Matth. Seigneur dit aux Juifs : Rendez à Cesar ce
xxii. 21. qui est à Cesar. Saint Paul appelle à Cesar,
Act. & reconnoît sa puissance. Il fait prier pour
xxv. 10. les empereurs, quoique l'empereur qui re-
11. *&c.* gnoit du temps de cette ordonnance fût Ne-
1. *Tim.* ron, le plus impie & le plus méchant de
ii. 1. 2. tous les hommes. Il donne pour but à cette
priere la tranquillité publique ; parce qu'elle
demande qu'on vive en paix ; même sous
les princes méchans, & persecuteurs. Saint
Rom. Pierre & luy commandent aux fidéles d'être
xiii. 5. soûmis aux puissances. Nous avons vû leurs
1. *Petr.* paroles ; & nous avons vû, quelles étoient
ii. 13 14. alors les puissances, dans lesquelles ces deux
17. 18. saints apôtres faisoient respecter aux fidéles
l'ordre de Dieu. En consequence de cette
doctrine apostolique, les premiers chrétiens,
quoique persecutez durant trois cens ans,
n'ont jamais causé le moindre mouvement

dans l'empire. Nous avons appris leurs sentimens par Tertullien, & nous les voyons dans toute la suite de l'histoire ecclesiastique. Ils continuoient à prier pour les empereurs, même au milieu des supplices ausquels ils les condamnoient injustement. « Courage, dit Tertullien, arrachez, ô bons « juges, arrachez aux chrétiens une ame qui « répand des vœux pour l'empereur. Constance fils de Constantin le grand, quoique protecteur des Arriens, & persecuteur de la foy de Nicée, trouva dans l'eglise une fidelité inviolable. Julien l'apostat son successeur, qui rétablit le paganisme condamné par ses predecesseurs, n'en trouva pas les chrétiens moins fidéles, ni moins zelez pour son service : tant ils sçavoient distinguer l'impieté du prince, d'avec le sacré caractere de la majesté souveraine. Tant d'empereurs heretiques qui vinrent depuis : un Valens, une Justine, un Zenon, un Basilique, un Anastase, un Heraclius, un Constant, quoiqu'ils chassassent de leur siege les évêques orthodoxes, & même les papes ; & qu'ils remplissent l'eglise de carnage & de sang, ne virent jamais leur autorité attaquée par les catholiques. Enfin durant sept cens ans on ne voit pas seulement un seul exemple, où l'on ait desobéi aux empereurs, sous pretexte de religion. Dans le huitiéme siecle tout l'empire demeure fidéle à Leon Isaurien chef des Iconoclastes, & persécuteur des fidéles. Sous Constantin Copronyme son fils, qui succeda à son heresie & à ses violences aussi-bien qu'à sa couronne, les fidéles d'Orient n'opposerent que la patience à la persecution. Mais dans la chute de l'empire, lorsque les Cesars suffisoient à peine à défendre l'Orient,

Tertul. Apolog.

où ils s'étoient renfermez ; Rome abandonnée prés de deux cens ans à la fureur des Lombards, & contrainte d'implorer la protection des François, fut obligée de s'éloigner des empereurs. On pâtit long-temps avant que d'en venir à cette extremité ; & on n'y vient enfin, que quand la capitale de l'empire fut regardée par ses empereurs, comme un pays exposé en proye, & laissé à l'abandon.

VI. PROPOSITION.

Les sujets n'ont à opposer à la violence des princes, que des remontrances respectueuses, sans mutinerie, & sans murmure ; & des prieres pour leur conversion.

Qnand Dieu voulut délivrer les Israëlites de la tyrannie de Pharaon, il ne permit pas qu'ils procedassent par voye de fait contre un roy, dont l'inhumanité envers eux étoit inoüie. Ils demanderent avec respect la liberté de sortir, & d'aller sacrifier à Dieu dans le desert. Nous avons vû que les princes doivent écouter même les particuliers ; à plus forte raison doivent-ils écouter le peuple, qui leur porte avec respect ses justes plaintes par les voyes permises. Pharaon tout endurci & tout tyran qu'il étoit, ne laissoit pas d'écouter les Israëlites. Il écou-
Exod. v. vii. toit Moïse & Aaron. Il reçut à son audien-
Ibid. v. 15. » ce les magistrats du peuple d'Israël, qui vin-
» rent se plaindre à luy avec de grands cris,
» & lui disoient : Pourquoi traitez-vous ainsi
» vos serviteurs ?

Qu'il soit donc permis au peuple oppressé de recourir au prince par ses magistrats, &

par les voyes legitimes : mais que ce soit toûjours avec respect. Les remontrances pleines d'aigreur & de murmure, sont un commencement de sedition qui ne doit pas être souffert. Ainsi les Israëlites murmuroient contre Moïse, & ne lui ont jamais fait une remontrance tranquille. Moïse ne cessa jamais de les écouter, de les adoucir, de prier pour eux ; & donna un memorable exemple de la bonté que les princes doivent à leur peuple : mais Dieu pour établir l'ordre fit de grands châtimens de ces seditieux. Quand je dis que ces remontrances doivent être respectueuses, j'entends qu'elles le soient effectivement, & non seulement en apparence, comme celles de Jeroboam & des dix tribus, qui dirent à Roboam : Vôtre pere « nous a imposé un joug insupportable : di- « minuez un peu un joug si pesant, & nous « vous serons fidéles sujets. Il y avoit dans « ces remontrances quelque marque exterieure de respect, en ce qu'ils ne demandoient qu'une petite diminution, & promettoient d'être fidéles. Mais faire dépendre leur fidelité de la grace qu'ils demandoient, c'étoit un commencement de mutinerie. On ne voit rien de semblable dans les remontrances que les chrétiens persecutez faisoient aux empereurs. Tout y est soûmis, tout y est modeste ; la verité de Dieu y est dite avec liberté : mais ces discours sont si éloignez des termes seditieux, qu'encore aujourd'hui on ne peut les lire, sans se sentir porté à l'obéissance. L'imperatrice Justine, mere, & tutrice de Valentinien II. voulut obliger saint Ambroise à donner une eglise aux Arriens qu'elle protegeoit, dans la ville de Milan résidence de l'empereur. Tout le

Num. xi. xiii. xiv. xx. xxi. &c.

Ibid.

3. *Reg. xii.* 4.

2. *Paral. x.* 4.

peuple se réünit avec son évêque ; & assemblé à l'eglise, il attendoit l'évenement de cette affaire. Saint Ambroise ne sortit jamais de la modestie d'un sujet, & d'un évêque. Il fit ses remontrances à l'empereur : » Ne croyez pas, lui disoit-il, que vous ayez » pouvoir d'ôter à Dieu ce qui est à luy. Je » ne puis pas vous donner l'eglise que vous » demandez : mais si vous la prenez, je ne » dois pas resister. Et encore : Si l'empereur » veut avoir les biens de l'eglise, il peut les » prendre ; personne de nous ne s'y oppose : » qu'il nous les ôte s'il veut ; je ne les donne » pas, mais je ne les refuse pas. L'empe» reur, ajoûtoit-il, est dans l'eglise ; mais » non au dessus de l'eglise. Un bon empereur, » loin de rejetter le secours de l'eglise, le re» cherche. Nous disons ces choses avec res» pect : mais nous nous sentons obligez de » les exposer avec liberté. Il contenoit le peuple assemblé tellement dans le respect, qu'il n'échapa jamais une parole insolente. On prioit, on chantoit les loüanges de Dieu, on attendoit son secours. Voilà une resistance digne d'un chrétien, & d'un évêque. Cependant parce que le peuple étoit assemblé avec son pasteur, on disoit au palais que ce saint pasteur aspiroit à la tyrannie. Il » répondit : J'ai une défense ; mais dans les » prieres des pauvres. Ces aveugles & ces boi» teux, ces estropiez & ces vieillards, sont » plus forts que les soldats les plus courageux. » Voilà les forces d'un évêque, voilà son ar» mée. Il avoit encore d'autres armes, la patience, & les prieres qu'il faisoit à Dieu. » Puisqu'on appelle cela une tyrannie, j'ai des » armes, disoit-il, j'ai le pouvoir d'offrir mon » corps en sacrifice. Nous avons nôtre ty-

Ambr. Lib. 2. Ep. xiii.

Ambr. Orat. de Basilicis non tradendis.

Ibid.

Ibid.

Ambr. Lib. 2. Ep. xiii.

tyrannie, & nôtre puissance. La puissance « d'un évêque est sa foiblesse. Je suis fort « quand je suis foible, disoit saint Paul. En « attendant la violence dont l'eglise étoit menacée, le saint évêque étoit à l'autel demandant à Dieu avec larmes, qu'il n'y eût point de sang répandu, ou du moins qu'il plût à Dieu de se contenter du sien. Je com- « mençai, dit-il, à pleurer amerement en of- « frant le sacrifice ; priant Dieu de nous aider « de telle sorte, qu'il n'y eût point de sang ré- « pandu dans la cause de l'eglise ; qu'il n'y eût « du moins que le mien qui fût versé, non- « seulement pour le peuple, mais même pour « les impies. Dieu écouta des prieres si arden- « tes : l'eglise fut victorieuse, & il n'en coûta le sang à personne. Peu de temps aprés, Justine & son fils presque abandonnez de tout le monde, eurent recours à saint Ambroise, & ne trouverent de fidelité, ni de zele pour leur service, qu'en cet évêque qui s'étoit opposé à leurs desseins, dans la cause de Dieu & de l'eglise. Voilà ce que peuvent les remontrances respectueuses : voilà ce que peuvent les prieres. Ainsi faisoit la reine Esther, ayant conçu le dessein de fléchir Assuerus son mary, aprés qu'il eut résolu de sacrifier tous les Juifs à la vengeance d'Aman. Elle fit dire à Mardochée : Assemblez « tous les Juifs que vous trouverez à Suse, & « prier pour moy. Ne mangez, ni ne beuvez « pendant trois jours & trois nuits : je jeûne- « rai de même avec mes femmes : aprés je « m'exposerai à perdre la vie, & je parlerai au « roy contre la loy, sans attendre qu'il m'ap- « pelle. Quand elle parut devant le roy : Les « yeux étincelans de ce prince témoignerent sa « colere : mais Dieu se ressouvenant des prieres «

Ibid.

Esth. iv. 16.

Ibid. xv. 10. 11. & viii. ix.

» d'Esther, & de celles des Juifs, changea la » fureur du roy en douceur. Et les Juifs furent » délivrez à la consideration de la reine. Ainsi » quand le prince des apôtres fut arrêté pri- *Act. xii. 5. & seq.* » sonnier par Herode : Toute l'eglise prioit » pour luy sans relâche. Et Dieu envoya son ange pour le délivrer. Voilà les armes de l'eglise : des vœux, & des prieres perseverantes. Saint Paul prisonnier pour JESUS-CHRIST n'a que ce secours, & ces ar- *Ep. ad Philem.* » mes. Preparez-moi un logement ; car j'es» pere que Dieu me donnera à vos prieres. En *2. Tim. iv. 17.* » effet, il sortit de prison : Et il fut délivré de » la gueule du lion. Il appelle ainsi Neron, l'ennemi non-seulement des chrétiens, mais de tous le genre humain. Que si Dieu n'écoute pas les prieres de ses fidéles ; si pour éprouver & pour châtier ses enfans, il permet que la persecution s'échauffe contr'eux, *Matth. x. 16.* » ils doivent alors se ressouvenir : Que JE» SUS-CHRIST les a envoyez comme des » brebis au milieu des loups. Voilà une doctrine vraiment sainte, vraiment digne de JESUS-CHRIST & de ses disciples.

ARTICLE III.

Deux difficultez tirées de l'Ecriture : de David, & des Machabées.

I. PROPOSITION.

La conduite de David ne favorise pas la rébellion.

DAVID persecuté par Saül, ne se contenta pas de prendre la fuite : Mais encore,

encore, il assembla ses freres & ses parens, « 1. Reg. xxij. 1. 2.
tous les mécontens, tous ceux qui étoient ac- «
cablez de dettes, & dont les affaires étoient «
en mauvais état; se joignirent à luy au nom- «
bré de quatre cens, & il fut le capitaine. Il « 1. Reg. xxij. 6. 17. xxiv. 2. 3. xxvj. 1. 2. 3. 4.
demeura en cet état dans la Judée, armé contre Saül qui l'avoit déclaré son ennemi, & qui le poursuivit comme tel avec toutes les forces d'Israël. Il se retira enfin dans le royaume d'Achis roy des Philistins, avec lequel il traita, & en obtint la ville de Siceleg. (Ibid. xxvij. 6) Achis regardoit tellement David comme l'ennemi juré des Israëlites, qu'il le mena avec luy les allant combattre, & lui dit : (Ibid. xxviij. 1. 2.)
Je vous donnerai ma vie en garde tout le «
reste de mes jours. En effet, David & ses « Ibid. xxix. 12. 2. 3. &c.
gens marchoient à la queuë avec Achis; & il ne se retira de l'armée des Philistins, que lorsque les satrapes qui se défioient de luy obligerent le roy à le congedier. Il paroît qu'il ne se retire qu'à regret. Qu'ai-je fait, « Ibid. 8.
dit-il à Achis? & qu'avez-vous remarqué «
en moy qui vous déplaise depuis que je suis «
avec vous, pour m'empêcher de vous sui- «
vre, & de combattre les ennemis du roy mon- «
seigneur? Etre armé contre son roy, traiter avec ses ennemis, aller combattre avec eux contre son peuple : voilà tout ce que peut faire un sujet rebelle. Mais pour justifier David, il ne faut que considerer toutes les circonstances de l'histoire. Ce n'étoit pas un sujet comme les autres; il étoit choisi de Dieu pour succeder à Saül, & déja Samuël l'avoit sacré. (1. Reg. xvj. 12. 13.) Ainsi le bien public, autant que son interêt particulier l'obligeoit à garder sa vie, que Saül lui vouloit ôter injustement. Son intention toutefois n'étoit pas de demeurer en Israël, avec ces quatre

Ibid. » cens hommes qui suivoient ses ordres. Il
xxij. 3.4. » s'étoit retiré auprés du roy de Moab avec
» son pere & sa mere, jusqu'à ce qu'il plût à
Ibid. 5. » Dieu de déclarer sa volonté. Ce fut un ordre de Dieu porté par le prophete Gad, qui l'obligea de demeurer dans la terre de Juda, où il étoit plus aimé; parce que c'étoit sa tribu.

Ibid. xxij. xxiij. xxiv. xxvi. Au reste, il n'en vint jamais à aucun combat contre Saül, ni contre son peuple. Il fuyoit de desert en desert, seulement pour s'empêcher d'être pris.

Ibid. xxv. 15. 16. Etant dans le Carmel au plus riche pays de la terre sainte, & au milieu des biens de Nabal, l'homme le plus puissant du pays, il ne lui enleva jamais une brebis dans un immense troupeau: & loin de le vexer, il le défendoit contre les courses des ennemis.

Ibid. xxiv. xxvi. Quelque cruelle que fût la persécution qu'on lui fit, il ne perdit jamais l'amour qu'il avoit pour son prince, dont il regarda toûjours la personne comme sacrée.

Ibid » Il sçeut que les Phi-
xxiji. 15. » listins attaquoient la ville de Ceilan, &
» pilloient les environs. Il y fut avec ses gens;
» il tailla en pieces les Philistins; il leur prit
» leur bagage & leur butin, & sauva ceux de
» Ceilan. Ces gens s'opposoient à ce dessein.
Ibid. 3.4. » Quoy! disoient-ils, à peine pouvons-nous
5. » vivre en sureté dans la terre de Juda? Que
» n'aurons-nous pas à craindre si nous mar-
» chons vers Ceilan contre les Philistins?
Mais le zele de David l'emporta sur la crainte. C'est ainsi que poursuivy à outrance, il ne perd jamais le desir de servir son prince, & son païs.

Ibid. xxvii. 2. 3. 8. 9. 10. &c. Il est vrai qu'à la fin il se retira chez Achis, & qu'il traita avec lui. Mais encore qu'il eût l'adresse de persuader à ce prince qu'il faisoit des courses sur les Juifs; en effet, il n'enlevoit rien qu'aux

Amalecites, & aux autres ennemis du peuple de Dieu. Quant à la ville que lui donna le roy Achis, il l'incorpora au royaume de Juda ; & le traité qu'il fit avec l'ennemi profita à son pays. Que si pour ne point donner de défiance à Achis, il le suit quand il marche contre Saül : si pour la même raison il témoigne qu'il ne se retire qu'à regret, c'est un effet de la même adresse qui lui avoit sauvé la vie. Il faut tenir pour certain, que dans cette derniere rencontre il n'eût pas plus combattu contre son peuple, qu'il avoit fait jusqu'alors. Il étoit à la queuë du camp avec le roy des Philistins, auquel il paroît assez que la coûtume de ces peuples ne permettoit pas de se hazarder. De sçavoir ce qu'il eût fait dans la mêlée, si le combat fût venu jusqu'au roy Achis ; c'est ce qu'on ne peut deviner. Ces grands hommes abandonnez à la providence divine, apprennent sur l'heure ce qu'ils ont à faire : & aprés avoir poussé la prudence humaine jusqu'où elle peut aller, ils trouvent quand elle est à bout, des secours divins, qui contre toute esperance les dégagent des inconveniens où ils sembloient devoir être inévitablement enveloppez.

Ibid. 6.

Ibid. xxix. 2.

II. PROPOSITION.

Les guerres des Machabées n'autorisent point les revoltes.

Les Juifs conquis par les Assyriens étoient passez successivement sous la puissance des Perses, sous celle d'Alexandre, & enfin sous celle des rois de Syrie. Il y avoit environ trois cens cinquante ans qu'ils étoient dans cet état ; & il y en avoit cent cinquante qu'ils reconnoissoient les rois de Syrie, lorsque la persécution d'Antiochus l'illlustre leur fit prendre les armes contre luy sous la conduite des Machabées. Ils firent long-temps la guerre, durant laquelle ils traiterent avec les Romains, & avec les Grecs, contre les rois de Syrie leurs legitimes seigneurs : dont enfin ils secoüerent le joug, & se firent des princes de leur nation. Voilà une revolte manifeste : ou si ce n'en est pas une, cet exemple semble montrer qu'un gouvernement tyrannique, & sur tout une violente persécution, où les peuples sont tourmentez pour la veritable religion, les exempte de l'obéïssance qu'ils doivent à leurs princes. Il ne faut nullement douter que la guerre des Machabées ne fût juste, puisque Dieu même l'a approuvée : mais si on remarque les circonstances du fait, on verra que cet exemple n'autorise pas les revoltes que le motif de la religion a fait entreprendre depuis. La religion veritable jusqu'à la venuë du Messie devoit se perpetuer dans la race d'Abraham, & par la trace du sang. Elle devoit se perpetuer dans la Judée, dans Jerusalem, dans le temple, lieu choisi de Dieu pour y offrir des sacrifices, & y exercer les ceremonies de la religion interdites par tout ailleurs. Il étoit donc de l'essence de la religion que les enfans d'Abraham subsistassent toûjours, & subsistassent dans la terre donnée à leurs peres, pour y vivre selon la loy de Moïse : dont aussi les rois de Perse, & les autres jusqu'à Antiochus, leur avoient toûjours laissé le libre exercice. Cette famille d'Abraham fixée dans la terre sainte, en devoit être transportée une seule fois par un ordre exprés de Dieu ; mais non pour en être éternellement bannie. Au contraire, le prophete Jeremie qui avoit porté au peuple l'ordre de passer à Babylone, où Dieu vouloit qu'ils subissent la peine dûë à leurs crimes ; leur avoit en même temps promis qu'aprés soixante & dix ans de captivité, ils seroient rétablis dans leur terre, pour y pratiquer comme auparavant la loy de Moïse, & y exercer leur religion à l'ordinaire dans Jerusalem, & dans le temple rebâti. Le peuple ainsi rétabli devoit toûjours demeurer dans cette terre, jusqu'à l'arrivée de JESUS-CHRIST ; auquel temps Dieu devoit former un nouveau peuple, non plus du sang d'Abraham, mais de tous les peuples du monde ; & disperser en captivité par toute la terre les Juifs infidéles à leur Messie. Mais auparavant, ce Messie devoit naître dans cette race, & commencer dans Jerusalem, au milieu des Juifs, cette eglise qui devoit remplir tout l'univers. Ce grand mystere de la religion est attesté par tous les prophetes ; & ce n'est pas ici le lieu d'en rapporter les passages. Sur ce fondement il paroît que laisser éteindre la race d'Abraham, ou souffrir qu'elle fût chassée de la terre sainte au temps des rois de Syrie, c'étoit trahir la religion, & aneantir le culte de Dieu. Il ne faut plus maintenant que considerer quel étoit le dessein d'Antiochus. Il ordonna que les Juifs quittassent leur loy pour vivre à la mode des Gentils, sacrifiant aux mêmes idoles, & renonçant à leur temple, qu'il fit profaner, jusqu'à y mettre sur l'autel de Dieu l'idole de Jupiter Olympien. Il ordonna la peine de mort contre ceux qui desobéïroient. Il vint à l'execution : toute

Jer. xxj. 7. 8. 9.

Ibid. xxv. 12. xxvij. 11. 12. xxix. 10. 14. xxx. 3. &c.

1. Mach. i. 43. 46. 47. &c. 57.

Ibid. 52. Ib. 60. 63. 64. &c.

2. Mach. vj. 8. 9. 10. &c. la Judée regorgeoit du sang de ses enfans.
1. Mach. iij. 35. 36. » Il assembla toutes ses forces : Pour détruire » les Israëlites, & les restes de Jerusalem : & » pour effacer dans la Judée la memoire du » peuple de Dieu, y établir les étrangers, & » leur distribuer par sort toutes les terres. Il
Ibid. 41. avoit résolu de vendre aux Gentils tout ce
2. Mach. viij. 11. 14. 34. 36. qui échaperoit à la mort : & les marchands des peuples voisins vinrent en foule avec de l'argent pour les acheter. Ce fut dans cette déplorable extremité, que Judas le Machabée prit les armes avec ses freres, & ce qui restoit du peuple Juif. Quand ils virent le roy implacable tourner toute sa puissance :
1. Mach. 42. 43. » A la ruine totale de la nation, ils se dirent » les uns aux autres : Ne laissons pas détrui» re nôtre peuple ; combattons pour nôtre pa» trie, & pour nôtre religion, qui periroit » avec nous. Si des sujets ne doivent plus rien à un roy qui abdique la royauté, ou qui abandonne tout-à-fait le gouvernement ; que penserons-nous d'un roy qui entreprendroit de verser le sang de tous ses sujets, & qui las de massacres en vendroit le reste aux étrangers ? Peut-on renoncer plus ouvertement à les avoir pour sujets, ni se déclarer plus hautement, non plus le roy & le pere, mais l'ennemi de tout son peuple. C'est ce que fit Antiochus à l'égard de tous les Juifs, qui se virent non-seulement abandonnez, mais exterminez en corps par leur roy : & cela sans avoir fait aucune faute, comme Antiochus luy-même est contraint à la fin
1. Mach vj. 12. » de le reconnoître. Je me souviens des maux » que j'ai faits dans Jerusalem, & des ordres » que j'ai donnez sans raison, pour extermi» ner tous les habitans de la Judée. Mais les Juifs étoient encore en termes bien plus forts,

puisque selon la constitution de ces temps, & de l'ancien peuple, avec eux perissoit la religion : & que c'étoit y renoncer, que de renoncer à leur terre. Ils ne pouvoient donc se laisser ny vendre, ny transporter, ny détruire en corps : & en ce cas la loy de Dieu les obligeoit manifestement à la résistance. Dieu aussi ne manqua pas à leur déclarer sa volonté, & par des succés miraculeux, & par les ordres exprés que Judas receut, lorsqu'il vit en esprit le prophete Jeremie : Qui lui mettoit en main une épée d'or, en « prononçant ces paroles : Recevez cette sainte « épée que Dieu vous envoye, assuré qu'a- « vec elle vous renverserez les ennemis de mon « peuple d'Israël. C'est à Dieu de choisir les moyens de conserver son peuple. Quand Assuerus surpris par les artifices d'Aman voulut exterminer tout le peuple Juif, Dieu rompit ce dessein impie, changeant par le moyen de la reine Esther le cœur de ce roy, qu'une malheureuse facilité plûtôt qu'une malice obstinée avoit engagé dans un si grand crime. Mais pour le superbe Antiochus qui faisoit ouvertement la guerre au ciel, Dieu voulut l'abattre d'une maniere plus haute ; & il inspira à ses enfans un courage contre lequel les richesses, la force, & la multitude ne furent qu'un seccours fragile. Dieu leur donna tant de victoires, qu'à la fin les rois de Syrie firent la paix avec eux, & autoriserent les Princes qu'ils avoient choisis, les traitant d'amis & de freres : de sorte que tous les titres de puissance legitime concoururent à les établir.

2. Mach. 15. 16.

1. Mach. xi. 24. 5. &c. xiv. 38. 39. &c. xv. 1. 2. &c.

Fin de la premiere Partie.

REMARQUE.

On trouvera ces deux difficultez, & plusieurs autres matieres concernant la sujettion sous l'autorité legitime, traitées à fond dans le cinquiéme Avertissement contre le Ministre Jurieu, & dans le premier discours & défense de l'Histoire des Variations contre le Ministre Basnage : ainsi qu'il a déja été remarqué dans la preface qui est à la téte de ce traité.

CATALOGUE
DES LIVRES IMPRIMEZ, OU QUI SE VENDENT
A PARIS,

Chez PIERRE COT, Fondeur des Caracteres d'Imprimerie, Imprimeur-Libraire ordinaire de l'Academie royale des Inſcriptions & Médailles, ruë du Foin, à la Minerve.

De M. DELAMARE, *Conſeiller du Roy, Commiſſaire au Châtelet de Paris.*

TRaité general de la Police de France, contenant ſon origine, ſon progrés, & ſa diviſion : l'établiſſement, les fonctions, & les prérogatives de ſes Magiſtrats & Officiers: un Receüil abregé des reglemens anciens & nouveaux, concernant la Religion, les mœurs, la ſanté, les vivres, la ſeureté, la voirie, les ſciences & les arts liberaux, le commerce, les manufactures, les arts mechaniques, les ſerviteurs domeſtiques, les manouvriers & les pauvres : tiré des loix & des uſages des plus celebres Republiques de l'antiquité, des Capitulaires, des Edits, Declarations & Lettres Patentes de nos Rois; des Arreſts du Conſeil & des Parlements, des Ordonnances des Magiſtrats; avec une deſcription topographique & hiſtorique de la Ville de Paris, en huit plans gravez, reprefentans fon ancien état, fes differens accroiffemens, & fon état prefent; & un receüil general de tous les Statuts & Reglemens des fix corps des Marchands, & de toutes les Communautez des Arts & Métiers du Royaume, dedié au Roy, in fol. 2. vol.

De feu MESSIRE JACQUES-BENIGNE BOSSUET, *Evêque de Meaux, Confeiller du Roy en fes Confeils, Precepteur de Monfeigneur le Dauphin, Premier Aumônier de Madame la Dauphine, & Madame la Ducheffe de Bourgogne; ouvrage pofthume.*

POlitique tirée des propres paroles de l'Ecriture Sainte; à Monfeigneur le Dauphin, in 4°.

Idem, in 12. 2. vol. *L'on donnera dans la fuite les autres Ouvrages pofthumes de ce Prelat.*

De MESSIEURS *de l'Academie royale des Infcriptions & Médailles.*

DIffertation fur le culte que les Anciens ont rendu à la Déeffe de la fanté. On y a joint les médailles & quelqu'autres monuments antiques, qui ont rapport à cette matiere, in 8°. fig.

—— Sur le Janus des Anciens, & fur quelques médailles qui y ont rapport, in 8°. fig.

Explication d'une Infcription antique trouvée depuis peu à Lyon, où font décrites les particularitez des facrifices, que les Anciens appelloient *Tauroboles*, in 8°. fig.

Eloge historique de Dom Mabillon, leuë dans l'assemblée publique de l'Academie, le Mardy 17. Avril 1708. in 4°.

Dissertation sur une figure de bronze trouvée dans un tombeau, & qui represente une Divinité des Anciens, in 8°. fig.

Critique en forme de lettres addressées à M. le Marquis de Dangeau, sur une prétenduë Médaille d'Alexandre, publiée par M. de Vallemont, où l'on traite plusieurs matieres curieuses d'antiquité, in 12. fig.

Nouveaux éclaircissemens sur les Oeuvres d'Horace, avec la Réponse à la Critique de M. Masson Ministre refugié en Angleterre, in 12.

La Musique, Ode à M. le Comte de Pontchartrain Secretaire d'Etat, in 12.

L'on donnera incessamment au Public les Memoires de l'Academie, in 4°.

DE DIFFERENTS AUTEURS.

DIssertation sur Magnia Urbica, où l'on fait voir que cette Princesse n'est point femme de l'Empereur Maxence, comme on l'a cru jusqu'à present, in 12. fig.

—— Sur Nigrinianus, dont le temps a été jusqu'icy fort incertain, & sur quelqu'autres Princes, dont les Médailles font quelque difficulté parmi les antiquaires, avec un Avertissement à la teste, qui sert de réponse à la Critique faite sur Magnia Urbica, in 12. fig.

Explication d'une Inscription antique trouvée à Borbonne, in 12.

Dissertation historique sur l'ancienne Ville de Bibracte, in 12.

—— Sur la Ville nommée anciennement, *Aventicum*, in 12.

—— Sur la Ville de Bibrax, in 12.

—— Sur la Ville d'Alyse, in 12.

—— Sur les Tombeaux Antiques, qu'on voit à Autun, & aux environs, in 12.

—— Sur la Langue Celtique, in 12.

—— Sur le Bas-Breton, in 12.

Eclaircissemens sur quelques Passages des Commentaires de Cesar, in 12.

Seconde Dissertation sur la Ville nommée anciennement *Aventicum*, in 12.

Lettres sur les Médailles antiques, in 12.

Numismata Antiquorum Sylloge Populis Græcis, municipiis & colonis Romanis cusorum, in 4°. *Londini* 1708.

ΟΥΡΕΣΙΦΟΙΤΗΣ *Helveticus*, *sive Itinera Alpina tria : in quibus incolæ, Animalia, Plantæ, montium altitudines Barometricæ, cæli & soli temperies &c. & quicquid insuper in natura, Artibus & Antiquitate, per Alpes Helveticas & Rhæticas, rarum sit & notatu dignum, exponitur, & Iconibus illustratur*, in 4°. *Londini*, 1708.

Pieces fugitives d'histoire & de Litterature, anciennes & modernes, avec les nouvelles historiques de France & des païs étrangers, sur les ouvrages du temps, & les nouvelles découvertes dans les Arts & les Sciences, pour servir à l'histoire anecdote des Gens de lettres, in 12. 5. journaux.

Journaux litteraires, contenant ce qui s'est passé dans la Republique des Lettres en l'année 1705. in 12. 10 journaux.

L'Origine du Fard, Metamorphose d'Hebé en vieille, in 12.

Lettre du P.*** à M. l'Abbé de Lorcot, pour servir de réponse à un Imprimé injurieux, qui a paru sous le titre de Pieuses Fables du Pere Hugo dans son Histoire de saint Norbert, in 4°.

Le Jeu du monde, ou Introduction à l'Histoire generale, pour l'instruction d'un homme de Cour, in 12.

Remarques critiques sur Virgile & sur Homere, & sur le stile poëtique de l'Ecriture Sainte; où l'on refute les inductions pernicieuses que Spinosa, Grotius, & M. le Clerc en ont tirées, & quelques opinions particulieres du P. Mallebranche, du Sieur le Clerc, & de M. Simon, in 12.

Anticornaro, ou Remarques critiques sur le Traité de la Vie sobre de Louis Cornaro Venitien, in 12.

Le genie, la politesse, l'esprit & la delicatesse de la Langue Françoise; nouvelles Remarques contenant les belles manieres de parler de la Cour, les mots les plus polis, les expressions les plus à la mode, la censure des mots hors d'usage, les termes les plus propres dont se servent les personnes de qualité d'aujourd'huy. Le tout accompagné de pensées ingenieuses, d'exemples & de bons mots, in 12.

Voyage aux Indes orientales, contenant la description des Isles de Bourbon & de Madagascar, de Surate, de la Côte de Malabar, de Calicut, de Tanor, de Goa, & du Bresil, &c. Avec l'Histoire des Plantes & des Animaux qu'on y trouve, & un Traité des maladies particulieres aux Païs Orientaux, & dans la route, & de leurs remedes, in 12.

Relation de l'Inquisition de Goa, augmentée de plusieurs Memoires, & Pieces tres-curieuses concernantes les Inquisitions, in 12. Cologne, fig.

La Metamorphose Indienne, ou l'Histoire des Dieux, qu'adorent les Gentils des Indes, in 12. Cologne.

Maximes de conduite pour une Damoiselle qui entre dans le monde, in 12.

La Vie de la Reverende Mere Marie-Therese Erard Superieure du Monastere de N.D. du Refuge à Nancy, in 12.

L'Histoire de Moïse, tirée de la Sainte Ecriture, des Saints Peres, des Interpretes, & des plus anciens Ecrivains, in 8°.

Lettres de S. Bernard, traduction nouvelle sur l'Edition latine des R. P. Benedictins de la Congregation de S. Maur, avec des notes, points d'histoire & de chronologie. in 8°. 2. vol.

Histoire de l'Ancien Testament, divisée en cinq âges, avec des Reflexions Theologiques, Morales, Critiques & Chronologiques, in 8°. *L'on donnera incessamment l'Histoire du Nouveau Testament dans le même ordre.*

Traduction nouvelle des Pseaumes de David, revûë & corrigée, chaque verset traduit par deux vers, in 12.

Eloge des Saints, ou les Hymnes qui se

chantent tant à Matines, qu'à Laudes & Veſpres, pendant l'année, ſelon les uſages de Rome & de Paris, nouvellement traduites en vers François, accommodez au chant de l'Egliſe; le Latin eſt vis-à-vis. Ouvrage propre pour les Miſſions, les Catechiſmes, & pour occuper ſaintement toutes ſortes de perſonnes, in 18.

Les Hymnes propres des Saints Patrons des Paroiſſes & Communautez particulieres du Dioceſe de Paris, traduites en vers François, le Latin vis-à-vis, in 18.

Les Proſes des principales Fêtes de l'année, traduites pareillement en vers François, le Latin vis à-vis, in 18.

Reflexions ſur un Ecrit d'Optique de M. le Clerc Deſſinateur & Graveur ordinaire du Roy, in 12.

Défenſe de l'Auteur des Lettres ſur les Sciences & ſur les Arts, contre un Article du Journal des Sçavants de Paris, in 12.

Tarif general & perpetuel pour les Monoyes de France, de Rome, de Veniſe, d'Eſpagne, de Flandres, d'Hollande, d'Angleterre, & d'Allemagne, courantes & de banques, avec leur réduction, in 12.

Les Deſirs du Ciel, ou les témoignages de l'Ecriture Sainte contre le pur amour des nouveaux Myſtiques, in 12.

Alphabetica ſeries Rubricarum omnium iuris utriuſque Civilis & Canonici, in duas Tabulas diſtributa, in 12.

Idée des Predicateurs, où ils pouront voir la dignité, les devoirs, & les abus de leur miniſtere, in 12.

Traité de la veritable Oraison, où les erreurs des Quietistes sont réfutées, & les Maximes des Saints sur la Vie interieure, sont expliquées selon les principes de S. Thomas, in 12.

Dissertation sur le Pecule des Religieux Curez ; sur leur dépendance du Superieur regulier, & sur l'antiquité de leurs Cures regulieres, in 12.

Pensées sur le Royaume de Dieu, & sa justice, sur la Providence, les souffrances, & plusieurs autres sujets & pratiques de la Religion & de la Morale Chrêtienne, in 12.

Calculs faits & faciles à composer, sur l'addition, la soustraction, la multiplication, & sur la division. Ouvrage utile à toutes sortes de Personnes pour les calculs qui sont à faire sur ces quatre principales regles de l'Arithmetique, in 12.

On trouvera dans le fonds de Fonderie du Sr Cot, toutes sortes de Caracteres, tant Lettres Romaines ordinaires, Lettres Françoises, qu'Italiques, Allemandes & Flamandes, que Grecques & Hebraïques, & autres Caracteres Orientaux ; Les Signes d'Astronomie & de Medecine ; Les Figures d'Algebre & d'Arithmetique, Fractions ou Chiffres barrez, Vignettes & Fleurons ; Les Notes de Plain Chant ordinaire de toutes grandeurs, avec plusieurs autres Caracteres & Notes nouvellement gravez, pour l'Impression rouge & noire des Psautiers, Graduels, Antiphoniers, Missels, Processionaux, Rituels, Breviaires, Diurnaux, & autres Livres servans à l'usage des Ecclesiastiques ; Enfin generalement tout ce que l'on peut voir dans l'impression des Livres.

www.ingramcontent.com/pod-product-compliance
Lightning Source LLC
Chambersburg PA
CBHW071617270326
41928CB00010B/1666